L'ABBÉ LÉON MORANCÉ

AUMONIER DU PRYTANÉE MILITAIRE

MISSIONNAIRE APOSTOLIQUE

DISCOURS

ET

ALLOCUTIONS MILITAIRES

TOME PREMIER

PARIS

ANCIENNE MAISON CH. DOUNIOL

PIERRE TÉQUI, LIBRAIRE-ÉDITEUR

29, rue de Tournon, 29

1901

TYPOGRAPHIE

BESNIER-JOURDAIN

LA FLÈCHE (Sarthe)

DISCOURS

ET

ALLOCUTIONS MILITAIRES

LA FLÈCHE, IMPRIMERIE BESNIER-JOURDAIN.

L'ABBÉ LÉON MORANCÉ

AUMONIER DU PRYTANÉE MILITAIRE
MISSIONNAIRE APOSTOLIQUE

DISCOURS

ET

ALLOCUTIONS MILITAIRES

TOME PREMIER

PARIS
ANCIENNE MAISON CH. DOUNIOL
PIERRE TÉQUI, LIBRAIRE-ÉDITEUR
29, rue de Tournon, 29

1901

À LA MÉMOIRE

DE MON FRÈRE

CHARLES-LOUIS MORANCÉ

PRÊTRE

ANCIEN AUMONIER DU 33ᵉ MOBILES

ANCIEN AUMONIER SUPÉRIEUR DU 4ᵉ CORPS D'ARMÉE

CHEVALIER DE LA LÉGION D'HONNEUR

Mort le 7 Février 1886.

AVANT-PROPOS

Ces discours sur les hommes et les choses de
guerre, sur les devoirs et les vertus militaires, ont
paru — quelques-uns du moins — à des époques
différentes et dans des revues diverses. Je les ai
faits avec une sorte de prédilection marquée et,
je puis le dire, avec une sorte de piété filiale. Ces
sentiments sont chez moi un héritage de famille que
j'estime très haut et dont je me crois le droit d'être
fier.

Il n'y a pas d'autre lien entre ces discours, rangés
dans l'ordre chronologique d'après lequel ils furent
prononcés, que celui du patriotisme : ses nobles
ardeurs enflammaient nos soldats — troupiers
aguerris, mobiles et volontaires — qui, tous, se
battaient comme au temps de Louis XIV et de
Napoléon, mouraient comme au temps de Saint
Louis, de Duguesclin et de Bayard.

Vous connaissez la toile militaire intitulée le
Rêve qui obtint la grande médaille au Salon de
1889. Le soleil n'est pas encore levé. Tout au plus,
quelques flèches de lumière vont-elles franger d'un

ton vif la brume de nuance violette qui estompe l'horizon. Au premier plan, le drapeau tricolore enroulé semble sommeiller sur des fusils entre-croisés. Dans un coin, des tambours, des clairons, qui jetteront bientôt à l'écho leur note matinale. Au coin, en une perspective qui fuit à perte de vue, des faisceaux, sous lesquels officiers et soldats sont étendus, n'ayant tous que cette couche égalitaire du campement improvisé, — la terre nue que la rosée fraîchit.

Puisque rêve il y a, de quoi rêvent-ils donc tous ceux qui dorment ainsi ? De quoi ils rêvent ? L'artiste — un grand artiste — nous l'a dit. Levez les yeux vers la partie supérieure de son tableau. Parmi la blancheur singulière d'une nuée élyséenne, il a mis une armée, ou pour être plus exact, il a mis des armées en marche. On y entrevoit Philippe-Auguste et ses chevaliers, ceux qui, sous l'ori-flamme, battaient Othon d'Allemagne, l'ennemi héréditaire, aux champs de Bouvines ; Condé, Turenne, Maurice de Saxe, ceux qui, sous le drapeau blanc, étendirent la vieille France entre ses frontières naturelles, la Méditerranée, l'Océan, les Vosges, le Rhin, les Alpes ; enfin, Hoche, Jourdan, Moreau, Bonaparte, ceux qui, sous le drapeau tricolore, défirent, puis écrasèrent l'Europe épouvantée. Tout cela vit, tout cela se remue d'une vie, d'un mouvement intense, exhortatif, si j'osais ainsi parler. C'est l'en-avant ! du passé au présent, des choses qui ne sont plus, aux choses qui seront demain, des héros qui sont morts aux héros qui vont naître.

Certes, si dans la région mystérieuse qu'ils habitent, les guerriers des âges disparus abaissèrent leur regard vers le sol de la Patrie, quand, il y a trente ans, tout y sombrait, tout excepté l'honneur, ils durent reconnaître que leur race n'avait pas forligné !...

Dans ces pages, je combats, autant que l'oubli imprudent de nos malheurs, le désespoir, qui, dans l'ordre social, est la dernière maladie. Une nation qui s'abandonne perd le droit de vivre, et même le droit à la pitié dans la mort. Pour moi, citoyen d'un pays prédestiné, j'appartiens, en matière de patriotisme, à cette phalange de croyants obstinés, qui admettent toutes les hypothèses et toutes les impossibilités dans les vicissitudes de l'Europe, excepté celle de la fin de la France.

Nos ruines auront beau s'accumuler, elles ne seront jamais un tombeau !

Et il le faut ainsi pour le bien de la Religion et pour la moralité des choses sur la terre !

Oh ! comme je serais heureux, si, en me lisant, on sentait battre en son cœur un amour plus profond et plus enthousiaste pour cette belle Patrie dont un de nos vieux trouvères disait :

Des pays est douce France la fleur ;

et à laquelle Victor de Laprade, l'illustre poète forésien, faisait ce serment solennel :

Je jure devant Dieu, sur mon âme immortelle,
Sur les os de nos morts et de par leurs exploits,
De vivre pour la France et de mourir pour elle !

L. M.

DISCOURS

Prononcé dans l'Eglise de la Couture, au Mans,
le 26 Novembre 1890,

AU SERVICE SOLENNEL CÉLÉBRÉ A LA MÉMOIRE
DES SOLDATS MORTS POUR LA PATRIE EN 1870-71
ET, PLUS RÉCEMMENT, SUR LES PLAGES LOINTAINES
DE LA TUNISIE, DE MADAGASCAR ET DU TONKIN.

———

Sancta et salubris est cogitatio pro defunctis exorare ut a peccatis solvantur.
(II. Machab. C. 12 V. 46)

C'est une sainte et salutaire pensée de prier pour les morts afin qu'ils soient délivrés des liens de leurs péchés.

MONSIEUR LE GÉNÉRAL EN CHEF, (1)
MESSIEURS DU 4ᵉ CORPS, (2)
MES FRÈRES,

Je dois à une haute bienveillance l'honneur de prendre la parole aujourd'hui et de vous rappeler, au nom de la Société de Secours aux blessés militaires (Croix-Rouge) de nos armées de terre et de mer, la mémoire des soldats tombés aux jours néfastes de

(1) M. le général Coiffé.

(2) M. le général baron de Verdière, commandant la 8ᵉ division, M. le général Chanoine, commandant la brigade, M. le général chef d'état-major Duquesnay, M. le général baron de Randal, MM. les colonels Besnard, du 104ᵉ régiment d'infanterie, Vivenot, du 26ᵉ régiment d'artillerie, et Caro, du 31ᵉ, etc., etc.

1870 et, plus récemment, sur les plages lointaines de la Tunisie, de Madagascar et du Tonkin.

Cet honneur, je le dois encore aux grands souvenirs laissés par mon regretté frère — le prêtre au cœur d'or — que plusieurs d'entre vous, Messieurs, ont connu au 33e mobiles, puis à la garnison du Mans où il était envoyé, en décembre 1874, pour renouer l'antique alliance de l'armée et de l'autel, de la croix et de l'épée : de l'épée qui défend la justice, de la croix qui la fait aimer.

La main du prêtre et celle du soldat se rencontrèrent alors et se joignirent... de douloureux événements les séparèrent.

L'existence de mon frère était tellement liée à la vôtre qu'il n'a pu supporter longtemps la séparation : il en est mort. Ce fut sa gloire, Messieurs, d'appartenir à ce 4e corps toujours si brillamment commandé..., c'est aussi la mienne.

Me sera-t-il donné, un jour, de vous suivre au danger, de prouver mon dévouement au pays, autrement que par des paroles? C'est le secret de Dieu.

Quoi qu'il en soit, je suis ému, plus que je ne saurais l'exprimer, de votre très aimable et bien touchante invitation... aussi est-ce une parole de profonde gratitude qui monte, en ce moment, de mon cœur à mes lèvres : merci !

MESSIEURS,

Nous sommes rassemblés dans cette église, si

— 3 —

magnifiquement décorée aux couleurs françaises, pour nous *souvenir* et pour *prier* ensemble.

L'oubli, dit-on, est le linceul des morts. Ainsi d'ailleurs semble le vouloir le cours naturel des choses. Un peu de bruit, un peu de fumée, deux ou trois ans accordés à la sensibilité des hommes... et puis plus rien !

Grâces immortelles en soient rendues à Dieu : le sang qu'ont versé nos braves, le sacrifice qu'ils ont fait si généreusement à la France de leur vie, cela demeure et n'est pas frappé d'impuissance et de stérilité. L'oubli, suprême formule de l'égoïsme, on ne le connaît pas dans nos rangs.

Nous aimons même — et, dans la région des choses éternelles, c'est la rencontre de nos âmes avec les âmes de nos frères morts — à redire, de temps en temps, les souffrances et l'héroïsme des vaincus.

Aujourd'hui, Messieurs, la lumière est faite et, suivant le mot de M. de Freycinet : « La guerre de « province en 1870-71 apparaîtra à la postérité comme « l'une des plus malheureuses, mais aussi comme « l'une des plus glorieuses de nos annales. » (1)

Glorieuse et malheureuse, oui !

Rappelez-vous, Messieurs, après vingt ans écoulés : la guerre vient à peine d'éclater que déjà tout faiblit, tout cède, tout succombe, en dépit d'un courage surhumain. A Reischoffen, à Gravelotte, à Saint-Privat,

(1) Discours prononcé par M. le Ministre de la Guerre aux obsèques de l'amiral Jaurès.

à l'Est, dans le Nord, la bravoure impuissante ne
sauve plus que l'honneur. Le territoire est de toutes
parts envahi. Nos lignes se rompent, nos forteresses
s'écroulent, nos villes sont prises et nos régiments,
dans leurs propres remparts, captifs. Sedan qui capi-
tule laisse un moment le pouvoir incertain. Devant les
flots d'ennemis qui toujours montent, Paris ferme ses
portes mais se voit investi. Et quelles luttes, sous ses
murs foudroyés par le canon de l'étranger ! quels
exploits !

Sous la pression d'un déluge de maux tels qu'on
n'en avait point connus, même aux plus sombres jours
de nos tribulations publiques, l'étonnement, la surprise, la tristesse avaient saisi et comme paralysé les
âmes... Alors, par la voix d'un homme auquel l'histoire ne sera pas sans reprocher des torts, mais qui,
du moins, eut cette étrange audace, au milieu de la
défaillance générale, de ne pas désespérer d'elle, la
France, cette mère découronnée et flétrie, fit un appel
suprême à la pitié de ses enfants.

Des légions se forment ; bientôt aux prises avec un
ennemi fort de ses victoires et puissamment armé, nos
soldats reculent, mais pas à pas, rendant ainsi la
défaite aussi honorable que la victoire ; et, dans leur
longue et fière retraite, ils accomplirent tout ce qu'on
peut attendre du courage qui ne craint pas la mort et
de l'audace que trahit la fortune.

Que leur a-t-il manqué pour renouveler à la pointe
de leurs baïonnettes les exploits d'Arcole et d'Iéna ? le
nombre. Plus d'un, en levant une dernière fois la tête

vers les bataillons allemands, put répéter le mot
découragé du soldat de Waterloo : Ils sont trop !

Et combien, épuisés par les marches, harassés de
fatigue, exténués par la faim, sous les rigueurs d'un
ciel glacé, mouraient perdus... oubliés sous un linceul
de neige, le long des chemins, dans les fossés, après
avoir jeté des appels impuissants et quand, autour
d'eux, râlaient les moribonds et chantaient les vainqueurs !

Souffrances indicibles qu'ils ne maudissaient pas !

Voilà encore l'héroïsme, l'héroïsme dans la nuit : il
est sublime.

D'autres, enfin, entassés dans les ambulances
improvisées, en proie à la fièvre, aux épidémies,
atteints par la gangrène et la pourriture des hôpitaux,
l'épuisement total, mouraient aussi par milliers en
France ou prisonniers sur la terre étrangère.

Ce sont là, il est vrai, de tristes souvenirs... Plaise
à Dieu qu'ils soient sans cesse présents à notre pensée,
avec la sainte image de la Patrie ! On s'est demandé
quelquefois s'il était bien nécessaire de les rappeler...
de raviver une blessure toujours saignante. J'estime
qu'on ne les rappellera jamais trop — n'étant pas de
ceux qui divisent, ils ne peuvent que nous réunir dans
une commune et bienfaisante émotion patriotique —
et que cette blessure est de celles que l'on doit chérir.

Il est, Messieurs, des douleurs qu'on ne saurait
sans crime oublier, et c'est principalement aux générations qui grandissent, et auxquelles appartiendra la
tâche de la réparation, qu'il est bon, qu'il est opportun

de raconter les terribles épreuves infligées à notre pays.

« Un peuple qui laisserait s'éteindre ces souvenirs, « détruirait les plus belles pages de son histoire et « découragerait les plus nobles dévouements. Son « ingratitude serait un crime et le signe manifeste « d'une décadence sans remède et sans espoir. »

O France, n'oublie jamais ceux qui sont morts pour toi! Que tes regards et ton cœur contemplent toujours, dans la reconnaissance et l'admiration, les vaillants tombés sur les hauteurs du dévouement, du sacrifice et de la vraie gloire! *Considera Israel, pro iis qui ceciderunt supra excelsa tua vulnerati.* (II. Reg. I. 18.)

A l'extrémité Est du faubourg du Temple, à Vendôme, sur l'emplacement même qu'occupait l'armée française dans la bataille du 15 décembre, s'élève une pyramide sans sculptures, entourée de chaînes reposant sur des obusiers et des piles de boulets. Sur une des faces de cette pyramide, on lit :

1870-1871

DÉFENSE NATIONALE

SOUVENONS-NOUS !

Oui, Messieurs, souvenons-nous, et que Dieu bénisse nos drapeaux au jour sacré de la Revanche.

Ainsi que les années de l'homme, les années des nations se suivent et ne se ressemblent pas. C'est en vain que Frédéric-Charles, dans une proclamation farouche, signée à Sens — 10 Décembre 1870 — osait dire : « Le monde ne peut rester en paix tant qu'il restera un peuple français. »

Il existe, ce peuple, et aujourd'hui, comme par le passé, du fond même de ses entrailles, de sa bourgeoisie et de ses humbles, surgissent des hommes tels que Courbet, Rivière et le sergent Bobillot, dont un maître en héroïsme, le général de Négrier — votre ami, M. le Général en chef ! — écrivait, après l'assaut de Bac-Ninh : « Avec de pareils soldats, nous pouvons regarder sans crainte de l'autre côté des Vosges. »

C'est en vain que le prince de Bismarck, nous a jeté, naguère, la menace de cette perspective : « Pas plus de blé que de lauriers. » Sur la terre de France les blés lèvent vite et les lauriers reverdissent toujours ! Ne désespérons pas.

Haut les fronts ! haut les cœurs ! nous crient des voix d'outre-tombe : un jour viendra, qui n'est pas éloigné peut-être, où les cloches de la cathédrale de Strasbourg ne sonneront plus des heures allemandes, où Metz, lâchement livrée par un Maréchal que le jugement de ses pairs et celui de l'histoire ont également condamné, reverra flotter sur sa citadelle, le drapeau tricolore.

Alors, Messieurs, mais alors seulement, nous quitterons le deuil pour chanter un *Te Deum...* un *Te Deum* comme les Églises de France n'en ont jamais entendu !

. . . .

. . . .

Chefs illustres et obscurs soldats — mais tous

égaux par le patriotisme et le dévouement — vétérans qui aviez donné tant de preuves de courage, conscrits qui êtes morts en allant au feu pour la première fois, victimes de la guerre franco-prussienne, victimes des combats livrés en Tunisie, au Tonkin, dans les mers de la Chine, où la victoire souriait à nos drapeaux, souvenir à vous, honneur à vos cendres, présentes ou éloignées, sous quelque ciel que l'ange du Seigneur les conserve !

MONSIEUR LE GÉNÉRAL,
MESSIEURS DU 4ᵉ CORPS,

Le prophète royal, le chantre inspiré des merveilles de la création, signale comme les deux chefs-d'œuvre de la puissance créatrice le spectacle de la mer vaste et profonde, soulevant ses flots jusqu'aux nues, et le spectacle des grandes et hautes montagnes : *mirabiles elationes maris, mirabilis in altis Dominus.*

Je connais un spectacle aussi grandiose, c'est celui des représentants armés d'un peuple libre et fier, faisant monter les flots soulevés de leur reconnaissance et de leur amour vers le Tout-Puissant, dans une prière fervente et unanime, et s'inclinant avec un religieux respect devant l'autel où Jésus-Christ s'immole pour le rachat du monde.

Votre présence, à cette heure, Messieurs, me rappelle un trait de la Bible.

Nous le lisons dans le récit des guerres de Judas Machabée, cet héroïque défenseur des lois et de l'indépendance de son pays.

Il venait d'emporter d'assaut, à la tête de ses intrépides colonnes, la ville d'Ephron, située dans la terre de Manassé. Ayant ensuite livré quelques autres combats, il fit recueillir les corps de ceux qui étaient tombés sur le champ de bataille et il demanda qu'on offrît pour eux, dans le temple de Jérusalem, un sacrifice solennel d'expiation, parce que c'est une sainte et salutaire pensée, ajoute la Bible, de prier pour les morts afin qu'ils soient délivrés des liens de leurs péchés : *Sancta ergo et salubris est cogitatio pro defunctis exorare, ut a peccatis solvantur.* (1)

Chose vraiment digne de remarque : c'est sur un champ de bataille que l'Eglise a recueilli la parole qui exprime nettement une de ses croyances les plus douces et les plus autorisées.

La prière, Messieurs, s'élève au-dessus de la terre,

(1) II Mach. XII. 43-46. Les légendes du paganisme rendent hommage à cette croyance traditionnelle du genre humain. Dans le voyage où, sous la conduite de la Sybille, Enée visite la demeure des morts, il entend son père Anchise lui révéler comment certaines âmes seront soumises à une purification expiatrice avant d'aller jouir de la suprême béatitude. Ces vers étonnants du sixième livre de l'*Enéide* contiennent presque mot à mot la formule théologique du dogme du Purgatoire :

Quin et supremo quum lumine vita reliquit,
Non tamen omne malum miseris, nec funditus omnes
Corporeæ excedunt pestes ; penitusque necesse est
Multa diu concreta modis inolescere miris.
Ergo exercentur pœnis, veterumque malorum
Supplicia expendunt . . . .
Donec longa dies, perfecto temporis orbe,
Concretam exemit labem purumque reliquit
Aetherium sensum. . . . .

(Virg. En. l. VI. v. 735-742.)

elle pénètre le ciel, elle monte jusqu'au trône et au cœur de Dieu.

Inspirée par l'ardeur des plus-nobles sentiments et par la flamme du patriotisme, elle est toute-puissante. Son efficacité souveraine est d'ailleurs affirmée par la raison et par la tradition de toutes les nations et de tous les siècles. Un Dieu qui ne gouvernerait pas les êtres qu'il a tirés du néant, un Dieu qui abandonnerait l'homme et l'univers au jeu du hasard ou à une impulsion première et fatale, un Dieu insensible aux gémissements et aux supplications de ses créatures ou incapable de prévoir et de réaliser une modification aux lois qu'il a faites, ce Dieu ne serait ni bon, ni sage, ni puissant : il n'existerait pas.

Or, celui qui meurt pour son pays et martyr de son devoir, celui-là Messieurs, a des droits acquis à la miséricorde divine, la religion a pour lui de sublimes espérances.

Quoi! je lis dans l'Evangile qu'une bouche auguste a loué l'obole de la veuve, qu'un verre d'eau donné aux pauvres ne reste pas sans récompense et qu'il y aura, sous toutes les voûtes de la chrétienté, des éloges qui ne cesseront pas pour quelques gouttes de nard répandues par une pécheresse sur les pieds de Jésus... et tous ces trésors d'affection sacrifiés, et toute cette sève de jeunesse prématurément tarie, et toutes ces plaies dues à la défense de nos foyers, de nos autels, n'auraient pas suffi aux nôtres pour la conquête d'une vie meilleure, d'une félicité parfaite, sans mesure et sans fin !

S'il en était ainsi, grand Dieu, qui donc oserait aspirer au bonheur de vous posséder un jour?

Cette confiance, cependant, ne saurait vous faire mettre en oubli et la fragilité de l'homme et la justice de Dieu. Et voilà pourquoi, à l'appel généreux de la Société de Secours aux blessés militaires de la Croix-Rouge, les officiers du 4e corps, et à leur tête M. le Général Commandant en Chef, sont venus demander au Christ-Rédempteur de verser, sur ceux de nos morts qui pourraient encore en avoir besoin, la rosée purificatrice de ses infinies miséricordes.

C'est bien, Messieurs, d'honorer, de perpétuer la mémoire des défenseurs de la Patrie par des monuments... de graver leurs traits sur le granit et le bronze... de faire de nos champs de bataille comme autant de lieux de pèlerinage... c'est mieux, suivant le bel exemple de Judas Machabée, de songer à leurs âmes : *Pro defunctis exorare ut a peccatis solvantur.*

Après le marbre qui glorifie, la prière qui soulage et délivre!

Vous l'avez compris, Messieurs..., Dieu vous en bénira!

Faisons notre devoir, nos morts ont fait le leur avec une incomparable magnanimité. Un jour, Démosthènes se leva au milieu de la Grèce assemblée, et il jura, par les grands morts et les grands souvenirs, qu'Athènes ne s'était pas trompée en livrant à Chéronée, pour l'indépendance de la Grèce, le combat où devaient échouer ses derniers efforts. « Oui, s'écria-t-il, si l'avenir eût été manifesté à tous, si tous l'avaient su d'avance, Athènes même alors n'aurait pas dû changer de conduite, pour peu qu'elle tînt compte de sa gloire, de ses ancêtres et de l'avenir. Il semble maintenant qu'elle ait échoué. C'est le sort commun des hommes quand les dieux l'ont ainsi voulu. Mais si Athènes eût abandonné sans combat tout ce que nos pères ont défendu au prix de tous les dangers, qui donc n'eût pas à bon droit couvert de son mépris les lâches conseillers auxquels elle eût obéi? Non, vous n'avez pas failli en vous risquant pour le salut et pour la liberté de la Grèce. Non, j'en jure par vos pères qui, à Marathon, offrirent leur poitrine à la mort, par ceux qui se sont rangés en bataille à Platée, par ceux qui ont combattu sur mer à Salamine et à Artémise, par tant de héros que la ville a ensevelis dans les tombeaux publics. Elle les a tous jugés dignes du même honneur, tous ont fait œuvre de gens de cœur, et pour la fortune, ils ont eu celle que les dieux ont voulue. » (1)

Eh bien ! je viens, comme Démosthènes, le jurer au nom de cette si imposante assemblée, où les défenseurs de Belfort et de Paris se mêlent aux derniers restes de Metz, d'Héricourt et du Mans; au nom de ces prêtres, de ces soldats et de ces magistrats qui forment à nos morts un si magnifique cortège; au nom de l'armée et au nom de la France; au nom de tout le sang versé, je le jure, ce qu'ils ont fait, ces

(1) *Discours de la Couronne.*

morts, il fallait le faire, nous le ferons nous-mêmes,
s'il le faut, et nos derniers neveux le feront à leur
exemple.

Mères en deuil, qui mêlez vos supplications aux
nôtres, à vous mon dernier mot.

Depuis le jour où l'on vit, sous les rudes baisers des
balles et des frimas, vos enfants incliner la tête et
mourir, — mourir à vingt ans ! — en balbutiant votre
doux nom dans une suprême agonie..., que d'angoisses déchirantes, que de larmes !

Vieillies, maintenant, penchées sur des tombeaux,
vous n'attendez plus rien, sinon que la mort achève
d'éclaircir vos rangs et vous réunisse, pour ne jamais
les perdre, à ceux que la guerre vous a ravis.

Je respecte votre douleur immense et j'y compatis ;
mais, à l'heure où la France appelle tous ses fils sous
les drapeaux, je demanderai aux mères plus jeunes que
vous de se rappeler la touchante parole de la veuve de
Pimodan, le lieutenant préféré du grand Lamoricière.
Quand elle connut le glorieux trépas du général, son
mari, elle ne pleura point comme pleurent les femmes. Vainement prend-on des ménagements pour lui
apprendre la fatale nouvelle. « *Ne lui écrivez pas,
il est prisonnier.* » Elle, se détournant, et avec un
regard inexprimable : « *Prisonnier ! c'est impossible... Il est mort... allons à l'église.* » Et puis, tout
à coup, comme si le cœur du guerrier eût passé
dans le sien, elle saisit un des petits enfants qu'il
lui laisse et, l'élevant entre ses bras vers le ciel,
elle s'écrie : « *Eh bien ! toi aussi ! tu seras soldat !* »

Faites vôtre, Mesdames, ce cri d'un noble cœur !
C'est pour la Patrie !

A l'avenir, grâce à la *Croix-Rouge* qui se penchera
vers elles avec tendresse, il n'y aura plus de blessures
inconsolées, car, derrière l'armée dont le triste devoir
est de verser le sang, viendra votre armée pacifique
dont la sainte mission est de l'étancher.

Et puis, après tout, la mort au champ d'honneur
c'est la vie, c'est la gloire. Elevez donc vaillamment,
sous l'œil de Dieu, des soldats pour la France !

ALLOCUTION

Prononcée dans le Grand Cimetière du Mans,
le 22 Avril 1893,

AUX OBSÈQUES DE M. HENRI LEBOUC,

Ex-Sergent-Major du 33ᵉ Régiment de Mobiles.

~~~~~

MESSIEURS,

La foule qui se presse autour de ce cercueil, foule sympathique et profondément émue, où se confondent tous les rangs, toutes les classes, poussés par un seul beau sentiment, l'affection, dit très haut en quelle estime nos concitoyens tenaient l'ancien sergent-major des Mobiles de la Sarthe. (1)

De tous ceux que l'aumônier de ce régiment d'élite, l'abbé Charles Morancé — ce prêtre qui porta d'une main si ferme la croix dans les batailles — appelait : « ses fils », Henri était l'un des plus aimés et pas un de vous, Messieurs, n'a oublié que le jour où mon frère recevait la croix de la Légion d'honneur et Lebouc la médaille militaire, on vit les deux braves marcher ensemble au triomphe — ensemble ils avaient été à la peine — et le prêtre soutenait l'amputé !

(1) Une rue de la ville du Mans porte aujourd'hui le nom du sergent Lebouc.

C'était la religion donnant la main à la Patrie.

N'est-ce pas le même aumônier qui, dans ses récits *En temps de guerre*, fait du sergent-major Lebouc l'éloge si mérité que voici :

« Lorsque nos concitoyens rencontreront, dans les rues de la ville du Mans, ce sympathique jeune homme, victime d'une lutte héroïque, sa blessure leur rappellera un suprême effort tenté pour l'honneur du drapeau. Ils se souviendront que le 8 décembre 1870, au soir, ce drapeau qu'ils avaient offert aux mobiles du 33e n'a pas roulé dans la neige, n'a pas pris le chemin du vainqueur. Il est sacré par le sang de leurs enfants, et ils salueront avec estime un de ceux qui se sont dévoués pour le défendre.

« Ne vous plaignez donc point, mon ami, si une souffrance, qui n'est pas entièrement guérie, vous a mûri avant l'âge et séparé quelquefois, dans des moments de plaisir, de ceux de votre temps. Dieu vous garde des joies. Si vous êtes de ces illustres mutilés de la guerre, dont un grand orateur a dit qu'ils n'ont plus de complet que le cœur, ceux qui vous ont connu ne manqueront pas de dire que chez vous le cœur est excellent. »

Toute la vie de Lebouc, Messieurs, se résume en cette page émue, vieille déjà de vingt ans !

Oui, c'était un cœur excellent, ouvert à toutes les infortunes, toujours prêt à donner son concours aux entreprises utiles ou généreuses.

Nature essentiellement droite et indépendante, la franchise s'alliait chez lui à la plus réelle bienveillance.

Causeur aimable, plein de verve et d'enjouement,
aucun mot blessant ne venait jamais se mêler à ses
plus vives saillies. Physionomie éminemment sédui-
sante, son esprit cultivé et ses goûts artistiques
attiraient naturellement la sympathie; et telle était
la sûreté de ses relations qu'on ne pouvait le connaître
sans devenir et demeurer son ami.

De la vie plus intime de Lebouc, de ce qu'il était
pour sa famille, ce n'est ni à moi, ni en ce lieu qu'il
convient d'en parler, sinon pour donner aux siens
l'assurance que nous comprenons toute l'étendue
de la perte qu'ils viennent de faire, et leur dire, ce
dont ils ne sauraient douter, combien nous nous
associons sincèrement à leur immense deuil.

Notre cher Henri, Messieurs, avait le culte de
l'armée qu'il chérissait de toutes les forces de son
intelligence et de son cœur, comme étant l'émanation
sacrée de la Patrie. Son cœur battait bien fort, j'en ai
été souvent le témoin attendri, à la vue des trois
couleurs. En le voyant dans les rues de la ville passer
en chancelant sous la douleur causée par son effroyable
blessure, mais gai quand même et vivant d'espérances, on aimait à répéter, à trois siècles et demi de
distance, le mot qui restera toujours en France la
devise du courage trahi par la fortune : « Tout est
perdu fors l'honneur. »

Henri Lebouc se plaisait à nos cérémonies militaires.
Il y voyait un souvenir et une espérance. Ce souvenir,
c'est la preuve que nous n'avons pas oublié les
mauvais jours, et que, loin de vouloir les rayer de

— 18 —

notre mémoire, nous nous efforçons virilement, au
contraire, de les y conserver comme le plus douloureux, mais aussi comme le plus noble et le plus
fécond des enseignements. Une nation dénuée de ce
culte du passé qui nous est si cher, serait une nation
frappée de mort; et c'est pourquoi les fêtes patriotiques lui apparaissaient comme une espérance.

Il ne lui suffisait pas de s'être dévoué dans le passé
et *dévoué jusqu'au sang*, pour lutter contre une destinée implacable. Il voulait attester hautement qu'il
n'était point découragé. Il voulait qu'au moment où
sa vie, si généreusement remplie, devenait plus
courte, les jeunes ne s'attardassent pas à regarder
seulement en arrière, mais qu'ils se dressassent à ses
côtés, pleins de courage et de confiance, les yeux
fixés vers l'avenir, le cœur bien trempé et, sur les
lèvres, ce cri plus ferme que jamais : Vive la France !
Vive l'Armée ! Tout pour la Patrie !

Sous ce titre : *Souvenir français*, l'*Avenir de la
Sarthe* publiait récemment le compte rendu de la
célébration du 22e anniversaire des batailles livrées
autour de Beaugency, les 7, 8, 9 et 10 décembre 1870.
Cette note que j'ai lue avec bonheur est signée Henri
Leboue et se termine par ces mots :

« Qu'il soit permis à l'humble combattant de 1870
d'adresser, du plus profond de son cœur, l'expression
de toute sa gratitude aux membres du comité orléanais
« Le Souvenir Français », pour ces éclatants et
touchants témoignages de patriotisme.

« Il est réconfortant de savoir qu'il reste encore chez nous des cœurs fidèles et reconnaissants. »

Les cœurs fidèles et reconnaissants comme le vôtre, « *humble combattant* » qui fûtes un héros, ils ne sont pas rares, Dieu merci, dans notre beau pays de France !

Peu de jours avant sa mort, Henri, profondément affecté de voir notre pauvre et cher grand pays divisé, d'entendre un parti — le parti des infâmes — prêcher le mépris des chefs et l'horreur de l'uniforme, m'écrivait, dans son angoisse patriotique :

« Unissons-nous tous, sans distinction de parti, pour sauvegarder ce que nous avons de plus cher, notre unité nationale. »

Sur la tombe de l'ancien sergent-major du 33e, du camarade à jamais regretté, saluons-la, cette unité, notre force, notre grandeur et notre gloire : cette unité que rien n'a pu ébranler, pas même le coup d'épée qui a laissé, un jour, une meurtrissure au flanc de la Patrie ; cette unité qui, de la Méditerranée à la Manche, des Vosges aux Pyrénées, fait de tous ceux qui vivent sous le même ciel et se dévouent sous le même drapeau les fils de cette grande famille qu'une auguste parole appelait naguère « la très illustre et très noble nation française ».

Il n'y a que les peuples dont on détruit l'unité et dont les liens se brisent dans de misérables discordes, qui voient s'ouvrir pour eux l'ère des inévitables décadences et des misères sans espoir. Mais quand une patrie est assez belle pour appeler l'amour, et assez

2..

généreuse pour accepter le dévouement de tous ses
enfants, le malheur peut passer sur elle et lui infliger
de passagères humiliations; elle se relève le lendemain
pour reprendre le cours, un instant interrompu, de
ses glorieuses destinées.

Notre camarade, âme vaillante entre toutes, était
un croyant dans la simple mais complète acception
du mot.

Aussi, quand la gravité de son état, que tout d'abord
il ne semblait pas soupçonner, lui fut révélée, muni
des secours divins de la Religion qu'il avait toujours
respectée, il a, sans faiblir, accepté l'épreuve suprême,
subi avec fermeté et résignation l'inexorable loi d'une
séparation cruelle, mais, grâces à Dieu, momen-
tanée, de tout ce qui lui était cher en ce monde.

**

J'ai fini.

Vous connaissez, Messieurs, cette parole de Byron:
« Quand vous devrez mourir, cherchez du regard la
« tombe d'un soldat; marquez à côté votre place et
« demandez qu'on vous couche auprès de ce héros
« endormi. Près de lui le sommeil vous sera plus
« doux. »

Moi je marque, pour mourir, ma place à côté de
ceux qui, à votre exemple, cher Henri, ont espéré et
cru en Dieu, qui n'ont jamais renié leur foi, qui n'ont
pas dédaigné les saintes formules de la supplication
chrétienne. Comme vous, comme les fermes et vrais
croyants, j'aspire à la gloire éternelle; puissé-je, par

les mérites sacrés du Rédempteur, échapper comme vous au jugement vengeur du juge suprême. Puissent aussi tous les soldats de notre patrie terrestre, entrer, par une vie irréprochable ou par une mort glorieuse, dans les joies de la céleste patrie! Ce fut, ami, votre dernier vœu; c'est aussi le plus intime cri de mon âme catholique et française!

ROUBAIX

LA BÉNÉDICTION DU DRAPEAU

DE L' « UNION DES PATRIOTES »

L'*Union des Patriotes*, de Roubaix, fera bénir, dimanche prochain, 16 décembre, son drapeau, en l'église de Saint-Martin, à la messe de midi.

Cette cérémonie, patriotique et religieuse en même temps, sera encore rehaussée par la présence d'un vaillant journaliste, d'un prêtre, d'un soldat, M. Léon Morancé, aumônier militaire, attaché, en cas de mobilisation, à l'état-major du 4e corps d'armée, homme de grande valeur, écrivain de talent et zélé patriote. C'est lui qui du haut de la chaire, saluera le drapeau de l'*Union des Patriotes* de Roubaix, cette société composée de braves et honnêtes gens, d'hommes de bonne volonté, dont la propagande est si néfaste au parti internationaliste.

Nous félicitons l'*Union des Patriotes* d'avoir choisi, comme barde, M. l'aumônier Morancé.

L'extrait d'un article publié dans l'*Echo du Loir*, journal de l'arrondissement de la Flèche, sous la signature de ce prêtre-soldat, le fera connaître à nos lecteurs qui ne manqueront pas d'accourir en foule pour l'entendre faire l'apologie du drapeau, le jour où sera béni celui de l'*Union des Patriotes* :

Par ce temps de politique à outrance, où les rivalités et les haines de partis arment les citoyens les uns contre les autres, où la division s'introduit même dans les familles, rompant tous les liens, désunissant ce qui devrait rester éternellement uni, où la révolte des appétits, des intérêts, des ambitions, démoralise, désagrège et ruine le pays, une seule chose demeure, encore intacte et inébranlée, qui empêche de désespérer des destinées de la Patrie : c'est l'armée. Quelque tentatives criminelles qui aient cherché à l'entamer, de quelque maladresses qu'elle ait eu à souffrir, elle est restée, grâce à Dieu, étrangère à tous ces conflits stériles, et les dissolvants de la politique ont été impuissants contre sa constitution robuste.

On éprouve je ne sais quoi de rasserénant, de consolant, un sentiment de fierté et d'espoir, lorsque l'on parcourt utilement et en connaissance de cause l'annuaire, l'armorial de l'armée, cette sélection du pays. Il y a là 40.000 noms, plus peut-être, pris dans toutes les classes de la société française, depuis les sommets jusqu'aux conditions humbles, depuis les familles aux blasons séculaires et celles illustres dans la guerre, les sciences, les lettres ou les arts, jusqu'aux plus inconnues ; tous les régimes y sont représentés ; naturellement les traditions de famille y diffèrent ; on n'y a pas les mêmes croyances, mais cela est une affaire de conscience que l'on cèle au plus profond du for intérieur, et tous les cœurs s'unissent dans un seul amour, un seul culte : l'amour, le culte de la France! C'est là véritablement que l'on trouve l'égalité : égalité devant le devoir, égalité devant le droit. Il faudrait supposer l'humanité trop parfaite pour soutenir qu'il n'y est jamais fait le plus léger accroc. Mais c'est rare, et, quoi qu'on dise, cela a toujours été rare.

Ce langage est celui d'un soldat, et nul autre que l'abbé Morancé n'était plus digne de venir appeler les bénédictions de Dieu sur l'étendard de l'*Union des Patriotes* de Roubaix.

Journal de Roubaix.

LA PATRIE — LE DRAPEAU

DISCOURS

Prononcé dans l'Église Saint-Martin de Roubaix (Nord)
le 16 Décembre 1893

A LA BÉNÉDICTION DU DRAPEAU DE L' « UNION DES PATRIOTES »

————

Messieurs,

L'honneur que vous m'avez fait en m'invitant à cette fête religieuse et patriotique, je le rapporte moins à mes titres d'ancien volontaire de 1870 et d'aumônier de corps d'armée — titres modestes, s'il en fût — qu'à vous-mêmes qui m'avez vu, c'est évident, à travers le prisme de votre excessive indulgence.

Les natures riches font cela d'ordinaire : elles prêtent aimablement aux autres leurs nobles qualités...

Sans doute, Messieurs, je pouvais décliner cet honneur, mais le très distingué président de l'Union des Patriotes de Roubaix (1), lorsqu'il m'a écrit, en votre nom, a eu des paroles d'une si grande délicatesse, que je me suis empressé de lui répondre, avec la Sainte Écriture : *Ecce adsum quia vocasti me.*

(1) M. Ch. Ségard.

Pour la Patrie ! Pour le Drapeau !

A la voix de l'une et sous les plis de l'autre, Messieurs, j'irais au bout du monde, prêt à tous les sacrifices ; aussi, l'avouerai-je, c'est avec bonheur, avec fierté aussi, que, pour venir en votre noble cité, moi qui suis pour elle un inconnu, j'ai traversé, hier, la moitié de la France. Je dis inconnu et non pas étranger.

Vous êtes à la frontière du Nord qu'illustra Faidherbe et j'appartiens à ce pays du Haut-Maine où Chanzy, de regrettée mémoire, arrêta un instant les hordes germaniques dans des combats fameux qui éclairèrent, d'un dernier rayon de gloire, nos plus sombres revers ; 500 kilomètres séparent votre province de la mienne... c'est vrai ! et cependant nous sommes frères, puisque nous sommes tous Français, que le même amour nous anime, l'amour de la sainte Patrie et qu'un souci commun nous unit les uns aux autres ; la constante préoccupation de son avenir.

C'est là notre religion au sens étymologique du mot, ce qui nous lie à jamais du lien le plus sacré et le plus fort.

Ces réflexions faites et sans autre exorde, je commence.

Écoutez-bien, je vous prie.

I.

Tout d'abord, qu'est-ce donc que la Patrie et quelle place tient-elle dans l'humanité ?

Que signifie ce mot vraiment magique qui éveille

dans les âmes élevées des échos à la fois si sonores et si doux ?

La Patrie, messieurs, c'est la société d'hommes vivant ensemble, unis par les liens les plus forts, les plus nécessaires, les plus inviolables et les plus saints :

1. Lien provenant d'une origine commune : Un même sang qui maintient l'unité de race à travers les générations successives, fait des membres d'une nation, comme les frères d'une grande famille ;

2. Lien que produit l'unité de la langue : Rien, en effet, n'unit plus solidement les hommes entre eux que la parole, ce moyen nécessaire qui leur est donné de se communiquer les pensées les uns aux autres.

3. Lien produit par l'habitation sur un même sol : La société humaine demande qu'on aime la terre où l'on demeure ensemble; on la regarde comme une mère, une nourrice commune, on s'y attache, cela unit.

Les hommes, se sentent surtout liés par quelque chose de fort, lorsqu'ils songent que la même terre qui les a portés et nourris étant vivants, les recevra dans son sein lorsqu'ils seront morts. (1)

(1) « C'est un sentiment naturel à tous les peuples. Thémistocle, Athénien, était banni de sa patrie comme traître ; il en machinait la ruine avec le roi de Perse à qui il s'était livré, et, toutefois, en mourant, il oublia Magnésie que le roi lui avait donnée, quoiqu'il y eût été si bien traité, et il ordonna à ses amis de porter ses os dans l'Attique pour les y inhumer secrètement. Dans les approches de la mort, où la raison revient et où la vengeance cesse, l'amour de sa patrie se réveille, il croit satisfaire à sa patrie, il croit être rappelé de son exil, et, comme ils parlaient alors, que la terre serait plus bénigne et plus légère à ses os. » (Bossuet, *Politique tirée de l'Ecriture Sainte*).

Mais il est d'autres liens plus solides encore et plus sacrés, les liens moraux et religieux ; je veux dire, la communauté des traditions, des usages, des lois qui nous régissent ; l'autorité du gouvernement, auquel nous devons une commune déférence et soumission. Et cette autorité humaine ne s'exerçant qu'en vertu de la délégation d'une autorité supérieure, qui est et qui ne peut être que l'autorité divine, c'est à ce principe de toute autorité dans le monde, à Dieu, que la Patrie doit surtout honneur et obéissance par l'observation de ses lois, par le respect de son saint nom et par la protection accordée à ses enfants pour le libre et plein exercice du culte divin.

On voit par là, dit Bossuet, toutes les choses qui unissent les citoyens entre eux et avec leur patrie ; les autels et les sacrifices, la gloire, les biens, le repos et la sûreté de la vie : en un mot, la société des choses divines et humaines.

Le patriotisme antique ne s'y était pas trompé. Il avait créé cette devise qui exprimait tout, qui tenait dans les liens et dans la dépendance voulus les deux éléments de toute Patrie : *Pro aris et focis*, pour les autels et pour les foyers. Mais pour les foyers seuls ? Jamais. C'est qu'il n'y a pas de foyer sans autel. Enlevez l'autel et le foyer cesse, il ne reste plus que des murs glacés, couverts de marbre ou couverts de chaume, suivant la fortune de ceux qu'ils abritent. Sans autels, les lambris comme la paille n'en font qu'un réduit déplorable, un peu moins grossier que le repaire de la brute, et dans lequel un couple humain procrée de petits hommes. C'est-là tout le sanctuaire de la famille humaine! Donc *Pro aris et focis*, ou, pour prendre un style meilleur, la langue plus élevée d'une grande Patrie chrétienne : *Pro Deo et Patria!* Mais quoi! pour la Patrie seule ne serait-ce pas assez? Ah! oui sans doute, s'il pouvait y avoir une Patrie sans Dieu! Mais, est-ce possible? Donnez-moi un corps vivant sans âme et je vous donnerai une Patrie sans Dieu. Dieu, c'est l'âme de la Patrie. Enlevez Dieu, vous n'en avez que le cadavre ; magnifique cadavre, si cette Patrie s'est appelée la France, et si la beauté peut convenir à la mort. Il y aura toujours les mêmes fleuves, les mêmes prairies, les mêmes montagnes; des soleils resplendissants se lèveront encore chaque matin sur ses plages, doreront les campagnes et rougiront les côteaux; ce sera toujours cette terre gâtée par la nature et dont elle a fait ses délices, cette terre que ne se lassait pas d'admirer Strabon. Mais ce ne sera plus une Patrie, l'âme l'a quittée, la Patrie est morte le jour où on en a chassé Dieu.

Dans une page éloquente, des plus chaudes qui soient sorties de son cœur, un orateur célèbre a peint les souvenirs de son pays et de ses premières années : « Voici la Patrie! Cette maison où votre âme s'est épanouie sous les regards attendris d'un père et que vous retrouverez, après un demi-siècle, tout embaumée encore des parfums des baisers maternels, ces chemins que vos premiers pas ont foulés si souvent et si gaiement; ces campagnes où le ciel et le soleil avaient pour vous des sourires qu'ils vous ont refusés partout ailleurs sur un sol étranger ; ces horizons connus, ces eaux courantes et ces bois, tous ces chers objets que vous avez naïvement associés aux plus vives impressions de votre jeunesse, en y déversant, pour ainsi dire, le trop-plein de cette sensibilité dont le cœur surabonde à vingt ans ; ce coin de terre que vous ne pouvez revoir sans trouble et sans charme, et où se montre je ne sais quel nuage mélancolique d'un bonheur d'autant plus regretté qu'il a fui pour jamais : oui, c'est la Patrie ! La Patrie ! C'est aussi cette église où, par le baptême, vous êtes devenu citoyen du ciel, où jeune enfant de douze ans, gardé par votre mère et votre sœur, deux anges qui vous soutenaient de leur innocence et de leurs prières, vous êtes allés vous agenouiller à la table sainte, pour recevoir la visite de Jésus-Christ et rattacher votre vie à l'autel, au milieu des larmes les plus douces et des émotions les plus durables ; cette église où peut-être la mort, déchirant votre cœur, vous a conduit tristement, et où, votre pensée s'élevant vers Celui qui règne sur la vie et sur la mort, vous parliez à Dieu de vos parents et lui demandiez pour eux une place au ciel et, pour vous, le bonheur de les y retrouver un jour ; cette église autour de laquelle dort la cendre à peine refroidie de vos aïeux, suivis et gardés dans leur tombe par la piété de vos souvenirs, en attendant que vous les rejoigniez à ce funèbre rendez-vous : oui, cette église c'est la Patrie ! La Patrie ! C'est encore cette figure mystérieuse qui vous apparaissait quand vous lisiez l'histoire, et qui, de son regard tour à tour triste et fier, selon la page que vous aviez sous les yeux, allumait dans votre âme la plus généreuse ardeur et vous faisait ressentir, avec une étrange énergie, le poids de ses revers et l'orgueil de ses triomphes.

« Comme vous palpitiez d'une émotion douloureuse, lorsque le drapeau du pays, engagé dans quelque bataille, semblait fléchir et s'incliner sous la fortune adverse ! Quelle joie, lorsque, soutenu par de vaillantes mains et flottant seul au-dessus du théâtre de l'action, il chassait devant lui les ennemis vaincus et donnait à la journée sanglante un de ces noms fameux qui peuplent nos fastes militaires et ne seront jamais oubliés tant qu'il y aura des hommes. »

Partout et toujours, à tous les degrés de civilisations, les peuples ont eu l'idée, ont prononcé le nom et pratiqué le culte de la Patrie. Allez à l'Orient et à l'Occident, au Midi et au Septentrion ; regardez dans le passé et regardez dans le présent, un fait immense se révèle, un phénomène universel vous apparaît : l'idée brillante, disons mieux, la radieuse image de la Patrie.

Ce qu'on appelle dans la langue latine *terra patria*, et dans la langue germanique *Vaterland*, la terre des pères, a son nom synonyme dans tous les langages que l'humanité a parlés. Ce nom, populaire, s'il en fut jamais, est au fond de toutes les littératures, de toutes les éloquences, de toutes les poésies, de tous les drames ; il y abonde et surabonde, en certaines heures même, où vibre plus fortement dans les âmes la fibre patriotique, à la lettre, il y *déborde*.

Les anciens se faisaient de la Patrie une très haute idée. On n'aurait que l'embarras du choix, si on voulait produire quelques-uns des nombreux exemples donnés par leurs historiens, depuis Léonidas et ses trois cents Spartiates, mourant au Thermopyles, pour interdire l'entrée d'un territoire libre à une armée d'esclaves, jusqu'à notre glorieux Vercingétorix, luttant avec nos aïeux pour l'indépendance de la Gaule.

Avec quel enthousiasme, en quels accents émus, Virgile salue cette terre d'Italie dont il est si fier d'être et de se dire le fils! Il semble qu'il n'aborde les souvenirs et les traditions de la terre natale, les exploits guerriers des ancêtres, les chefs-d'œuvre qu'ils ont produits dans les lettres et dans les arts, qu'avec un sentiment de vénération, et comme on approche d'un sanctuaire (1).

Et ici, Messieurs, je ne puis pas ne pas vous dire quelle famille est la nôtre, quelle grande patrie est la patrie française.

Tout d'abord, sa situation au centre de l'Europe révèle sa mission privilégiée.

Voyez, elle touche aux autres nations européennes par ses frontières de l'Est qui vont des plaines de la Belgique à la barrière formidable des Alpes. Elle a, sur les mers du Nord, en face de l'Angleterre, ses

(1) Salve magna parens frugum, Saturnia tellus.
Magna virum, tibi res antiquæ laudis et artes
Ingredior, sanctos ausus recludere fontes.
(Georg. L. II. v. 173).

villes célèbres par leurs combats et ses ports fameux. La Bretagne s'avance comme la proue d'un navire qui prend son essor vers le Nouveau-Monde et, de ce promontoire magnifique jusqu'aux Pyrénées, les flots de l'Océan baignent ses beaux rivages. La Méditerranée la convie à la domination de l'Afrique, et la route tracée au milieu des sables du désert par le génie d'un de ses fils lui permet d'envoyer rapidement ses flottes et son drapeau jusqu'aux dernières limites de l'Extrême-Orient. Lacordaire l'a dit dans son poétique et inimitable langage : « La France est un vaisseau dont l'Europe est le port et qui a ses ancres dans toutes les mers. »

La France ! Ah ! Messieurs, quand ce nom vient sur mes lèvres, je ne puis retenir l'exclamation qui échappait naguère à un prince étranger. Le roi de Hollande traversait du Nord au Midi notre Patrie bien aimée pour se rendre aux bains de Luchon. Il n'avait guère connu que Paris et ses environs. En parcourant nos provinces, son étonnement allait jusqu'à l'admiration, ses sympathies jusqu'à l'enthousiasme. Des Alpes aux Pyrénées, il s'écriait : « Que la France est belle ! » avec ses montagnes boisées que les glaciers couronnent, ses vallées profondes, ses eaux limpides qui descendent comme des torrents et ses côteaux où tous les fruits de la terre semblent éclore et mûrir ensemble pour mêler, des premiers jours du printemps aux derniers jours de l'automne, l'utile à l'agréable et offrir à l'homme toutes les jouissances.

La France que Dieu fit pour nous, la France des Français, ce sont nos belles provinces si variées d'aspect et de fécondité, le Midi toujours en fleurs, le gai Dauphiné, l'énergique Auvergne, le Centre plus sévère, la plantureuse Touraine, le riant Anjou, le Maine avec toutes ses cultures, la Normandie moins variée, mais plus grasse, et la Bretagne plus pauvre, mais tant plus aimée de ses enfants. La France, c'est, dans un échelonnement fait à plaisir pour l'agrément et la richesse, l'ensemble admirablement disposé de tous les produits qui sont la substance et le régal d'un peuple.

La France, ce sont les blés qui se panachent au printemps d'une teinte de sinople pleine d'espérance, les pâturages qui s'estompent dans les vastes plaines de Normandie et dans les belles prairies des bords de la Loire et de la Mayenne; ce sont les sarments qui se gonflent sur les côteaux et se préparent à nous verser la joie de la vie.

Et avec cette variété du sol et de ses fruits, quelle variété encore dans les populations calmes ou ardentes, enthousiastes, entreprenantes et mobiles, ou froides et réservées, mais douées d'une persévérance invincible ! Et quelle unité de la nation et de la Patrie groupant dans un faisceau merveilleux tous ces dons, toutes ces ressources et toutes ces puissances !

Enfin, quels nobles souvenirs, quelles traditions sacrées, quel héritage de gloire resserrent les liens d'une union qui est l'œuvre des siècles, des héros et des saints, et, avant tout, l'œuvre même de Dieu !

3

J'ai dit l'œuvre des siècles, car une nation se compose des morts qui l'ont fondée et des vivants qui la continuent. Et la nôtre, Messieurs, n'est pas une parvenue d'hier! Que serions-nous sans nos ancêtres?

C'est parce qu'avant nous, des générations de politiques et de soldats ont lutté, pour rester maîtres du sol français, qu'aujourd'hui nous l'occupons; c'est parce que des générations de savants et d'agriculteurs ont préparé ce sol, l'ont percé de routes, de canaux, qu'aujourd'hui il nous donne des richesses inconnues de nos pères. Que de temps et d'efforts pour créer la belle langue que nous parlons! Que d'actions éclatantes, de hauts faits et de dévouements, pour remplir les livres dans lesquels nous avons appris à penser et trouvé les récits qui ont fait battre nos cœurs! Un passé héroïque, des grands hommes, de la gloire, voilà donc le capital social sur lequel est assise la nation française.

Et maintenant, — car il faut en arriver là — qu'est-ce donc que l'amour de la Patrie?

Est-ce seulement un instinct légitime?

Est-ce, tout au plus, un de ces sentiments délicats qu'inspire une nature intelligente, capable d'aimer? Sans doute, c'est tout cela, mais c'est plus que tout cela.

Le Patriotisme est le désir du véritable bien, la connaissance des intérêts supérieurs de son pays.

Le Patriotisme est un devoir de premier ordre et une *vertu*; par ce seul mot, l'enseignement catholique élève le Patriotisme à une dignité supérieure et ouvre, en sa faveur, au dévouement des chrétiens, une carrière sans limites comme la perfection.

Et non seulement c'est une vertu, comme toute habitude de bien, mais c'est une *vertu spéciale;* elle porte un nom sacré : elle s'appelle *piété filiale.* Nous avons envers les autres des devoirs qui diffèrent selon l'excellence des êtres et selon les bienfaits que nous en avons reçus. Dieu occupe, sous ces deux rapports, le premier rang : il réunit au plus haut degré toutes les perfections, il est le premier principe de notre être et de notre conservation. Après lui, dans l'ordre des bienfaits, viennent nos parents qui nous ont donné le jour et l'éducation, la Patrie qui nous a protégés et nous a fait jouir des grands biens de la civilisation, de l'aide et de la fraternité de nos compatriotes. Par la vertu morale de la religion nous offrons à Dieu les hommages qui lui sont dus ; par la piété filiale nous rendons nos devoirs à ceux qui sont les seconds principes de notre être et de notre conservation.

Ce qui explique pourquoi nous devons *aimer, respecter, servir* la Patrie et tout ce qui est de la Patrie. Il faut que notre cœur, Messieurs, soit attaché à son cœur comme le cœur d'un fils au cœur d'une mère ; car, dans un sens absolu, la Patrie est une mère, et la langue populaire a consacré cette appellation : *les enfants de la Patrie.*

Mais, si j'aime d'un amour profond cette mère que je nomme ma Patrie, je puise dans cet amour même un respect religieux pour tout ce qui, sous une forme ou sous une autre, constitue sa majesté, et

3..

je m'incline avec un indicible bonheur devant toutes les supériorités, toutes les gloires qui forment sur sa tête un diadème d'honneur et une couronne de vénération ; je respecte ses longues traditions, ses hommes de génie, sa religion, toutes les choses anciennes qui ont illustré son berceau. Au front d'une Patrie séculaire, ne sont-elles pas comme les cheveux blancs et les sillons du temps à une belle tête de vieillard ?

Oui, moi, fils de la noble France du XIX⁰ siècle, je fais de la vénération de cette mère auguste, la meilleure part de mon amour ; et je demeure, envers et contre tous, patriotiquement fier et saintement jaloux de sauvegarder, dans la mesure de mes forces, tout ce qui l'honore, tout ce qui l'embellit, tout ce qui la célèbre, tout ce qui la glorifie dans son passé comme dans son présent.

Cet amour, ce respect de la Patrie créent le dévouement efficace, ouvrent les cœurs aux plus généreuses inspirations, exaltent les âmes par les sentiments les plus magnanimes, nous élèvent enfin jusqu'à l'oubli total de nous-mêmes et nous emportent, émus et tressaillants, sur les ailes ardentes de l'enthousiasme, jusqu'au mépris de la mort. Le Patriotisme, Messieurs, ne connaît aucune borne, il franchit toutes les barrières, abat tous les obstacles, brise les liens les plus forts, arrache aux affections les plus légitimes et les plus pures. Quand il parle, tout est foulé aux pieds. A l'homme, au Français, le devoir crie comme la conscience à l'âme quand il s'agit de Dieu : « En avant ! Passez, s'il le faut, sur le corps de votre père, brisez le cœur de votre mère, abandonnez votre épouse, sacrifiez vos enfants ! » La cruauté apparente n'est ici que l'héroïsme de la piété filiale envers la Patrie. (1)

C'est alors qu'on peut entendre sortir des cœurs vraiment dévoués ce cri qui atteste l'amour poussé jusqu'au sacrifice : *Mourir pour la Patrie !* cri superbe, Messieurs, quand il n'est pas la clameur banale de l'émeute courant à la révolte ou de la haine aspirant à détruire.

Pour en arriver à de telles extrémités, n'hésitez pas à prendre conseil près de cette religion qui vous commandera d'obéir aux lois de la Patrie, quels que soient les maîtres qui la gouvernent : « Ne craignez rien, disait Eudore à l'empereur romain, vous trouverez toujours chez les chrétiens des sujets respectueux qui vous seront soumis sans bassesse, parce que le principe de leur obéissance vient du Ciel ! Ils savent qu'ils doivent à César leur sang, et leur âme à Dieu ! »

Ce que je veux faire remarquer encore, c'est que ce nom, ce culte de la Patrie, ne nous quittent jamais complètement, parce qu'ils sont cachés dans les plus profonds replis et pénètrent la part la plus généreuse de notre vie. Mais il faut bien en convenir — et l'expérience le démontre, — ce charme et cet attrait sont autrement puissants lorsque le courant des événements ou le sort de nos destinées nous emportent

(1) Lire notes explicatives, n° 1.

loin de cette Patrie : son image alors nous demeure d'autant plus belle et plus attrayante qu'elle-même est plus éloignée de nous.

Rappelez-vous, Messieurs, ce psaume sublime, ce chant des captifs qui, pendant de longues années, réunit dans ses accords mélancoliques les voix de tout un peuple emmené en servitude loin de la terre natale, loin du foyer domestique, loin du temple où il avait appris à connaître et à adorer le vrai Dieu : « Au souvenir de Sion, sur les bords des fleuves de Babylone, nous nous sommes assis et nous avons pleuré. *Super flumina Babylonis illic sedimus et flevimus cum recordaremur Sion !* »

Certes, elle était bien énergique cette race d'Israël dont l'histoire n'avait été pour ainsi dire qu'une lutte continuelle.

Mais quand elle se vit transportée en masse sur les bords des fleuves étrangers ; lorsqu'au lieu de la coupole du temple de Jérusalem et des sommets de la sainte colline de Sion, elle n'eût plus que le spectacle insupportable des palais assyriens, elle s'affaissa sur elle-même. Ces hommes qui, chez eux, avaient paru insensibles aux plus grandes calamités, jusqu'à s'attirer de la part du Seigneur le reproche d'avoir des têtes endurcies et des cœurs indomptables, *dura cervice et indomabili corde,* ces mêmes hommes, au souvenir de la Patrie absente, se prirent à verser des larmes amères. *Super flumina Babylonis illic sedimus et flevimus cum recordaremur Sion.*

C'est qu'en effet le souvenir de la Patrie absente

devient pour l'exilé une obsession insurmontable; il se mêle comme nécessairement à chaque détail de sa vie, à chaque battement de son cœur, à chacune de ses respirations. Le jour, c'est une pensée fixe; la nuit, c'est un cauchemar dont le réveil ne détruit pas l'impression désolante. Sous l'action de cette douleur incessante, la pensée s'assombrit, le cœur se resserre. Le pauvre exilé, partout seul et partout étranger, demande à toute créature — tel le captif aux rivages du Maure — de lui apporter un souvenir, un écho, une voix qui lui parle des lieux où a reposé son berceau et où dorment ceux qu'il a tant aimés :

Hirondelles, que l'espérance
Suit jusqu'en ces brûlants climats,
Sans doute vous quittez la France :
De mon pays ne me parlez-vous pas !

Cet amour passionné explique pourquoi l'exil peut devenir un insupportable supplice.

A Cologne, en 1871, des soldats français de toutes armes avaient été entassés dans un hôpital confié à des religieuses de France. L'un de ces infortunés languissait depuis longtemps déjà sur sa couche; en vain l'entourait-on des soins les plus délicats; faible et triste, il dépérissait rapidement. — « Mais, mon enfant, lui demanda-t-on un jour, vous manque-t-il quelque chose ? Que pourrions-nous vous donner et que vous faudrait-il ? »

— « La France ! » répondit le soldat, et il retomba dans son accablement.

Il y a, je le sais, à l'heure actuelle, — tant les plus nobles choses ont été diminuées — il y a comme un vent de cosmopolitisme qui passe, qui entend supprimer les frontières, abolir les derniers vestiges du militarisme européen ; jeter au rebut les armes que ne doivent plus glorifier les flamboiements du soleil d'aucun nouvel Austerlitz ; changer l'acier des fusils et des sabres en socs de charrues, en roues de machines, en essieux de wagons, en rails de voies ferrées ; fondre les cuivres et les bronzes des canons pour en couler les cloches civiles qui chanteront l'hosanna de la fraternité des peuples...

Voilà, Messieurs, la chimère d'un certain nombre d'esprits, une chimère que nous avons vue, qui de nos jours a pris corps et figure. Elle est dangereuse, très dangereuse, et nous devons en faire justice, au nom de la France et du patriotisme français.

Il y a toujours eu des patries bien distinctes ; il y en aura toujours. Chaque peuple a une vocation particulière, un tempérament, des facultés, un génie conforme à sa vocation. La variété dans l'unité : voilà la méthode providentielle, partout la même, dans le monde physique et dans le monde moral. Regardez la nature et ses splendeurs : la variété est le principe de la vaste harmonie qui se déroule à nos yeux. Regardez la vie nationale : elle naît encore de la variété ; elle résulte de l'ensemble des familles qui composent un pays et qui, de province à province, diffèrent par le tempérament, par le caractère, par les traditions, par les habitudes et les mœurs. Gardez-les biens ces

familles qui donnent à l'État tous les éléments de vie
et de prospérité, mais gardez-les avec leurs physionomies et leurs attitudes diverses; n'essayez pas de les
unifier et de les fondre en un tout; vous commettriez
une faute énorme : à l'activité libre, spontanée, originale, féconde, qui fait la richesse et la beauté d'un
pays, vous substitueriez le mouvement automatique;
la nation deviendrait, selon la théorie socialiste, une
machine qui fonctionnerait avec une monotonie
désespérante, sur les ruines de la liberté.

Ce que je dis de la famille nationale, je puis le dire
de la grande famille des peuples; l'analogie est
évidente : les peuples doivent tous concourir à l'harmonie générale du monde, mais chacun à sa façon et
dans la forme particulière de son activité. Vous ne
pouvez pas supprimer les différences, vous ne pouvez pas niveler les peuples sans bouleverser l'ordre
providentiel.

La thèse que j'expose est celle de la raison, de l'expérience et de l'histoire; mais elle est par excellence
la thèse française.

Si les *sans-patrie* prenaient la peine d'étudier l'histoire, ils verraient clairement que la France est faite
pour être une patrie à part; son tempérament, son
génie, sa générosité de cœur, sa bravoure, devaient
lui assurer le premier rang parmi les peuples. De
fait, elle a eu ce rang d'honneur pendant quatorze
siècles; soldat de Dieu, elle a reçu de lui toutes les
prospérités et toutes les gloires : elle a dominé l'univers par les armes; elle l'a dominé plus encore par les

idées ; elle a fait l'éducation des peuples, et, malgré ses désastres, elle règne encore sur le monde par les nobles expansions de son cœur et de sa foi, par la lumière toujours vive et pénétrante de l'esprit français.

Cette Patrie, unique au monde, vous voudriez l'effacer! Vous tendriez la main à tous les peuples, même à ceux qui nous ont écrasés, dans un moment de surprise, et nous ont fait au flanc une blessure qui reste toujours béante et sanglante, et vous les inviteriez à s'unir à vous, dans je ne sais plus quelle combinaison et quel mélange! Si jamais vous pouviez réussir à réaliser votre chimère, vous détruiriez la plus belle œuvre de Dieu, la France ; vous seriez les assassins de la Patrie, et je vous repousserais, et nous vous repousserions tous, avec indignation, au nom du Patriotisme, au nom de cette noble et chère France que nous devons aimer et que nous aimons par-dessus tout.

Un peuple qui cesserait de comprendre cela, cesserait de vivre.

Ah ! que ceux qui se disent les citoyens du monde, habitent un triste pays! Les êtres misérables que nous serions sans cet impérissable amour de la Mère-Patrie par qui nous sommes encore quelquefois arrachés aux glus abêtissantes de l'égoïsme et qui fait saigner en nous, délicieusement et cruellement à la fois, toutes les fibres qui nous attachent au sol natal, mêlées aux racines de ses forêts, enroulées aux ossements des aïeux! Exclusivisme sacré des races inexorablement ennemies, tu as été, depuis l'origine des siècles, la sauvegarde de toutes les noblesses de l'âme, le secret des héroïsmes, le réveil des courages, le salut des arts dont le génie répugne aux promiscuités de goûts. Si stupide que paraisse l'orgueil d'être né ici ou là, il semble nécessaire à notre dignité. Qui l'abjure se diminue soi-même. Et, d'ailleurs, qui l'abjure, ment! Car celui dont le cœur ne bondit point dès que la terre s'ébranle sous les pas de l'étranger, dès qu'une clameur de menaces lui est apportée par un écho qui ne parle pas sa langue, celui-là n'a jamais senti dans sa main la loyauté tranquille d'une main amie. C'est pour tous une façon de mystère devant lequel on s'éloigne. Rêve après cela, qui voudra, l'universelle lâcheté, mère des confortables à venir, s'épanouissant sur les nations, comme une fleur de honte, et toute l'humanité aux lèvres confondues dans un immense baiser :

> *Si quelqu'un, se disant citoyen au monde,*
> *Insulte à votre amour du haut de sa raison,*
> *Ce mot d'humanité, sur sa lèvre féconde,*
> *Veut dire et sent la trahison.* (1)

Pour ma part, je vous le jure, si je retirais de ma vie certains sentiments et certaines idées, l'amour du

(1) Je recommande aux méditations de ceux qui se prétendent ici dans la tradition révolutionnaire, cette maxime que j'emprunte à un rapport inédit fait par l'un de ses membres au Comité de Salut public de l'an II, où siégeaient Billaud-Varenne, Barrère, Robespierre, Couthon, Carnot et Robert Lindet : « IL N'EST QU'UN SEUL CRIME IMPARDONNABLE PAR SA NATURE ET QUI DOIT ÊTRE PRÉVENU OU VENGÉ SUR-LE-CHAMP, C'EST LA TRAHISON ENVERS LA PATRIE. »

sol natal, le long souvenir des ancêtres, la joie de retrouver mon âme dans leurs pensées et dans leurs actions, dans leur histoire et dans leur légende; si je ne me sentais partie d'un tout dont l'origine est perdue dans la brume des temps et dont l'avenir est indéfini; si je ne tressaillais pas au chant d'un hymne guerrier; si je n'avais pour le Drapeau le culte d'un païen pour une idole qui veut de l'encens et, parfois, jours des hécatombes; si l'oubli se faisait en moi de nos douleurs nationales, vraiment je ne saurais plus ce que je fais en ce monde. Je perdrais la principale raison de vivre.

On remarquera peut-être que ces paroles sont des lieux communs qu'il ne vaut pas la peine de redire. Ne le croyez pas. Jamais il ne fut plus nécessaire de les répéter, puisque, vingt-cinq ans après nos désastres, on a osé proférer dans des réunions socialistes, ce cri: (le cri de l'avenir, nous disons, nous, ce cri trois fois infâme) A bas la Patrie!

A bas la Patrie! Quand elle gît encore sanglante et mutilée! A bas la Patrie! Quand tous nos voisins l'entourent d'un cercle de haines, faites de convoitises et de lâchetés, de jalousies et d'ingratitudes! A bas la Patrie! Quand les autres patries liguées contre elle, la guettent, ne rêvent que d'assister à son agonie, escomptent déjà ses désastres futurs, et s'avancent, avides de curée, pour se partager ses lambeaux!

Et si l'on s'étonne de l'énergie de quelques-unes de mes paroles, je répondrai ceci:

Quand toutes les limites de l'iniquité sont franchies,

quand la cognée est au pied de l'arbre séculaire de la Patrie, je n'ai pas le droit de me taire. Le chrétien a des haines énergiques comme ses amours et, à certaines heures, il s'échappe de sa conscience oppressée, des cris que les circonstances commandent et et qu'elles expliquent. Par la grâce de Dieu, le pays que nous habitons se nomme encore la France ; et ce nom permet toujours, ou plutôt il impose la franchise.

A côté de l'ennemi qui menace nos frontières, j'en vois un autre, non moins à craindre et plus perfide encore, qui les voudrait abolir.

Je fais mon devoir de prêtre-soldat en le dénonçant.

Les sans-patrie lèvent la tête, je sonne au Drapeau ! (1)

Pour affronter les fatigues de la guerre, pour mépriser ses dangers, pour braver la mort, il faut autre chose que des armes, des règlements ou des ordres ! Il faut qu'une âme héroïque vous accompagne partout où le devoir vous appelle, sur le chemin de la frontière, dans la nuit des bivouacs, dans la mêlée des combats.

Il faut encore que cette âme se manifeste par un signe visible de sa présence parmi vous.

Cette âme, c'est celle de la France, ce signe, c'est le Drapeau !...

Le Drapeau ! voici la définition donnée de ce mot dans le dictionnaire de l'Académie :

« Pièce d'étoffe qu'on attache à une sorte de lance,

(1) Lire Notes explicatives, nº 2.

de manière qu'elle puisse se développer et flotter, et qui sert à donner un signal, à indiquer un point de ralliement, à distinguer la nation qui l'arbore. » (1)

Le Drapeau n'est-il donc que cela? Au seul aspect de cet emblème, les têtes se découvrent, les épées s'inclinent, les tambours battent aux champs; le respect est sur tous les fronts et l'émotion dans tous les cœurs. Est-ce à un morceau d'étoffe, à ces trois bandes d'étamine cousues ensemble que s'adressent où se terminent tant de marques d'honneur et de vénération? Non, assurément. Pourquoi donc, Messieurs, ces manifestations extérieures et publiques? Ah! c'est que la Patrie se résume et se personnifie dans ce signe unique avec toutes ses grandeurs et ses gloires réunies : histoire, souveraineté, conquêtes, souffrances communes, tout cela se revit, tout cela s'incarne dans le drapeau national et c'est pourquoi nous le saluons, nous le vénérons, nous l'aimons : il représente à nos yeux ce qui a droit au respect et à l'affection d'un peuple.

Au jour des combats, il se lève, on se lève avec lui; il marche, on le suit; il s'agite dans la mêlée, on l'entoure, on le défend au péril de sa vie. Les sabres, les balles et la mitraille se disputent ses lambeaux. Ce n'est plus qu'une guenille et devant cette guenille abreuvée de gloire, tout un peuple se lève, frémissant :

Debout, citoyens, voilà la France qui passe! Vive la France!

(1) Voir notes explicatives, n° 3.

Et il n'est pas question ici de formes et de couleurs qui ont pu varier suivant les époques et les circonstances. La chape de Saint-Martin, l'oriflamme de Saint-Denis, le drapeau bleu des Valois, les étendards fleurdelisés des Bourbons, les enseignes tricolores de la République et de l'Empire, ont été, à titre égal, le drapeau de la Patrie.

Il y a sept siècles, il était à Bouvines, conduisant les milices de la France à la défense du sol envahi par les Allemands, et, au plus fort de la mêlée, agité en l'air par le bon chevalier qui le portait, il appelait les nôtres au secours de leur roi en péril. Cinq cents ans plus tard, blanc et fleurdelisé d'or, nous le voyons à Denain, le jour où la dernière armée de Louis XIV livrait la suprême bataille qu'il aidait à gagner, en rappelant aux soldats de Villars que la France de Charlemagne et de Saint-Louis allait être rayée de la carte des nations, si, par un miracle d'héroïsme ils ne la sauvaient pas.

En 1760, violet et noir, à croix blanche, il ralliait à Clostercamp, les soldats du régiment d'Auvergne et, quelques années plus tard, — 1796 — il faisait jurer à la 32ᵉ demi-brigade, de mourir plutôt que d'abandonner à l'ennemi la redoute de Montelegino.

A Valmy, à Jemmapes, à Fleurus, ses trois couleurs flottaient à la tête des légions de la République; cloué à un tronçon de mât, il a eu le dernier regard, la dernière pensée des marins du *Vengeur*, lorsqu'aux sons de la *Marseillaise*, leur navire criblé de boulets, s'enfonçait lentement dans les flots.

Aux champs d'Austerlitz et d'Iéna, il a été sacré d'une gloire immortelle par les armées de Napoléon. A l'heure des revers, pendant la funèbre retraite de Russie, c'est autour de lui que marchaient, rangés en un silence farouche, les survivants de la Grande Armée. Par delà les mornes steppes glacés, il évoquait à leurs yeux la lointaine Patrie; sous l'âpre bise et la neige, il entretenait la flamme de vaillance indomptable qui soutenait les corps épuisés de ces héros, et, quand ils étaient tombés, il consolait, — en restant debout — leur agonie.

Encore une fois, peu importent les formes et peu importent les couleurs... Lorsque les soldats de 1830 plantaient les fleurs de lis sur les remparts d'Alger; lorsque sur la brèche de Constantine, en 1837, les zouaves de Lamoricière arboraient le coq gaulois, et, qu'en 1854, le fanion aux trois couleurs restait inébranlable sur le sommet du bastion de Malakoff, et, plus tard, sur la tour de Solférino, c'était toujours le drapeau de la France, c'est-à-dire, pour le soldat, le symbole du devoir, du dévouement et de l'honneur.

A des dates plus récentes, il a flotté victorieusement sur tous les continents et sur toutes les mers : en Afrique, au Maroc, au Dahomey, au Soudan, à Madagascar; — en Amérique, au Mexique, aux Antilles, dans les Guyannes; — en Asie, en Syrie, en Chine, en Cochinchine, au Tonkin, dans l'Annam.

Depuis que le monde existe, depuis que les peuples, poussés par l'impérieuse loi de la lutte pour l'existence, ont entrechoqué leurs armées, aussi bien dans l'antiquité que dans les temps modernes, et quels que fussent le génie de leurs généraux et le courage de leurs soldats, deux peuples seuls ont promené leurs enseignes victorieuses à travers le monde conquis et étonné de leurs exploits : les Romains et les Français.

« Quel que soit actuellement le développement inattendu de la force militaire des nations rivales, quelle qu'ait été, à l'apogée de leur puissance, l'étendue de leurs conquêtes, pas une ne pourrait montrer aux yeux éblouis de ses soldats un drapeau aussi glorieux que celui qui est devant vous......

« Pour bien savoir ce que c'est que le Drapeau, il faut avoir été soldat ; il faut avoir passé la frontière et marché sur des chemins qui ne sont pas ceux de la France ; il faut avoir été éloigné du pays, sevré *de toute parole qu'on a parlée* depuis l'enfance ; il faut s'être dit, pendant les journées d'étapes et de fatigues, que tout ce qui reste de la patrie absente, c'est ce lambeau de soie aux trois couleurs françaises qui clapote là-bas, au centre du bataillon ; il faut n'avoir eu, dans la fumée du combat, d'autre point de ralliement que ce morceau d'étoffe déchirée, pour comprendre, pour sentir tout ce que renferme dans ses plis cette chose sacrée qu'on appelle le Drapeau. » (1)

Comme le disait Napoléon — qui dut ses prodigieuses victoires autant peut-être à son admirable

(1) Cap. Coralys : *Education morale du Soldat.*

4

connaissance du caractère du soldat français qu'à son génie — « nous avons pour nos drapeaux un sentiment qui tient de la tendresse ; ils sont l'objet de notre culte comme un présent reçu des mains d'une mère. »

Quand l'illustre Bosquet, qui gagna dans la meurtrière campagne de Crimée le bâton de Maréchal de France, fut nommé colonel du 53ᵉ régiment d'infanterie à Orléansville, il écrivit à sa mère :

« Je veux te dire l'émotion que j'ai éprouvée le lendemain de mon arrivée. C'était le jour fixé pour la remise du drapeau du 53ᵉ. Le Drapeau, c'est la Patrie, son orgueil, sa gloire, son salut et ses souvenirs ! Imagine alors ce qui se passait dans mon cœur, lorsque, devant le régiment rangé en bataille, après avoir été reconnu par le général, j'ai salué ce drapeau qu'on me confiait et que j'ai mis cette famille de soldats en mouvement à mon premier commandement. Après le défilé et le départ, le drapeau a été escorté jusque dans mon logement, et là, quand il est entré, je n'ai pu m'empêcher d'en porter les franges à mes lèvres, avec un sentiment violent, mêlé d'amour, de dévouement et de fierté. »

Voilà bien, Messieurs, le langage du soldat qui veut vivre et mourir à l'ombre du Drapeau !

J'aime à me souvenir aussi de la solennité du 14 Juillet 1880, où les délégués des corps d'armée reçurent à Paris les nouveaux drapeaux qu'ils distribuèrent plus tard dans tous les régiments. L'armée, de nos jours, ne fait qu'un avec le peuple, et, de même que la nation a devant elle la fleur de ses enfants, l'élite de sa jeunesse prête à la défendre, de même les soldats ont derrière eux la nation, les animant de son âme, les soutenant de son amour.

Les Français furent donc, ce jour-là, joyeux de la joie de l'armée. Ils le furent d'une façon profonde, solennelle. C'était une chose grave, en effet, qu'une fête pareille. La gaîté du soldat est comme celle du héros et du martyr ; elle semble préparer ou cacher quelque sublime effort, quelque admirable souffrance, et, pourtant, il n'en est point de plus complète, de plus belle, de plus sincère.

Le Président de la République s'écria, en remettant les drapeaux :

« Le gouvernement de la République est heureux de se trouver en présence de cette armée vraiment nationale, que la France forme de la meilleure partie d'elle-même, lui donnant toute sa jeunesse, c'est-à-dire ce qu'elle a de plus cher, de plus brillant, la pénétrant ainsi de son esprit et de ses sentiments, et recevant d'elle, en retour, ses fils élevés à la vieille école de la discipline militaire d'où ils rapportent dans la vie civile le respect de l'autorité, le sentiment du devoir, l'esprit de dévouement, avec cette fleur d'honneur et de patriotisme et ces mâles vertus du métier des armes si propres à faire des hommes et des citoyens. Si rien n'a coûté au pays pour relever son armée, rien n'a coûté à l'armée pour seconder les efforts du pays, et, par l'application au travail, par l'étude, par l'instruction, par la discipline, elle est devenue pour la France une garantie

4..

du respect qui lui est dû et de la paix qu'elle veut
conserver. Je vous en félicite et je vous en remercie.
C'est dans ces sentiments que le gouvernement de la
République va vous remettre ces drapeaux. Recevez-
les comme un gage de sa profonde sympathie pour
l'armée; recevez-les comme des témoins de votre
bravoure, de votre fidélité au devoir, de votre
dévouement à la France, qui vous confie, avec ses
nobles insignes, la défense de son honneur, de son
territoire et de ses lois. »

Ces belles paroles, qui eurent un écho dans le
cœur de toute l'immense assistance, furent suivies
de la distribution des drapeaux par les mains du
Président de la République, à chaque colonel accom-
pagné de la députation de son régiment; puis l'armée
défila devant les tribunes, et la foule enthousiaste
salua au passage chaque drapeau par des cris et des
applaudissements où vibrait l'âme de la Patrie ressus-
citée, reprenant confiance en l'avenir.

Après l'allocution du Président de la République,
qui, en habit noir, la poitrine traversée du grand
cordon rouge, se tenait debout, entre le président du
Sénat, placé à sa droite, et le président de la Chambre,
à sa gauche, un immense cri, un cri d'enthousiasme
et d'espoir, est sorti de toutes les poitrines.

La gloire passée de la France réapparaissait, avec
toute la poésie de l'avenir et de l'espérance, dans ces
drapeaux tricolores portés par les colonels et remis
aux porte-drapeaux, après le salut aux représentants
de la nation.

Les fanfares et les coups de clairon qui montaient dans l'air, saluant ces étendarts nouveaux, vierges d'affronts, héritiers de ces noms de gloire qu'ils portent sur leurs plis et que le soleil faisait étinceler avec leurs couronnes d'or et leurs trois couleurs françaises, c'était le salut de tout un peuple à toute une armée..., le cri de la mère patrie voyant revivre, marcher, dans le rayonnement d'un jour de fête, cette partie d'elle-même qu'elle avait crue morte; quand, en 1871, sur ce même coin de terre, elle passait, avec des régiments hybrides et des uniformes en lambeaux !

Le 14 Juillet 1880, la nation laborieuse, pacifique, acclamait la nation armée. A ce propos, sait-on bien tout ce que représente d'efforts réunis ce brillant défilé qui était pour les uns un spectacle, pour les autres une émotion, pour tous un enseignement? Sait-on ce que la précision de ces mouvements a coûté de travail aux instructeurs, de dévouement à nos soldats? Et ce luxe de la décoration, ces équipements, ces canons, ces équipages, songe-t-on que tout cela est fait de l'épargne, du produit de la France qui travaille, de la France artiste, artisan, fabricant, ouvrier, ingénieur, savant, de la France qui a toujours payé et toujours réparé les folies de ses gouvernants?

On les a tous revus ces uniformes de l'armée de la France ! On a salué de vivats délirants les drapeaux portés par les chasseurs à pied, tirailleurs éternels de toutes les batailles, par les fantassins en tunique ou en capote bleue, soldats de *quatre sous*, qui, disait un Maréchal, font la fortune des généraux, petits fermiers, laboureurs, artisans, enfants du peuple, qui sont comme le ferment de la victoire. On a salué les artilleurs debout et comme soudés sur leurs affûts, les chasseurs filant au trot de leurs petits chevaux à longues crinières, les cuirassiers, les dragons et cette poignée d'hommes dont on n'avait pas vu depuis si longtemps les glorieux uniformes, les turbans, les fez rouges et les guêtres blanches, zouaves et turcos d'Afrique, spahis aux burnous blancs, qui représentaient pour nous une autre terre, une autre armée, tant de fiers souvenirs, Constantine, Isly, la Smala, toute une génération d'hommes, Bugeaud, Lamoricière, le duc d'Aumale — et toute une suite de victoires — l'Algérie, la terre lointaine, la colonie, mais toujours la France !

L'amour du Drapeau, Messieurs, a été l'occasion de mille et mille actions héroïques où nos aînés se sont couverts de gloire. Il serait facile de le prouver par des exemples superbes et de toutes les époques. Permettez-moi d'en citer quelques-uns se rattachant davantage à la nôtre. C'était en Italie, le 17 novembre 1796. Nos colonnes d'attaque s'élancent tour à tour sur le pont d'Arcole, mais s'arrêtent aussitôt, foudroyées par le canon de l'artillerie autrichienne. En vain les généraux se précipitent à la tête des soldats et cherchent à les entraîner ; ils tombent les uns après les autres. Lannes, Bon, Verne, Vernier, atteints par la mitraille qui fend l'air et tue sans pitié, gisent à terre, cruellement blessés. Augereau, lui aussi, se jette en avant, admirable d'audace. Personne ne bouge. Je ne sais quelle stupeur a glacé les courages. Témoin d'une hésitation qui peut compromettre le succès d'une campagne si glorieuse jusque-là, Bonaparte, descend vivement de cheval, saisit le drapeau et bondit vers les Autrichiens, en s'écriant :

« Grenadiers, n'êtes vous plus les braves de Lodi ? Suivez votre général ! »

Electrisés, les grenadiers s'ébranlent et le pont est enlevé.

A Austerlitz, pendant un mouvement de retraite qui risquait de dégénérer en une fuite honteuse, le commandant Dulong, du 90°, saisit l'aigle :

« Mes enfants ! Je m'arrête ici. M'abandonnerez-vous ? Abandonnerez-vous votre drapeau ? ».

Le régiment s'arrêta du coup et ne recula plus.

A Rivoli, en 1797, le sergent Bernard, du 14° de ligne, reprend aux Autrichiens qui l'ont enlevé, le drapeau du régiment et tombe, frappé à mort, en le remettant à ses grenadiers auxquels il jette ce mot, avant d'expirer :

« Je meurs content, le drapeau est sauvé ! »

Voilà du sublime, Messieurs, où je ne m'y connais pas.

C'était en Chine, devant Kélung, octobre 1884.

L'attaque avait commencé. Chaque jour, nos baraquements de Jow-Vau et nos postes de la Pagode-Rouge étaient mitraillés et les canons ennemis battaient notre escadre à tir plongeant.

Il fallait tenter un coup d'audace et enlever à tout

prix le fort du Nid-d'Aigle : c'est ce que comprit l'amiral Courbet.

Il avait sous la main deux cents « zéphyrs », troupes disciplinaires venues d'Afrique, de l'infanterie de marine, les fusilliers-marins de l'escadre et quelques compagnies de la légion étrangère.

C'est aux premiers que l'amiral confia l'honneur de monter d'abord à l'assaut.

Le Nid-d'Aigle fut emporté; Kelung était à nous.

Les « zéphirs » n'avaient pas failli à l'appel de Courbet qui leur avait simplement dit, en leur donnant pour enseigne un immense pavillon de la flotte : « Vous êtes des enfants de France, je suis sûr que vous n'abandonnerez pas ce drapeau !... » Mais à l'appel des 200 noms, 27 *hommes* seulement répondirent : « Présent ! »...

A l'entrée du port, à côté de l'ancienne batterie rasante du nord-est, qui n'était, depuis l'occupation qu'un vaste monceau de ruines, on creusa des fosses, on fit un cimetière au centre duquel des matelots-charpentiers érigèrent une croix colossale, peinte en noir et parsemée de grosses larmes blanches...

Sur les bras de cette croix funèbre, une large inscription vouait les regrets de l'escadre aux « zéphirs » tombés au champ d'honneur. Il y eut un peu plus d'une centaine de morts enterrés. Avec des débris de caisses d'emballage, on leur avait fabriqué des cercueils. L'aumônier du *Bayard*, bénit d'abord la terre, puis il adressa l'adieu suprême aux dépouilles héroïques.

Courbet conduisait le deuil, tête nue, des larmes dans les yeux. Jamais funérailles ne furent plus imposantes ni plus grandioses dans leur simplicité. Ils étaient là, tous : ceux de l'infanterie de marine et de la légion, coiffés du casque blanc; les matelots, aussi, avec leur large col bleu, émus, attristés, l'arme au pied.

Les survivants des « zéphirs » suivaient leur chef à la place d'honneur. Et, quand les prières furent terminées, on arbora un drapeau tricolore, *pour que ceux qui dormaient à son ombre pussent se croire en terre française.*

Et, par la suite, quand il fallut encore creuser des tombes, on recula insensiblement les limites du petit cimetière, qui fut entouré d'une haie vive de genets d'or et couvert de fougères arborescentes, de cycas et de lentanas...

En janvier 1892, un monument y fut érigé.

C'est une simple pierre pyramidale, portant, au-dessous de la croix, cette inscription :

A LA MÉMOIRE
DES MARINS ET SOLDATS FRANÇAIS
DÉCÉDÉS A KELUNG

Sur le pied même de la pyramide on lit :

FORMOSE
1885

L'inauguration de cette pierre a été faite, il y a trois ans, par le commandant Fauque de Jonquières, de l'aviso l'*inconstant*, ancien officier d'ordonnance, secrétaire intime de l'amiral Courbet, et par ses marins qui, fièrement, ont présenté les armes à leurs camarades morts à l'ennemi, à ces martyrs du devoir, tombés tous pour la Patrie et si loin d'elle !

La perte du Drapeau, Messieurs, c'est l'honneur du régiment profondément atteint, sa vaillance mise en doute.

Le 4ᵉ de ligne surpris à la bataille d'Austerlitz, au moment où il formait ses colonnes d'attaque, par une charge inopinée de la cavalerie de la garde impériale russe, avait eu le malheur de perdre l'aigle de son premier bataillon (1). Quelques jours après la bataille, l'Empereur passant la revue de ses troupes, s'arrête brusquement devant le 4ᵉ de ligne, et lui ordonne de former le carré, puis, se plaçant au centre :

— Soldats du 4ᵉ ! qu'est devenue l'aigle que je vous avais donnée ?... Vous m'aviez fait le serment de la défendre jusqu'à la mort !

Le commandant du régiment, le major Bigarré, répond que le porte-aigle a été tué au moment de la première charge, et ce n'est qu'après la seconde, — le régiment ayant pu se former en carré, — qu'il s'est aperçu de la disparition de l'aigle.

— Et qu'avez-vous pu faire sans drapeau ? reprend Napoléon d'une voix sévère.

— Sire, nous sommes allés chercher ceux-ci au

(1) Jusqu'en 1801, tous les régiments avaient un drapeau par bataillon. Ce fut l'ordonnance de 1811 qui, en réglementant les emblèmes des corps de troupes, n'admit plus qu'un seul drapeau par régiment.

milieu des Russes, pour supplier Votre Majesté de nous rendre une aigle en échange.

Et deux sous-officiers sortent des rangs, portant chacun un étendard russe. L'Empereur considère un instant ces deux trophées noircis par la poudre du champ de bataille :

— Cela prouve que vous n'êtes pas des lâches, mais ces drapeaux ne me rendront pas mon aigle.

Puis, aussitôt, il ajoute :

— Soldats du 4e, me jurez-vous qu'aucun de vous ne s'est aperçu de la perte de son aigle ?

— Nous le jurons ! répond le régiment d'une seule voix.

— Me jurez-vous que vous seriez tous morts pour le reprendre si vous l'aviez su ?

— Oui ! oui !

— Et vous garderez bien à l'avenir celui que je vous donnerai ? Car vous le savez, un soldat qui a perdu son aigle a tout perdu !

Ce ne fut toutefois qu'en se faisant décimer à la bataille suivante que le régiment obtint un autre drapeau.

Aux jours d'épreuves, quand on est trahi par la fortune et forcé de déposer les armes, le premier souci du soldat est d'échapper à la douleur et à l'humiliation de remettre les emblèmes sacrés aux mains de l'ennemi !

En 1814, les Invalides jettent au feu les drapeaux étrangers qui décoraient leur dôme et en déposent les cendres sous l'autel.

Après le départ de Napoléon pour l'île d'Elbe, l'Armée de la Loire, sur le point de se séparer, prend la résolution d'anéantir solennellement les aigles qui, pendant vingt ans, s'étaient promenées victorieuses à travers l'Europe.

Dans une plaine immense, à quelque distance de Toulouse, quatorze régiments, formant carré et présentant les armes — spectacle douloureux et sublime — brûlèrent leurs drapeaux jusqu'au dernier vestige. Le sacrifice consommé, les vétérans se dispersèrent pour se retrouver plus tard à Waterloo.

> Waterloo, ce plateau funèbre et solitaire,
> Ce champ sinistre où Dieu mêla tant de néants !

A Metz, le 28 octobre 1870, les portes de l'Arsenal s'ouvraient toutes grandes pour laisser passer les fourgons allemands qui attendaient rangés dans la cour. Nos porte-drapeaux étaient là, cinquante ou soixante officiers, navrés, silencieux ; et ces voitures sombres, sous la pluie, ces hommes groupés derrière, la tête nue : on aurait dit un enterrement !

Dans un coin, tous les drapeaux de l'armée de Bazaine s'entassaient, confondus sur le pavé boueux. Rien n'était plus triste que ces lambeaux de soie voyante, ces débris de franges d'or et de hampes ouvragées, tout cet attirail glorieux jeté par terre, souillé de pluie et de boue. Un officier d'administration les prenait un à un, et, à l'appel de son régiment, chaque porte-enseigne s'avançait pour chercher un reçu. Raides, impassibles, deux officiers prussiens surveillaient le chargement.

Et vous vous en alliez, o saintes loques glorieuses, déployant vos déchirures, balayant le pavé tristement comme des oiseaux aux ailes cassées ! Vous vous en alliez avec la honte des belles choses souillées et chacune de vous emportait un peu de la France ! Le soleil des longues marches restait entre vos plis passés ! Dans les marques des balles, vous gardiez le souvenir des morts inconnus, tombés au hasard sous l'étendard visé !

Dès le matin de ce jour néfaste, dans la pénombre d'un tableau à jamais inoubliable, on vit le général Lapasset, saisir l'emblème de la Patrie, pour le brûler lui-même en présence de ses officiers. Puis, rendant compte du fait à son supérieur, qui avait ordonné de déposer les drapeaux à l'arsenal : « La brigade mixte, dit-il, ne rend ses drapeaux à personne et ne cède à personne la triste mission de les brûler ! » (1)

On opéra de même aux zouaves de la garde qui faisaient brigade avec le 1er grenadiers. Les officiers, tout en pleurs, se partagèrent les précieuses reliques, et le général Jeanningros put écrire ensuite :

« Les drapeaux de mes deux régiments ont été détruits par mon ordre, les hampes et aigles sciées,

_____

(1) Le 29 juillet 1892, en l'île de Ré, ville de Saint-Martin, on a solennellement inauguré, sur la façade de la maison où naquit l'illustre général Lapasset, cette parole historique.
Voir Notes explicatives, n° 4.

les morceaux distribués aux soldats; les drapeaux de ma brigade n'iront pas à Berlin. »

Dans la division de Laveaucoupet, les régiments prirent les armes; les drapeaux, tirés des étuis et déployés, parurent une dernière fois, et, devant tous, ils furent brûlés solennellement, *après qu'on leur eut rendu les honneurs une dernière fois.*

C'est ainsi que plus de trente drapeaux échappèrent à l'ennemi.

Et les autres ?

Ah! Messieurs, quand il fallut les livrer, nos vieux soldats pleuraient comme des enfants.

Ils pleuraient, ces braves, dont quelques-uns avaient senti crouler sous leurs pieds le rempart de Malakoff fumant, qui, aux jours ensoleillés de Magenta et de Cavriana, avaient vu fuir les habits blancs dans les vignes italiennes, et, sous le ciel plombé du Mexique, perdus dans les terres chaudes, au bout du monde, avaient donné la chasse aux *Chicanos.* La montée de l'Alma, le ravin d'Inkermann, l'assaut de Sébastopol, la tour de Solférino, les couvents crénelés de Puebla, que tout cela était loin! Comme toutes ces victoires étaient effacées par cette défaite! Il fallait, après la capitulation, connaître cette douleur : la prison et l'exil, les baraquements de Mayence ou la forteresse de Spandau.

Ils pleuraient, ces naïfs et ces humbles, ils pleuraient sur leurs souvenirs de guerre, sur le régiment prisonnier, sur l'honneur sali, sur ce chif-

fon à trois couleurs qu'on leur volait ! Oh ! pleurs
sublimes des petits, des victimes et des pauvres !
pleurs du soldat qui veut mourir et qu'on condamne
à vivre ; larmes dévorées avec rage, ou bien avec je
ne sais quelle volupté amère ; larmes que nulle main
ne recueillera, que nul ne comptera, ne peindra,
n'essuiera ; larmes patriotiques et de fierté vraie,
que vous effacez de hontes et que vous lavez de
défaites !... (1)

Messieurs, l'article 218 du règlement de l'armée
sur le service intérieur ordonne que : « Tout militaire,
qui passe devant un drapeau ou un étendard, salue
sans s'arrêter. »

(1) Voici, d'après le résultat de nos recherches, les corps qui eurent
le bonheur de soustraire aux Allemands les emblèmes qu'ils avaient
si noblement conduits au devoir, à l'honneur et, dans bien des combats, à la victoire.

Dans l'infanterie, les aigles des 2, 3, 5, 11, 14, 16, 17, 18, 20, 21,
22, 24, 30, 31, 32, 34, 35, 36, 37, 38, 39, 40, 42, 45, 47, 48, 49, 50, 52,
53, 55, 56, 58, 61, 68, 69, 71, 72, 74, 78, 79, 81, 83, 84, 86, 87, 88,
89, 90, 92, 94, 96, 97, et 99ᵉ régiments n'ont pas été livrées aux
Allemands.

Tous les drapeaux et étendards de la garde impériale furent également sauvés ; partagés en menus morceaux, ils ont été distribués
aux officiers et aux plus anciens sous-officiers et soldats. Le 4ᵉ
zouaves a reconstitué presque entièrement celui des zouaves de la
garde, grâce aux remises que lui firent, de leurs vieilles reliques, la
plupart des détenteurs de 1870.

Dans l'armée d'Afrique, les drapeaux des trois régiments de zouaves,
ainsi que ceux des trois régiments de tirailleurs algériens et de la
légion étrangère échappèrent également aux Allemands.

Quant aux étendards des régiments de cavalerie, aucun — par
une décision ministérielle parue quelques jours avant le commencement des hostilités — ne fut emporté. Ils restèrent aux dépôts des
régiments et furent mis ainsi hors des atteintes des vainqueurs.
Cependant, quelques-uns, déposés à l'arsenal de Metz, à l'arrivée
des corps en cette ville, furent livrés à la capitulation.

Je désirerais que, par une convention tacite et patriotique, on substistuât le mot *citoyen* au mot *militaire*, et que le drapeau fût salué par tous, sans distinction d'âge, de classe, d'opinion.

Qui ne sent pas son œil se mouiller, son cœur palpiter, à la vue de cet emblème pour lequel ont coulé des flots de sang héroïque, est indigne du titre de Français. Il renie ses origines; il outrage les tombes; il devrait être chassé des foyers. Ce n'est qu'un élément de décomposition dans une nation qui repousse avec horreur la loi de l'étranger. Il lui prépare des humiliations et des chaînes.

Hors de France, les parasites qui n'ont pas tressailli, pleuré, souffert, aimé avec la France !

Nous y viendrons.

En attendant, nous souhaitons que l'Etat entoure le drapeau d'un culte officiel, qu'il associe nos enfants aux hommages qui lui sont dus, qu'il leur enseigne à le vénérer, puisqu'ils auront un jour à le défendre.

Tous les fronts, jeunes ou vieux, devraient se découvrir quand passe le drapeau du régiment.

On salue le maître, l'hôte, l'ami. On ne salue pas le drapeau. Le salut au drapeau n'est même pas recommandé dans les programmes universitaires.

Il semble pourtant que nos petits écoliers pourraient bien lever leurs casquettes devant les trois couleurs de Jemmapes, d'Arcole, d'Auerstaëd, de Wagram, de Champaubert, de Sidi-Brahim, de Solférino, de Saint-Prival, de Châteaudun, de Palay. L'homme conserverait l'habitude prise par l'enfant.

· Pourquoi aussi le drapeau français salue-t-il ? En Russie, le tsar salue le drapeau, le drapeau ne salue pas le tsar. Le drapeau, Messieurs, ne doit saluer ni les Majestés, ni les balles, ni la mitraille. Dans la paix, il domine jusqu'aux têtes couronnées. Dans la guerre, il se dresse au-dessus de la mort. Il représente ce qu'aucun pouvoir ne peut représenter, ce qui est plus haut que les trônes, les Parlements et les délégations publiques…, l'âme des nations.

Et, dans notre pays mutilé, le seul homme qui méritera son salut, sera celui qui le hissera victorieusement sur les murs de Metz et de Strasbourg.

Messieurs,

Aimez-les bien, les trois couleurs,
Les trois couleurs de France,
Celles qui font rêver les cœurs
De gloire et d'espérance.

Aimez-le d'amour tendre ce drapeau qui enserre dans ses plis notre honneur national, non seulement sur le champ de bataille, mais encore dans le champ du laboureur, au Palais de l'Industrie, à l'usine, à l'atelier, à la mine, partout où un cœur français travaille souffre et combat. (1)

L'histoire raconte qu'en l'année 1721, le chevalier de Fougères, commandant le vaisseau le *Triton*, prit possession de l'Ile-de-France, au nom du roi Louis XV. Il déploya sur la plage le drapeau blanc fleurde-

(1) Voir Notes explicatives, n° 4 bis.

lisé, et, à l'ombre de la bannière, éleva une croix sur laquelle il grava cette inscription :

Jubet hic Gallia stare crucem.

La France ordonne que la croix règne ici.

Au risque de vous faire sourire, je vous l'avouerai, c'est à propos de notre réunion pacifique que ce souvenir de vaillance et de conquête est revenu à mon esprit.

Dans je ne sais quel rêve ambitieux, j'ai vu sur cette cité, qui est l'honneur de la France et du monde par son génie industriel, j'ai vu la croix de Jésus-Christ, debout, triomphante et, l'ombrageant de ses plis, le drapeau de la République . . . . .

Ce n'est qu'un rêve, je le sais, mais c'est une espérance que j'emporte avec moi, en vous jetant à tous ce dernier et suprême appel :

Roubaisiens,

A partir d'aujourd'hui, portez-le vaillamment et tenez-le ferme, bien droit, dans la mêlée sociale, ce drapeau, que la fumée de la bataille peut envelopper, que les balles peuvent déchiqueter, mais que nulle fange ne peut tacher... ce drapeau qui, tout à l'heure, contractera une vertu divine sous la main du prêtre, comme les instruments consacrés au culte des autels.

Faites le serment de n'avoir d'autre volonté que la volonté de le conduire à l'honneur, de le défendre envers et contre tous.

Vous, les fils de ces preux qui, par milliers, succombèrent en 1870-71, sur ce grand champ de bataille appelé le *tiers de la France* et dans ce vaste cimetière appelé *toute l'Allemagne*, vous, jeunes gens, laissez-vous surélever et enflammer par les exemples de vos aînés. La Patrie, qui garde au fond de son cœur l'inébranlable espoir des retours triomphants et des réparations nécessaires, compte sur vous toujours, compte sur vous quand même. Unis et serrés sous les plis du drapeau, votre emblème et votre guide, préparez-lui des âmes vaillantes dans des corps vigoureux, afin qu'à l'heure décisive, prochaine peut-être, où elle viendra vous dire, comme autrefois à vos pères : « En avant ! », vous soyez prêts à répondre à son appel, prêts à vaincre où à mourir !

En terminant, je me tourne vers toi et je te salue, ô drapeau de mon pays ! Les patriotes t'ont placé non loin de l'autel du Christ. Tu y fais bien. Il ajoute à ta gloire et toi, tu le protèges. C'est qu'en effet, les noms que tu portes dans tes plis : *Honneur et Dévouement*, sont la force de la religion autant que des peuples. Ah ! laisse-moi toucher pieusement la soie vénérable de ces mêmes mains qui viennent de toucher l'Hostie sainte, la plus parfaite des victimes. Remue-toi, comme au souffle de la bataille, drapeau chéri, fait de roses, de lys et d'azur — roses et lys de la terre, azur du ciel ! — et que ta vue seule allume le feu sacré dans ces âmes, sœurs de la mienne, et leur inspire la passion du Vrai, du Bien et du Beau, le culte des vertus guerrières qui les rende pour jamais fidèles à Dieu et à la Patrie.

5..

QUELQUES RÉFLEXIONS

AUX SOLDATS DU 117ᵉ DE LIGNE

SUR LES FÊTES RÉGIMENTAIRES

MES CHERS AMIS,

C'est un usage touchant et à peu près universel dans l'armée française, que chaque fraction de cette noble et grande famille choisisse dans son histoire une date mémorable, dont elle célèbre tous les ans l'anniversaire par une fête militaire. Ce jour-là, le régiment se serre plus étroitement autour de son drapeau, il relit ses annales, il pleure ses morts et, au souvenir des héroïsmes du passé, il élève son âme à la hauteur des devoirs et des menaces de l'avenir.

Or, jusqu'à ce jour, le 117ᵉ de ligne n'avait pas sa fête. Pourquoi ? Les éléments vous manquaient-ils donc pour cette solennité régimentaire? N'aviez-vous pas de drapeau pour abriter vos joies ou vos deuils? Votre histoire date-t-elle d'hier, et vos cadres ont-ils toujours été respectés par la mitraille? Votre histoire! Elle est glorieuse. Vos morts! Vous les avez semés sur plusieurs champs de bataille. Votre drapeau! En Espagne, il a connu de rudes journées. Lacéré par le temps, troué par les balles, noirci par la poudre, mais vierge de toute flétrissure, il a été plus d'une fois rajeuni, sans jamais cesser de symboliser pour vous l'Honneur et la Patrie.

Ce qui vous manquait, c'était l'heureuse initiative que vous venez de prendre aux applaudissements de la cité tout entière...

Tudela, Saragosse, Lérida, Tarragone, voilà les noms à jamais fameux que nous lisons sur le drapeau du 117e.

A la bataille de Tudela, 1808, votre régiment conduit par le colonel Robert, enlève à la baïonnette un mamelon défendu par des forces ennemies considérables et, peu après, s'empare du village de Cascante.

Saragosse. — Ce nom rappelle et immortalise le souvenir d'une des plus héroïques et des plus sanglantes défenses dont les exemples nous aient été conservés par l'histoire. La ville en feu, écrasée par les bombes, luttait toujours... Le maréchal Lannes, si habitué pourtant aux horreurs de la guerre, ressentit devant celle-ci une impression profonde, et son cœur, aussi humain que brave, en fut comme épouvanté. « Jamais, Sire, écrivait-il à Napoléon, jamais je n'ai vu autant d'acharnement qu'en mettent les ennemis à la défense de cette place. Deux femmes sont venues se faire tuer devant la brèche. Il faut faire le siège de chaque maison. Sire, c'est une guerre épouvantable. » A ce siège de Saragosse, le 117e, du 21 décembre 1808 au 21 février 1809, fit preuve d'une indomptable énergie.

Siège et prise de Lérida, 12 avril, 14 mai 1810. — Sous les ordres du même colonel Robert, le 117e repousse victorieusement une sortie des assiégés, et, faisant partie des colonnes d'élite qui donnent l'assaut, il occupe des brèches et concourt puissamment à la prise de la place.

Tarragone. Siège et prise de cette ville, 4 mai et 28 juin 1811. — La prise de Tarragone valut à Suchet le bâton de maréchal de France. Le colonel Robert fut nommé général de brigade; son brave 117e avait été l'un des premiers régiments qui montèrent à l'assaut de la ville haute.

*⁎⁎

Voilà, résumée très brièvement, chers amis, la brillante histoire du 117e de ligne. Et vous avez raison de la célébrer au son des hymnes guerriers et par des chants patriotiques.

Votre caserne pavoisée, enguirlandée magnifiquement, vos réfectoires joyeusement transformés, votre drapeau qui trône parmi les fleurs et les branchages, vous attendent. Vous êtes pressés de jouir de ce grand et beau spectacle : nul ne vous en voudra de cette impatience.

Deux mots cependant.

Il y a quelques mois, vous m'aviez demandé — rappelez vos souvenirs — de vous parler des fêtes régimentaires, à propos de la vôtre. L'heure est venue de m'exécuter.

Rien de ce qui peut contribuer à fortifier le patriotisme et l'amour du Drapeau ne doit être négligé.

Pour les peuples, la puissance militaire est aujourd'hui, non seulement condition de grandeur, mais de vie. Cette puissance tient moins à l'excellence des armes, des munitions, du matériel, qu'à la valeur morale des hommes. Si, ailleurs, tant vaut l'arme tant vaut le soldat, chez nous, c'est le contraire. L'irrésistible force de la « furia » française tient plus à la trempe des âmes qu'à celle des baïonnettes.

Le devoir militaire, avec tout ce qu'il comporte de vaillance, de bravoure, d'intrépidité et d'élévation de cœur, a toujours été considéré, en France, comme vertu de race. Nous en avons même fait quelque chose de plus. Car si vertu, devoir, sont choses froides, sévères, le devoir militaire nous a cependant toujours emballés en de chauds enthousiasmes. C'est qu'on ne l'a jamais séparé de l'amour du Drapeau, de l'amour de la Patrie.

Dans nos anciennes armées, cet amour était entretenu par l'esprit de corps, dont M. Babeau, l'écrivain de la *Vie militaire sous l'ancien régime*, disait : « De même que *la foi religieuse s'affermit par l'exemple* des saints et des martyrs, le sentiment guerrier s'exalte par les traditions d'honneur que les plus anciens soldats transmettent aux nouveaux, et qui sont le patrimoine de l'armée et du régiment dont ils font partie. Un régiment a souvent tout un passé de sacrifices et de gloire. C'est un honneur que de servir sous son drapeau, troué sur maints champs de bataille; c'est une fierté de pouvoir dire comme ce colonel : Je suis du régiment de Champagne, qui ne s'est « jamais rendu ! » En augmentant l'intensité de leurs aspirations, l'esprit de corps les élève, pour ainsi parler, au-dessus d'eux-mêmes. »

Aujourd'hui que l'armée est nationale, que tous les
citoyens passent à leur tour sous les drapeaux, que
les régiments n'ont, en quelque sorte, plus de personnalité, l'esprit de corps paraît s'y perdre. Il n'est pas
indispensable pour que tous les Français soient de
bons soldats en n'importe quel régiment. Néanmoins
on peut regretter qu'une force disparaisse, quand surtout il s'agit d'une force dont l'action bienfaisante est
connue, indiscutable.

Mais comment maintenir dans l'armée cet esprit de
corps, si fécond jadis; comment refaire du régiment
une grande famille jalouse de sa gloire, de son honneur
particuliers, et conservant fièrement ses traditions
pour le plus grand bien de la Patrie ?

Un officier vient de nous le dire dans une brochure
qu'il a publiée sous ce titre : *Les Fêtes régimentaires.*

Quelques régiments ont leur fête annuelle. Le capitaine Fanet voudrait que la mesure se généralisât, que
chaque régiment eût sa fête. « Rien, dit-il, ne peut
mieux réussir que ces solennités bien comprises pour
développer chez le soldat l'esprit de corps en exaltant
dans son cœur l'amour de la Patrie et le culte du Drapeau. »

C'est une vérité depuis longtemps comprise et
mise en application à l'étranger, particulièrement en
Russie, en Allemagne et en Autriche.

***

Que de fois, depuis deux ans, n'avons-nous pas lu,
dans les journaux, des télégrammes adressés à leurs

camarades français par les officiers du régiment russe, de numéro correspondant, réunis pour la célébration de leur fête, et profitant de cette occasion pour envoyer le salut fraternel à « leurs amis » !

L'esprit de corps est dans l'armée russe l'objet d'un culte fervent.

Les 165 régiments d'infanterie de ligne, qui, outre leurs numéros de série, portent une qualification locale, ont assez souvent un colonel honoraire et toujours un saint dont ils célèbrent la fête chaque année. Il y a donc deux fêtes annuelles pour quelques-uns. Voici quelle en est généralement l'ordonnance. *Elles débutent par un service divin*, puis la revue est suivie d'un grand repas où les tables ont été bénites par le pope. Le soir, les soldats jouent et dansent.

Seul, un deuil national peut empêcher un régiment russe de célébrer sa fête. Les combattants de la guerre turco-russe n'en furent pas distraits même devant Plevna.

Chaque régiment, ai-je dit, a pour patron un saint du calendrier. Pour des fantassins, des cavaliers, des artilleurs, voire même des sapeurs du génie, on conçoit que les saints spéciaux ne manquent pas. Mais pour des nouveaux régiments comme celui des *aérostiers* de Wolkowo, par exemple, trouver dans les Écritures un saint approprié semblait moins facile. On trouva cependant. Le prophète *Élie* n'a-t-il pas, d'après le texte sacré, corporellement quitté notre monde ? Il devint donc, l'année dernière, le patron des aérostiers russes. Il fut joyeusement fêté.

Les solennités de ce genre sont célébrées en Allemagne avec le plus grand éclat, surtout quand il s'agit pour les régiments de fêter un jubilé de vingt-cinq ans. On n'a pas oublié le cérémonial naguère observé à Posen pour le 150e anniversaire du 2e régiment de hussards, dont l'impératrice Frédéric est le colonel honoraire. On sait aussi avec quelle solennité les anniversaires de la campagne de 1870 sont honorés dans chaque corps. L'Allemand ne néglige rien de ce qui peut exalter chez ses soldats le culte du Drapeau.

L'Autriche et l'Italie ont également des fêtes régimentaires très brillantes.

Chez nous, sur ce sujet, le règlement laisse pleine liberté aux colonels. Notre histoire militaire est assez riche, en vérité, pour que de tels souhaits ne soient pas le privilège d'une trentaine de régiments.

C'est après la guerre, lorsque le général de Cissey prescrivit à chaque corps la rédaction de ses annales, que les fêtes régimentaires reparurent chez nous. L'exemple fut donné par le 26e de ligne et les chasseurs à pied.

***

Plusieurs de ces fêtes offrent des particularités qui valent la peine d'être signalées.

Ainsi, au 75e, le régiment écoute sous les armes la lecture de son historique, puis après que tambours et clairons ont battu et sonné aux champs, un officier fait l'appel des braves du 75e tués à l'ennemi. Le premier nom prononcé est celui du colonel Amadieu, tué à Rezonville. Le colonel actuel du régiment se porte devant le drapeau, présente le sabre et répond : « Mort au champ d'honneur ! » Il répond de même à l'appel du nom de tous les militaires du corps qui sont tombés autour des trois couleurs. Au 32e (Lonato, 3 Août 1796), au 58e (Friedland, 14 Juin 1807), au 84e (Groëtz, 26 Juin 1806), le drapeau est particulièrement honoré le jour de la fête. On l'expose toute la journée dans la cour de la caserne, sur une sorte d'autel. D'autres régiments ont reconstitué la série de leurs anciens drapeaux. C'est ainsi que le 8e et le 58e peuvent, chaque année, à leur fête de Solférino et de Friedland, faire défiler les douze étendards qui furent les leurs. Pour tous les corps d'infanterie, ces drapeaux seraient, d'ailleurs, les mêmes. D'abord, le drapeau du régiment de l'ancien régime, puis celui du régiment d'infanterie de ligne de 1791, — de la demi-brigade de 1794, — de la demi-brigade de ligne de 1796, — du régiment d'infanterie de ligne de 1804, — de la légion départementale de 1816, — puis du régiment d'infanterie de ligne de 1823, — de 1830, — de 1848, — de 1852, — de 1871, — et enfin le drapeau actuel, de 1880.

Au 46e, le défilé comprend non seulement les drapeaux anciens, mais aussi une escouade d'honneur du régiment, avec le costume des différentes époques de son histoire. On y voit l'habit rouge et la perruque poudrée du régiment de Bretagne, l'habit bleu de la 46e demi-brigade, les shakos de 1807, de 1830, le képi de 1853... C'est à ce régiment, qu'après le défilé, on procède au fameux appel où il est répondu, au nom de La Tour d'Auvergne : « *Mort au champ d'honneur !* »

Au 98e, le drapeau de la Révolution et celui de l'Empire paraissent entourés de leurs gardes en costumes de l'époque.

**

Le 4e chasseurs à cheval présente, à sa fête, « vingt étendards brodés avec autant d'art que de richesse par les femmes des officiers, et reproduisant les vieux étendards du régiment depuis 1774, époque de sa création. » Des sous-officiers, flanqués de deux cavaliers, le sabre en main, portent ces drapeaux au défilé, pendant lequel la fanfare exécute des marches d'ordonnance du dix-huitième siècle, de l'an XIII, de 1829 et de 1882.

Il y a encore beaucoup d'autres fêtes de régiment :

6e	d'infanterie	*Inkermann*	5 nov. 1854.
12e	—	*Arcole*	17 nov. 1796.
17e	—	*Auerstaëdt*	14 oct. 1806.
26e	—	*Beni-Méred*	11 avril 1842.
28e	—	*Marengo*	14 juin 1800.
37e	—	*Sidi-Ferruch*	14 juin 1830.
38e	—	*Moëskirch*	3 mai 1800.
41e	—	*Isly*	14 août 1844.
43e	—	*Marengo*	14 juin 1800.
47e	—	*Fleurus*	26 juin 1794.
48e	—	*Isly*	14 août 1844.

51e d'infanterie	San-Lorenzo ...	8	mai	1863.
55e —	Solférino......	24	juin	1859.
59e —	Marengo.......	14	juin	1800.
62e —	Malchuala.....	17	mai	1864.
64e —	Iéna..........	14	oct.	1806.
72e —	Solférino......	24	juin	1859.
76e —	Solférino......	24	juin	1859.
90e —	Magenta.......	4	juin	1859.
93e —	Wagram.......	6	juill.	1809.
94e —	Zurich........	25	sept.	1796.
95e —	Le 26 juin (anniversaire de sa formation en 1820).			
98e —	Montebello.....	20	mai	1859.
99e —	Alcucingo.....	18	mai	1862.
101e —	Marengo.......	14	juin	1800.
102e —	Fort du Peïho..	12	oct.	1860.
103e —	Col de Maya....	25	juill.	1813.
106e —	Wagram.......	6	juill.	1809.
107e —	Le 29 juin (anniversaire de sa formation en 1794).			
109e —	Ettlingen......	1er	juill.	1812.
118e —	Les Arapiles....	22	juill.	1812.
123e —	Fleurus.......	26	juin	1794.
125e —	La Bérésina....	26	nov.	1812.
130e —	Santander.....	26	juill.	1809.
134e —	Bautzen.......	21	mai	1813.
143e —	Porte de Chine..	23	fév.	1885.
145e —	Wurtschen.....	21	mai	1813.
161e —	Le 25 mai (date de sa formation en 1887).			

Les bataillons de chasseurs célèbrent tous ou presque, la date, pour eux à jamais sacrée, du 23 septembre 1845, qui est celle du combat de Sidi-Brahim.

Les régiments de zouaves fêtent les dates suivantes :

1er régiment *Malakoff* .... 8 sept. 1855.
2e   —   *Magenta* .... 4 juin 1859.
3e   —   *Palestro* .... 31 mai 1859.
4e   —   *Magenta* .... 4 juin 1859.

Enfin, la Légion étrangère, comme les chasseurs à pied, célèbre un anniversaire funeste, mais superbe d'héroïsme et de gloire, celui du combat de Camerone soutenu par une seule compagnie, forte à peine de 80 hommes, contre plus de 4.000 Mexicains. Cet anniversaire a pour date le 30 avril 1863.

La fête régimentaire apparaît, dit-on, à certains chefs comme trop coûteuse, et alors ils mettent en avant le manque de fonds. Ceci est une raison à laquelle il nous sera permis d'opposer une excellente décision, prise en août 1888, par le colonel Robert, commandant à cette époque le 85e de ligne. Nous l'empruntons textuellement à l'historique du corps, dont elle forme l'épilogue. Cette décision est certainement à la portée de tous les budgets régimentaires, — si précaires fussent-ils — :

Le colonel décide que les victoires inscrites au Drapeau du 85e seront célébrées de la manière suivante :

Le réveil sera fait par les tambours, les clairons et la musique; celle-ci jouera ensuite pendant une heure.

Le Drapeau national sera hissé sur la grille, à l'entrée de la caserne.

Les officiers et les soldats prendront, dès le réveil, la grande tenue; à 8 heures, les commandants de compagnie, accompagnés de leurs officiers, se rendront à la caserne, réuniront leurs hommes et leur feront le récit de la victoire remportée par leurs ancêtres et leurs aînés; ils les feront ensuite se découvrir et citeront à l'ordre les soldats qui s'y sont distingués.

Le repas du soir sera augmenté et amélioré, une ration de vin sera distribuée sur les ordinaires.

Le soir, la musique jouera au Drapeau, de 8 heures à 9 heures, puis exécutera en ville une retraite aux flambeaux. Tout le régiment aura la permission de 11 heures.

L'entrée de la caserne sera pavoisée; MM. les officiers devront arborer à leur domicile personnel le Drapeau national.

Voici, pour le 85ᵉ, les victoires inscrites au Drapeau qui sont célébrées d'après les présentes instructions :

> PASSAGE DU TYROL. — *22 mars 1797.*
> AUERSTAEDT. — *14 octobre 1806.*
> SÉBASTOPOL. — *8 septembre 1855.*
> SOLFÉRINO. — *24 juin 1859.*

Cet ordre me paraît très heureusement conçu, et s'il ne préconise pas la fête unique et annuelle, c'est-à-dire empreinte d'un certain apparat, au moins, il est d'une exécution facile et rend aux belles actions accomplies par le régiment un hommage tout militaire, qui n'est pas sans grandeur dans sa simplicité.

⁎

Oh! je le sais bien : il y a des esprits moroses et chagrins qui voient uniquement dans l'armée le nombre des hommes, des chevaux, des canons à mettre en ligne de bataille, insinuent que ces fêtes et les préparatifs qu'elles nécessitent sont, ni plus ni moins, des démonstrations inutiles et du temps perdu.

Allons donc !

Assurément, si l'instruction d'un régiment se trouvait arrêtée ou simplement ralentie par les préparatifs d'une fête, nous serions les premiers à préconiser la modération dans ces dispositions préliminaires, mais nous ne voyons pas, en lisant les informations qui nous viennent à ce sujet de la province, qu'il se produise des inconvénients à l'égard de la célébration de ces fêtes et qu'il y ait jamais eu le moindre reproche officiel adressé aux régiments qui ont pris ou prennent maintenant cette heureuse initiative.

Cette traditionnelle journée fait aujourd'hui partie de l'éducation morale et guerrière du soldat. Elle lui apprend les grandeurs du passé et lui fait souhaiter les revanches de l'avenir, elle stimule son émulation, elle est, en un mot, la pierre de touche de l'esprit de corps.

A un autre point de vue, il faut considérer qu'avec la permanence des garnisons, la population s'attache de plus en plus au régiment qui vit au milieu d'elle. Ce n'est pas, comme autrefois, *tel* régiment, c'est *son* régiment. Toute la partie masculine a passé ou passera dans ses rangs.

Les chefs sont connus, aimés pour la plupart, et rien de ce qui touche la garnison n'est indifférent à la population civile. Cela est tellement vrai, que la plupart du temps la fête du régiment n'est pas une fête de caserne, mais un jour de réjouissance pour la ville entière. Dans beaucoup de nos cités, dans les petites et les moindres surtout, les habitants pavoisent leurs maisons, revêtent leurs plus beaux atours et prennent leur part des plaisirs auxquels ils sont gracieusement conviés.

D'un autre côté, l'instruction ne perd rien dans ces fêtes. Tous, en effet, membres du même régiment, officiers, sous-officiers, soldats, travaillant à l'ornementation de la caserne, ainsi qu'aux divers divertissements qui constituent successivement le programme des réjouissances, acquièrent le goût et le coup d'œil qui font de notre soldat le premier du monde sous le rapport de l'ingéniosité et du débrouillement.

Faut-il rappeler nos anciennes campagnes, et le fameux théâtre des zouaves en Crimée, qui faisait l'admiration des Anglais. « A la bonne heure! disaient-ils à nos officiers, on rit au moins chez vous. »

Même aux heures tristes et sombres de la captivité, n'avons-nous pas vu dans les casemates allemandes, à Magdebourg, à Erfurt, à Coblentz, par exemple, nos soldats réagir contre les tristesses patriotiques, contre les énervements de la vie claustrale, contre les malaises inhérents à leur situation précaire et malheureuse, en constituant des théâtres où ils jouaient la comédie et le vaudeville? C'est ainsi qu'ils remontaient le moral de leurs camarades par le rire et la bonne humeur, les empêchaient de sombrer dans

6

les affres de la nostalgie et d'aller peupler les lazarets ou, pis encore, les cimetières d'Outre-Rhin.

Ces fêtes, inspirées, nous le répétons, par deux sentiments louables à tous égards, le culte des traditions et l'esprit de corps, ont les sympathies unanimes des grands chefs de l'armée. Ceux-ci, en effet, dans leur haute intelligence et dans leur connaissance complète du soldat, comprennent très bien que ces manifestations sont d'excellentes leçons de choses pour nos jeunes gens et un vibrant point de repère dans leurs souvenirs de jeunesse.

Souhaitons, chers amis, que grâce à cette généreuse et vaillante initiative, nos régiments en arrivent tous à populariser leur histoire et à fêter le plus beau jour de leur existence.

Je m'arrête.

Si j'ai été trop long, pardonnez-le moi. Je ne sais me taire aisément quand il s'agit des gloires de l'Armée et de la Patrie.

Juin 1891.

SOCIÉTÉ FRANÇAISE
DE SECOURS AUX BLESSÉS MILITAIRES

DISCOURS

PRONONCÉ DANS L'ÉGLISE DE NOTRE-DAME DE SAINT-CALAIS

LE 27 MARS 1896,

LES ESPÉRANCES DE LA FRANCE

> *Non contristemini sicut ceteri
> qui spem non habent.* Ne vous aban-
> donnez pas à la tristesse comme
> les autres hommes qui n'ont pas
> d'espérance.
>
> (I. Thessal. IV. 12)

MESSIEURS,

Le spectacle que j'ai sous les yeux est de ceux qui
remuent profondément les âmes, et je ne puis cacher
l'émotion qui envahit la mienne, à cette heure,
émotion chrétienne et patriotique à la fois.

L'Église et la France sont ici, dans un beau concert,
et je vois se mêler et se fondre les deux grandes idées
qui devraient toujours n'en faire qu'une : l'idée catholique et l'idée française. Au pied de la croix, drapeau
du Christ, ce sont les trois couleurs, emblème de la
Patrie ; c'est l'épée des futurs combats ; c'est le bronze
des prochaines batailles. Autour de ces trophées, nous
sommes réunis dans un même sentiment de patrio-

6.,

tisme et de foi, vous, Messieurs, qui avez mission de
refaire la France grande et victorieuse, et nous, prêtres, qui l'aimons comme vous, cette France, qui
sommes prêts, comme vous, à lui donner notre sang
et notre vie, qui faisons monter à Dieu, tous les jours,
notre ardente prière, afin qu'il ramène sous nos drapeaux la victoire un moment infidèle.

Aussi bien, Messieurs, vos âmes travaillent et
vibrent à l'unisson sous la puissance des harmonies
qui retentissent dans ce sanctuaire ; ce sont les fanfares guerrières, où passe comme un souffle de bataille;
ce sont les chants sacrés qui s'y mêlent, pour les
porter à Dieu ; c'est la voix de l'Église, c'est la voix de
la France : quand elles s'unissent, aucune harmonie
ne leur est comparable.

Les sentiments que j'exprime sont les vôtres,
Monsieur et très digne archiprêtre ; ce sont les sentiments de votre bonne ville de Saint-Calais, toujours
fidèle à ses glorieuses traditions, toujours catholique
et toujours française.

Cette cérémonie touchante et grandiose a, par elle-
même et dans la pensée des nobles cœurs qui l'ont
organisée, une double signification : elle saisit le
passé dans ses grandes douleurs, en honorant la
mémoire des soldats tombés au service de la France,
le rayonnement immortel de leur sacrifice, le deuil
toujours présent de nos malheurs; elle atteint l'avenir
dans ses besoins comme dans ses espérances patriotiques, en nous rappelant la confiance que nous inspire
notre admirable armée dont la fière devise : Tout

pour la Patrie, encadre la *Croix Rouge*, mémorial de l'amour élevé à sa plus haute puissance.

I

J'ai retracé, il y a quelques années, devant un auditoire d'élite, comme celui-ci, et non moins sympathique, la douloureuse histoire de la guerre de 1870.

Quels temps Messieurs, et quels événements !

La France abattue sous les coups du malheur et d'une défaite inouïe dans les annales des peuples ; son territoire envahi par d'innombrables régiments qui semblaient surgir de ses propres sillons ; l'incapacité, la trahison même, et partout la faim, la glace impitoyable qui paralysait nos bras mal armés ; Metz donnant au monde étonné le spectacle d'une capitulation sans exemple ; Paris sur le point d'être entouré d'un cercle de fer et de feu ; le Ciel toujours contraire et implacable ; l'Ange de la colère volant lentement au-dessus de ces mêlées affreuses, qui n'avaient de limites que les limites mêmes du pays ; et sur cet immense champ de carnage, la France, la pauvre France, désespérée, noyée dans les larmes de ses enfants.

Je la vois toujours, semblable au lion du désert, blessée, humiliée, le flanc ouvert, baignant dans le sang de ses petits, couchant sa fière et loyale tête pour mourir, sans avoir la force de lécher ses blessures et de crier à Dieu et aux hommes : grâce et vengeance !

En ces jours de deuil, nos héroïques soldats, succombant sous le nombre, surent retenir la gloire jusque

dans la défaite et conserver intact l'honneur du Drapeau. Ils étaient sortis du milieu de nous, la fleur de
nos campagnes, l'orgueil de nos cités. Ils avaient
quitté sans faiblesse le village natal, le toit paternel,
les lieux témoins de leur enfance, ces lieux si chers à
tout cœur bien né, ces lieux où ils ne devaient plus
revenir, pour aller là où le devoir les appelait, là où
les attendaient la souffrance et la mort. Vieux débris
de Crimée, d'Italie et d'Afrique, endurcis aux batailles; jeunes gens armés de la veille, ils sont tombés
sous les balles; ils sont tombés plus nombreux de
dénuement, de misère et de faim; ils sont tombés sur
le sol de la Patrie et celle-ci, mère désolée, les recevait dans ses bras sanglants, sur son sein déchiré;
hélas, ils sont tombés aussi sur la terre étrangère, sur
la terre ennemie, dans les tourments, dans les
angoisses, dans le martyre d'une dure et froide captivité et plus d'un s'est endormi pour jamais, les yeux
tournés vers la France!

Et d'un bout à l'autre de cette France, de l'Océan à
la Méditerranée, des Pyrénées aux Vosges... et plus
loin encore, on entendit des gémissements, douloureux comme des râles d'agonie, on vit couler des
larmes, des larmes de sang!...

Gémissements et larmes des mères qui redeman-
daient leurs enfants et qui, à l'exemple de Rachel, ne
voulaient pas être consolées, parce que ces enfants
n'étaient plus et qu'aucun d'eux ne sentirait plus
désormais les douces étreintes de l'embrassement

maternel : *Luctus et fletus Rachel plorantis filios suos et nolentis consolari supercis, quia non sunt (1)* :

Gémissements et larmes des veuves et des orphelins qui n'auront plus pour les guider et les soutenir, à travers les devoirs et les périls de la vie, les exemples d'un époux et d'un père ;

Gémissements et larmes de nos deux sœurs meurtries :

> De l'Alsace au front pur, de la blonde Lorraine,
> Qui, du fond de l'exil, tendent vers nous leurs bras...

Il y a de cela un quart de siècle, me dira-t-on ; c'est un long espace dans l'existence humaine ! Je l'avoue, mais vous savez aussi bien que moi qu'au cœur des femmes dont je parle — mères, épouses et exilées — il y a toujours des gémissements et à leurs yeux, toujours des larmes !...

Je me rappelle avoir vu dans les rues de Metz, le spectacle saisissant que M. de Montalembert a décrit avec tant d'éloquence ; j'ai vu une *nation en deuil* et je connais des Lorraines qui pleurent comme au premier jour de la séparation, et qui ne déposeront leurs vêtements noirs que lorsque la Patrie leur sera rendue...

Ah ! pardonnez-moi si, à ces souvenirs, mon cœur se trouble, et si ma parole trahit une émotion dont je ne suis pas maître. Plus tard quand ils raconteront ces lugubres épisodes, les historiens diront aussi,

(1) Jérem. XXXI — 15.

comme le héros de Virgile, retraçant dans un récit immortel la ruine de Troie : « Peut-on s'empêcher de pleurer en relisant de telles choses? »

Quis talia fando
Temperet a lacrymis?

O peuples, o chefs de peuples, soyez donc prudents! La sueur, répandue sur les sillons creusés par la charrue, les féconde; le sang, répandu sur les sillons, les maudit et les dessèche. Si l'abominable fléau vous menace, écartez-le, autant du moins que l'honneur et l'indépendance le permettent. Souvenez-vous qu'il n'existe pas de calamité pire, et que ce vieux soldat juif, David, contraint d'opter entre trois maux : *la peste, la famine et la guerre*, estima que, des trois, le plus horrible était encore la guerre...

Heureusement la France ne s'est pas contentée de pleurer ses désastres, elle s'est mise à les réparer. Au prix de quels sacrifices, le monde le sait! Mais ces sacrifices ne sont pas perdus. Quand le sang coule, l'honneur se relève, et l'honneur, pour les nations comme pour les individus, c'est le trésor qu'on ne paye jamais trop cher. Toutefois, si l'espérance est rentrée dans nos cœurs, elle n'en a pas chassé le souvenir. Le souvenir est une grande loi de la vie humaine; il est la grande loi de la vie nationale. Malheur aux peuples qui ne se souviennent pas! Nobles et chères victimes de la guerre franco-prussienne et des combats livrés sur des plages lointaines, est-ce qu'on a le droit de vous oublier? Est-ce que vous n'avez pas laissé votre nom, avec votre sang, sur le drapeau aux trois couleurs et dans la mémoire de quiconque porte un cœur de Français? Quand un nom est écrit de la sorte, avec du sang et de la gloire, il ne s'efface plus ; Français, nous nous rappellerons toujours et ce que vous avez fait et ce que vous avez souffert pour la plus sainte des causes !

Le soir de la bataille de Bouvines, quand, le soleil déclinant sous l'horizon, la défaite de l'empereur allemand Othon fut consommée, Philippe Auguste vit venir de son côté un soldat, couvert de sang de la tête aux pieds, qui portait dans ses bras douze bannières enlevées à l'ennemi et marquées de l'aigle impériale. Le vassal les jeta comme un tapis de triomphe sous les pas de son suzerain.

Mais celui-ci se baissant, les releva et, les rendant au fidèle sujet : « Garde cela, lui dit-il, c'est à toi. »

Ce rude moissonneur d'aigles était Jacques, l'aïeul des Montmorency, premiers barons de la chrétienté, qui conquit, ce soir-là, le droit de semer douze alérions, en souvenir de son exploit, dans le champ de son écu féodal.

Sur quoi l'historien qui raconte l'aventure fait cette remarque : « Toutes les grandes races sont fondées dans le sang. »

Oui, Messieurs, toutes les grandes races, tous les grands peuples !

Nos frères disparus, mais toujours aimés, étaient chrétiens et nous le sommes ; il faut donc nous souvenir d'eux chrétiennement.

Il est pour ces braves une autre immortalité que celle de l'histoire, une gloire plus vraie et plus solide que la gloire humaine. Cette dernière, sans réalité pour les morts, n'est pas même, dit un ancien, *l'ombre d'une ombre*, et leurs cendres insensibles n'entendent pas le bruit qui se fait autour de leur tombeau.

Les victimes de la guerre peuvent compter, évidemment, sur une application particulière de l'infinie miséricorde, et je n'ai garde d'oublier les paroles si pleines de consolation prononcées par un illustre évêque :

« Une très grande indulgence est acquise aux fautes privées de ceux qui trouvent la mort dans l'accomplissement d'un devoir public. Le Seigneur Dieu des armées tient en réserve pour les combattants des grâces de choix, des pardons à part, des repentirs soudains, des mouvements instantanés de foi et d'amour qui assurent l'éternel salut. »

Cependant si, dans sa bonté — j'ose presque dire dans sa justice — Dieu se plaît à traiter d'une façon plus miséricordieuse les hommes qui se sacrifient à l'intérêt général, est-ce une raison pour que l'expiation à laquelle ils sont peut-être soumis nous laisse insensibles, et pour que nous demeurions sourds aux supplications qu'ils nous adressent, au nom de leur foi et au nom de la nôtre ?

Ce que nous devons à ces généreux combattants, c'est d'obtenir, par la prière, qu'ils soient mis en possession de l'éternelle félicité, c'est de demander au suprême rémunérateur des vertus de poser sur leurs têtes la couronne impérissable, *immarcescibilem gloriæ coronam*.

Et ainsi, Messieurs, nous pourrons acquitter, dans leur véritable intérêt, la dette de la Patrie.

Une semblable intention se retrouve dans les pratiques de tous les peuples, même les plus barbares. A travers l'obscurité et la confusion des temps, partout et toujours, le respect des tombes et le culte des morts se manifeste avec une invariable unanimité.

Dans le naufrage des vérités révélées à l'homme dès l'origine, ont voit surnager l'idée des relations qui existent entre le monde visible et le monde invisible, idée qui se lie étroitement avec la croyance de Dieu et celle de la survivance des âmes.

> Ceux qui pieusement sont morts pour la Patrie
> Ont droit qu'à leur cercueil la foule *vienne et prie.*
> Entre les plus beaux noms, leurs noms sont les plus beaux.
> Toute gloire auprès d'eux passe et tombe éphémère,
>   Et comme ferait une mère,
> La voix d'un peuple entier les berce en leurs tombeaux. (1)

On demandait, il n'y a pas longtemps, à une paysanne de la Beauce orléanaise, pourquoi, ses enfants étant morts en 1870, elle faisait encore, vingt-cinq ans après, dire des messes pour le repos de leur âme ?

« Ah ! répondit-elle, mes autres enfants auront mon bien, quand je mourrai ; toutes ces messes pour mes enfants décédés... c'est leur part d'héritage ! »

(1) Victor Hugo.

Parole sublime, Messieurs, très chrétienne, très française, et qui rappelle le vœu suprême, le testament de Jeanne d'Arc : « Si je dois mourir bientôt, dites de ma part au roi mon maître qu'il fasse bâtir des chapelles où l'on prie pour ceux qui sont morts en défendant la Patrie. »

II

C'est le propre des hommes véritablement forts de ne désespérer jamais. Lorsque l'épreuve les visite, ils ne se laissent point abattre par elle, mais, convaincus qu'il existe des remèdes pour tous les maux et que ceux-là se défient injustement de leurs destinées et trahissent leur devoir, qui, aux heures malheureuses, se contentent de gémir et de pleurer, ils se tiennent debout dans l'espérance, souriant, à travers leurs larmes, à un lendemain meilleur.

Rien ne donne cette force, rien ne soutient cette espérance comme la religion.

La religion, en effet, nous découvre, au-dessus des événements, la main qui les dirige, main paternelle dont les coups, même lorsqu'ils paraissent les plus rigoureux, sont inspirés par un dessein d'amour qui n'humilie jamais que pour relever.

Telle est la haute leçon que saint Paul nous propose : *Ne contristemini sicut cæteri qui spem non habent.*

Les écroulements ont fondu sur nous. Mais, si j'en crois les illustres consolateurs des nations malheureuses, tels que Salvien et saint Augustin : « C'est bien de ces chocs formidables que Dieu fait jaillir la lumière, et par ces profonds déchirements qu'il fait sa rentrée sur la scène et dans les cœurs. »

En attendant ce résultat, inclinons-nous devant les victimes qui ont payé de leur vie cette régénération de la France. Quand le médecin veut guérir, il fait couler le sang corrompu ; quand Dieu renouvelle les sociétés coupables, il verse leur sang le plus pur ; c'est la loi du Calvaire appliquée aux nations ; alors la sainte image du Christ vient les couvrir, les consacrer, et elle ne tarde pas à les transfigurer.

Ferons-nous exception à cette loi ? La main sur le cœur et sur l'histoire de la Patrie, j'affirme le contraire. La déchirante épopée qui s'est accomplie dans son sein deviendra pour elle une éternelle source de vertus et de larmes. Des grandeurs intellectuelles et morales qui lui faisaient défaut sont écloses déjà de son infortune, semblables à ces fleurs qui naissent sur des ruines. Aussi, ma foi ne fait que suivre ma raison au lieu de l'entraîner, en criant vers Dieu, avec le poète :

Sur les mondes détruits je t'attendrais encore !

La France, Messieurs, vaut mieux que la réputation qu'elle se fait à elle-même par les polémiques de ses journaux et par ses agitations quotidiennes. Ce n'est pas là-dessus qu'il faut la juger, pas plus qu'on ne juge l'océan sur l'écume impure de ses bords et sur les naufrages qu'il cause parfois dans sa colère. Et, de même que ses profondeurs sereines cachent d'iné-puisables trésors de vie, en même temps que sa

grande voix ne cesse de parler d'infini et de chanter
la gloire du Créateur, ainsi la France garde, dans ses
couches profondes, des réserves extraordinaires de
bon sens, de travail, de foi, de piété active et généreuse, qui la mettent hors de pair parmi les nations
chrétiennes et font d'elle, passez-moi l'expression, la
grande ressource de Dieu, pour opérer son œuvre
dans le monde.

Oh! que j'aime à affirmer ces espérances dans un
temple catholique, au nom de la religion du Christ,
qu'on pourrait appeler la religion des résurrections :
tant de fois, depuis dix-neuf siècles, elle a déconcerté
ses ennemis, qui croyaient l'avoir détruite à jamais !
Sans doute, les sociétés purement humaines ne
peuvent pas compter, dans la même mesure que
l'Eglise, sur une assistance divine qui leur permette
de survivre à toutes les tempêtes et de se perpétuer,
mais, du moins, il y a pour elles des gages de vie
longue et glorieuse; et ces gages, la France plus
que toute autre nation, les possède.

En voici quelques-uns :

C'est d'abord un passé de chevaleresque dévouement au Christ et à l'Eglise. Vous connaissez le mot
fameux : « Dieu aime les Francs, et c'est par les
Francs qu'il se signale. *Gesta Dei per Francos.* » Ce
mot est de Grégoire de Tours. Le célèbre historien ne
parlait que de Clovis et de la première race de nos
rois, « race illustre, forte pour les armes, fidèle dans
les alliances, profonde dans les conseils, noble et
belle par les formes physiques, pleine de franchise

et de grâce (1) », née sur un champ de bataille, d'une prière et d'une victoire. Saint Rémy, Clovis, Clotilde : une sainte, un chef barbare, un évêque, voilà ce qu'on rencontre à l'origine de la nation, ce qu'on retrouve ensuite à toutes les grandes époques, dans les crises graves de son passé.

Baptisée dès son enfance « sergent du Christ », elle demeure son héraut à travers les siècles, toujours prête à combattre pour une noble cause, jamais pour un intérêt vil.

Apôtre de toute idée généreuse et progressive, défenseur de toutes les faiblesses et de toutes les libertés, « la France est l'exécuteur spécial des volontés divines ; Jésus-Christ la tient dans sa main comme un carquois d'où il tire des flèches choisies, pour la protection de la foi et de la liberté de son Église, pour le châtiment des impies et la défense de la justice. (2) »

Telle nous l'admirons dans le passé : tenant tête à la barbarie, refoulant l'Islamisme qui immobilise l'Orient dans son fanatisme, délivrant les Lieux Saints, rêvant la destruction de l'esclavage partout ; telle nous la retrouvons dans les temps modernes : au Nouveau Monde pour la guerre d'Indépendance, en Chine, au Japon, dans le Levant, à Alger, à Tunis, et, tout récemment encore, au Dahomey.

Mais quand son épée, plus lourde et plus décisive que celle de Brennus, tombe dans la balance des des-

(1) Préface de la Loi Salique.
(2) Lettre du Pape Grégoire IX à saint Louis.

tinées humaines, ce n'est pas le cri de Brennus que
l'on entend. La France, armée par la religion et par
la liberté, n'a jamais dit : « Malheur aux vaincus. »
« Regardez, a dit un orateur espagnol, regardez partout, cherchez le point de l'espace où s'accumulent les
plus saintes infortunes; si ce point n'est pas l'Angleterre, le peuple anglais demeurera tranquille dans son
indolente majesté, mais ce point ne fût-il pas la
France, fût-il au fond des régions polaires, un courant
électrique s'établit instantanément entre ce point
souffrant du globe et le peuple français, qui se lève
aussitôt, saisi de la douleur qu'on lui révèle et s'agi-
tant pour lui porter remède. » (1)

Ah ! si l'on voulait entasser ce que chaque nation a
dépensé de sang, d'or et d'efforts de toute sorte,
pour les choses désintéressées qui ne devaient profiter
qu'au monde, la pyramide de France irait montant
jusqu'au Ciel ; et la vôtre, ô nations, toutes, tant que
vous êtes, l'entassement de vos sacrifices irait aux
genoux d'un enfant !

Si notre épée se repose, Messieurs, c'est notre verbe
qui remue le monde. La parole du Christ, partie des
lèvres françaises va plus vite que la flèche : elle
pénètre en Chine, aux grandes Indes, dans les deux
Amériques, elle signale partout le missionnaire et la
religieuse, élevés et nourris dans la terre de France ;
elle ne dédaigne pas d'emprunter à notre caractère ce
je ne sais quoi d'attrayant, de communicatif et de
contagieux qui plaît, attire et se répand au loin. C'est

(1) Donoso Cortès, Œuvres complètes, tome 1er.

dans la langue des Francs que le Christ fait le plus de conquêtes.

Et, si la langue nous manque aussi bien que l'épée, il nous restera le cœur, et c'est assez, pour continuer l'histoire de Dieu parmi les hommes. Ardent, sympathique, généreux, s'oubliant volontiers, se dépouillant sans peine, tel est le cœur français. Nous le tenions des Gaulois et des Francs nos ancêtres, avec toute la hardiesse qui peut caractériser les plus belles qualités naturelles. La religion l'a rendu plus sensible, plus délicat, plus magnanime encore...

Le cœur de la France a je ne sais quoi de tendre dans le sublime, le *flebile nescio quid* du poète, le don des belles larmes et des grandes œuvres. Qui dira ce qu'en quatorze siècles il a jailli, d'un tel cœur, de nobles inspirations, d'élans merveilleux et héroïques, d'œuvres marquées au coin de la générosité et de la bonté? Comme un chasseur debout, le pied dans l'étrier, écoute d'où vient le vent, pendant quatorze siècles, la France s'est tenue debout, au centre de l'Europe, écoutant d'où venait l'injustice, où se faisait entendre le cri de la détresse. Tantôt elle armait ses chevaliers et les chargeait de faire la police dans les villes et dans les villages, la police de l'honneur. Tantôt, agrandissant son cœur avec le péril, elle soulevait tout l'Occident, et, se mettant à la tête des Croisades, sauvait l'Europe et la civilisation. (1) Puis, à la suite de ses croisés et de ses soldats, pour panser

(1) Voir notes explicatives, n° 5.

7

les plaies comme pour éclairer les âmes, pour
embaumer les douleurs et pour faire fleurir les vertus,
elle jetait des essaims d'apôtres et de sœurs de charité.

Bossuet donc, n'a rien dit de trop quand il affirme
que « Dieu a enlevé aux Romains la garde de son
Eglise, qu'il l'a confiée aux Francs et qu'il les a sacrés
pour en être les protecteurs intrépides »; ni M. de
Maistre, quand il montrait dans un si grand style
« la magistrature religieuse et morale dont Dieu a
investi la France et qu'elle exerce en Europe »; ni le
P. Lacordaire, quand il célébrait magnifiquement, à
Notre-Dame de Paris, « la vocation religieuse de la
nation Française. »

La voix la plus auguste qu'il y ait au monde, celle
du Souverain Pontife, nous en décernait naguère un
éclatant témoignage, lorsque, nous adressant les
conseils de sa sollicitude, il nous appelait solennellement la très noble nation des Français, *nobilissima
Gallorum gens...*

Après Dieu, c'est sur l'armée que mon espérance
repose.

Dans tous les temps et chez tous les peuples, sans
exclusion des diverses formes de dévouement que
représentent, pour leur grande part, le prêtre, le
magistrat, l'administrateur, le commerçant, l'ouvrier,
l'agriculteur, serviteurs non seulement utiles, mais
indispensables de la cause publique, les hommes aux
mains desquels le pays remet son drapeau afin de le
faire respecter et de le défendre, personnifient d'une
manière plus concrète, plus visible, plus populaire,

les idées et les sentiments qui constituent et alimentent le patriotisme.

Vous voyez défiler un régiment, ou sortir du port un navire qui vient d'arborer les couleurs nationales ; vous ne connaissez aucun de ces hommes marchant ou manœuvrant sous vos yeux, mais vous le sentez : c'est la France qui passe devant vous, et vous la saluez avec émotion. De plus, à l'heure où je parle, au milieu de tant de dissensions politiques et sociales, lorsque la plupart des autres institutions sont battues en brèche soit par l'irréligion systématique, soit par les utopies révolutionnaires qui veulent faire table rase du passé, c'est le privilège de l'armée de demeurer la vivante représentation de l'unité nationale dont elle impose le respect à tous. En sa présence, ne fût-ce que pour un instant, on oublie qu'on appartient à tel ou tel parti pour se rappeler une seule chose, à savoir qu'on est Français, mais Français sans épithète.

Le clairon sonne, le tambour bat, le drapeau claque au vent, aussitôt électrisés, nous emboîtons le pas aux guerriers et ceux-ci, hier si décriés, s'avancent dans la rue, le képi nimbé d'une auréole.

Nous venons de le constater à Paris, lorsque la compagnie du 71e de ligne, désignée pour Madagascar, a quitté la caserne de la Pépinière. Quelle touchante manifestation, quel enthousiasme de bon aloi ! Elle se disait, la foule : Ces deux cent cinquante hommes qui passent ainsi, c'est un morceau de la France qui s'en va !

Ah ! combien sont factices les théories de ces pré-

7..

tendus représentants du peuple qui suppriment d'un trait de plume ou d'un mouvement de lèvres *le mot sacré de Patrie !*

On a écrit de l'armée que c'était la France en marche ; rien n'est plus vrai. Oui, c'est la France en marche ; la France qui ne recule ni ne dégénère. Après avoir résisté avec une énergie superbe aux influences déloyales et malsaines qui auraient voulu faire d'elle l'instrument de passions misérables et de viles ambitions, l'armée, debout aujourd'hui, prospère et puissante, sincèrement désireuse de la paix, ne provoquant personne, mais capable de se défendre partout et contre tous, marche uniquement à son devoir, en abritant dans les plis du Drapeau son génie, ses libertés, son Dieu, et en choisissant pour escorte les âmes les plus hautes.

J'ai dit : son Dieu !

Les plus beaux exemples de foi et de vertu chrétienne sont, en effet, partis de l'armée et de la marine, pour s'imposer au respect et à l'admiration du pays.

Nul n'ignore comment un Lamoricière, un de Sonis, un Courbet, un Rivière, un du Petit-Thouars, un Berthe de Villers, un Faurax, un Miribel, un Mac-Mahon, un Canrobert, et tant d'autres dont je serais heureux de pouvoir citer les noms inscrits au livre d'or de nos régiments et de nos équipages, ont su concilier, avec leur devoir professionnel, poussé jusqu'à l'héroïsme, la pratique courageuse de leur foi, et mériter qu'on dise d'eux comme d'un des plus grands capitaines du dix-septième siècle : « Alors même que M. de Turenne commande, il se regarde comme un soldat de Jésus-Christ. »

Je parle seulement des morts. Les vivants, que Dieu nous conserve comme une gloire du passé et comme un exemple offert aux générations qui grandissent, retiennent l'éloge sur mes lèvres ; je me contenterai de saluer au milieu de nous, la présence d'un général dont notre 4ᵉ corps d'armée n'oubliera jamais les éminents services, et qui a donné à son pays quarante ans d'une vie toute de loyauté, de bravoure et d'honneur. (1)

Grâce à ces vaillants, la France s'est enrichie d'un patrimoine de gloire militaire incomparable.

Et ce n'est pas fini.

Pas plus que Waterloo, Sedan n'a marqué le terme de nos destinées. Le sang des martyrs a été une semence de chrétiens ; le sang de nos guerriers sera une semence de héros. Les Français peuvent mourir, mais la France, non pas !

Attendez un peu et de Madagascar nous arriveront des bulletins triomphants, comme ceux de l'amiral Courbet, qui la baptiseront de nouveau dans la gloire. Ces lauriers cueillis dans la grande Ile de l'Océan Indien ne nous arracheront pas encore le solennel *Te Deum*, mais ils nous permettront du moins d'attendre fièrement que l'heure sonne de le chanter...

Et ici, Messieurs, une pensée de tristesse se mêle à mes espérances :

(1) M. le général Duquesnay, ancien chef d'État-Major du 4ᵉ corps d'armée.

Dans notre dernière rencontre avec la Prusse, il y eut de notre côté seulement, 138.000 blessés, 143.000 morts, 333.000 malades. Et ce fut la guerre d'hier : que sera la guerre de demain en Europe?

Elle n'aura pas eu de précédent dans l'histoire. Ce ne seront plus cent mille hommes contre cent mille hommes, mais un million contre un million, mais un peuple contre un peuple; par la masse énorme des combattants, par l'effet terrible des armes plus meurtrières, il est à prévoir, hélas! que les victimes seront plus nombreuses, et la nécessité s'impose d'organiser des secours plus prompts et plus complets.

Les soldats donneront leur courage, leur sang, leur vie; mais, en les demandant, la Patrie contracte envers eux de rigoureux devoirs : tombés il faut qu'elle les relève; blessés, il faut qu'elle les soigne avec amour et que, sur le champ de bataille, dans les ambulances elle envoie la charité pour panser doucement leurs blessures et les entourer d'une sollicitude maternelle. Ce grand devoir, la Patrie le comprend et se prépare à le remplir. C'est pour nos soldats que la *Croix-Rouge* s'est organisée; c'est pour eux qu'elle travaille, pour eux qu'elle quête, pour eux qu'elle emmagasine tous les jours.

Sur le champ de bataille, le courage est relativement facile, même à ceux dont il n'est pas ce que j'appellerai « le devoir professionnel. » L'entraînement de l'exemple, l'excitation du combat et l'ivresse de la poudre communiquent aux âmes les plus timides

un irrésistible élan. Il n'en est pas ainsi des salles
d'ambulances ou d'hôpitaux. Dans cette atmosphère
méphitique qui énerve et qui accable, au milieu de
l'entassement des malades et des blessés, le courage
ne trouve plus les stimulants du champ d'honneur !
Le danger est là, aussi, cependant, plus inévitable
peut-être, et moins attrayant. Il faut le regarder avec
calme, vivre en face de lui, entre les mourants et
les morts, relever l'énergie de tous, succomber quelquefois à la fatigue et mourir sans éclat, ou, tout au
moins, contracter, pour le reste de ses jours de
cruelles infirmités.

Et c'est là, Messieurs, le sort qui attend les membres de la *Croix-Rouge* et qui en fait les héroïques
victimes du dévouement volontaire. Ce n'est donc pas
une vaine parure que l'expressif blason de leur
Société : *la Croix du Sauveur teinte du sang des braves !*
Vous l'avez arborée aujourd'hui sur cet autel, et vous
avez bien fait : elle est pour vous, comme pour nous
tous, un exemple et une leçon !

Qui ne se rappelle avoir vu, en 1870, les femmes
de France briller au premier rang, dans ce mouvement superbe de la nation volant au secours de ses
blessés ?

A Paris, l'élan fut sublime.

Les dames du monde, les plus élégantes, mêlées
cordialement aux femmes du peuple, non moins
dévouées, sortirent tout à coup de leur vie si calme
et vinrent dans le Palais de l'Industrie, transformé
en vaste hôpital, passer toutes leurs journées, sou-

vent leurs nuits — et cela pendant cinq mois — auprès des mutilés de la guerre ; et comme elles remplaçaient les pauvres mères absentes, les épouses, les sœurs et les fiancées, nos admirables Françaises mettaient dans leur voix, dans leur regard, et surtout dans leur sourire attristé, toute la pitié, toute la douceur, toute la tendresse de leur âme. Maxime du Camp a écrit quelque part : « Au seuil d'infirmeries si redoutables que j'hésitais à le franchir, j'ai vu défiler devant moi des femmes des plus vieilles lignées, des femmes de toute grâce et de toute beauté, de toute richesse ; près des enfants scrofuleux et déformés, à côté du lit des hospitalisés transitoires, j'ai rencontré des hommes dont le nom héroïque a retenti au siège d'Ascalon et sur les bords de la Mer Morte, dans les temps des Croisades.

« Si l'on créait un ordre du mérite charitable, comme il en est un pour le mérite agricole, bien des malheureuses le recevraient, on n'en peut douter ; mais je sais des duchesses qui devraient le porter en sautoir à côté de leurs diamants historiques. »

A l'heure de nos désastres, duchesses et femmes du peuple, enrôlées sous la *Croix-Rouge*, sœurs dans le Christ et par le sacrifice, ont également mérité de la Patrie !

Et le passé répond de l'avenir.

On raconte qu'un jour la Vierge de Vaucouleurs, passant à côté d'un Anglais grièvement blessé, descendit de cheval, se mit à genoux, prit dans ses mains la tête du mourant, lui fit entendre de douces paroles et versa d'abondantes larmes. Comme la Lorraine au grand cœur, votre parfait modèle, vous serez, Mesdames, des anges de consolation pour nos soldats blessés, vous donnerez vos soins, votre dévouement, votre âme ; nous vous donnerons, nous autres, notre admiration, notre reconnaissance et, puisqu'il est nécessaire, notre or. Vous allez, tout à l'heure, nous tendre votre aumônière; nos offrandes vous prouveront que nous vous aimons, que nous aimons notre armée, que nous aimons la France !

La France — et c'est là mon dernier mot —, il la faut chérir au-dessus de tout ce qui est de la terre et du temps, puisqu'elle résume tout ce qui est digne de votre amour ; au-dessus de tous les intérêts personnels, de toutes les joies du foyer, de tous les rêves de l'ambition, de toutes les entreprises des partis. Quand il s'agit de la France il n'y a plus d'autre intérêt que le sien, d'autre ambition que de la mieux servir, d'autres espérances que de la voir respectée, heureuse et triomphante; d'autre joie que de combattre, de souffrir et de mourir pour elle. Nous pouvons lui appliquer le mot que saint Bernard adresse à Dieu : « La mesure de t'aimer, ô France, c'est de t'aimer sans mesure. »

O ma France! joyau de l'humanité, quoi que disent et fassent les ennemis jaloux, tu resteras au milieu du monde, en même temps que le soldat de la Providence et l'apôtre armé de la foi et de la civilisation, cette contrée privilégiée que Dieu a façonnée avec tendresse et qu'il a comblée de ses dons, cette terre aux produits si variés, aux races diverses, fondues en un même peuple, cette terre dont trois mers baignent les beaux rivages, qui a pour remparts, au midi et sur un de ses flancs, les Pyrénées et les Alpes, et qui a, *ici et partout*, les remparts bien plus puissants encore de l'amour et du dévouement de ses fils !..

FRANCE !

Ta gloire ! oh ! puisse-t-elle, aux époques prochaines,
Croître en s'affermissant, comme croissent les chênes,
Offrir l'abri superbe et l'ombre de son front,
Nation maternelle, aux peuples qui naîtront,
Afin qu'on dise, un jour, selon mon espérance :
Tout homme a deux pays : le sien et puis la France ! (1)

(1) Henri de Bornier, *La Fille de Roland.*

DISCOURS SUR L'HONNEUR

PRONONCÉ DANS L'ÉGLISE D'ARDENAY,

LE 9 JANVIER 1896.

XXVᵉ ANNIVERSAIRE DE LA BATAILLE

MESSIEURS,

François Iᵉʳ, vaincu et fait prisonnier à Pavie, écrivait, au soir de sa défaite, cette parole superbe : « *Tout est perdu fors l'honneur !* »

L'honneur ! Tel est le prix de cet inestimable joyau, qu'il se console d'un désastre où sa couronne sombrera peut-être, à la seule pensée de ne l'avoir pas perdu.

Hier, en visitant ce champ de bataille d'Ardenay, il m'a semblé que cette royale parole planait, comme un rayon lumineux, au-dessus de nos malheurs et qu'elle éclairait, de je ne sais quelle gloire mélancolique et touchante, la tombe des vaillants tombés pour la Patrie. Car, pourquoi sont-ils morts ? Est-ce qu'ils espéraient vaincre ?

Metz était livrée ; Paris allait se rendre ; l'immense armée du prince Frédéric-Charles roulait comme un torrent ; ils n'étaient qu'une poignée. O braves ! que vouliez-vous donc ? Nous voulions payer de ce que nous avions de plus cher, la vie, la conservation de ce que vous aviez de plus précieux : l'honneur.

Nous voulions que notre France aimée eût, du moins, l'immortelle consolation de pouvoir jeter au monde, en succombant, le cri de François Ier.

Messieurs, qu'est-ce donc que l'honneur, pour qu'on le paye d'un tel prix ?

Comment peindre, en quelques mots, cette chose inexprimable, dont le nom seul emplit l'âme de je ne sais quel feu soudain, mélange terrible d'amour, de jalousie et de fierté ?

L'honneur, Messieurs, je n'hésite pas à dire que c'est un des plus grands mots de la langue des hommes. Je serais tenté de le définir : un resplendissement de la vérité, de la simplicité, de l'éblouissante et pure lumière qui est comme « le vêtement de Dieu. » (1)

Je me permets de lui appliquer les termes dont se servent nos Saints Livres pour caractériser la sagesse incréée. Ils l'appellent « un reflet de la vertu divine, une transparente irradiation de la gloire du Tout-Puissant, dans laquelle on ne peut discerner aucune tache. »

Aussi, nos pères lui avaient-ils donné pour emblème la blanche hermine de Bretagne, et comme devise la fière parole : « Plutôt subir la mort que la moindre souillure ; *Potius mori quam fœdari !* »

Nous sommes ironiques, Messieurs, et sceptiques pour bien des choses, jamais pour celle-là. Dès qu'on entend son nom, chacun devient grave. Et non seulement l'honneur survit à toutes les ruines, mais il les empêche d'être irréparables. Prenez l'homme le

(1) Voir notes explicatives, n° 6.

plus abaissé, il y a encore une ressource, si l'honneur est intact ; à dater du jour où il en est privé, il traîne péniblement une existence sans soleil, c'est un homme perdu. Dieu seul est assez puissant pour lui refaire une auréole, et encore cette auréole, l'homme qui a manqué à l'honneur ne la portera jamais sur la terre.

> L'honneur est comme une île escarpée et sans bords,
> On n'y peut plus rentrer dès qu'on en est dehors.

L'honneur, Messieurs, il est dans la conscience incorruptible du magistrat, dans la discrétion du médecin, dans l'abnégation du prêtre, dans le dévouement du serviteur. Il est surtout dans la fidélité, et j'en salue la touchante expression dans cette vieille noblesse française, gardienne intrépide de ses affections et criant, jusque sous le couperet de la sinistre machine : « Vive le Roi ! » et dans ces héroïques régiments, promenant de capitale en capitale, leurs aigles victorieuses, et toujours prêts, sur un mot de l'Empereur, à voler à de nouveaux combats...

Conserver l'indépendance d'une âme qui, forte du sentiment de ses droits et de ses devoirs, n'entend relever que de Dieu ; se montrer supérieur à l'épreuve, d'où qu'elle vienne ; ne pas changer d'opinion selon les caprices de la multitude, et ne se détacher jamais de ses amis ; penser noblement, parler comme on pense et agir comme on parle, voilà ce qu'on appelle l'honneur.

. . . .

Quand le vaisseau royal sombre dans la tourmente,
Sur les derniers débris une reine est debout,
Sa couronne a roulé dans la fange sanglante,
Mais Marie-Antoinette est fière jusqu'au bout;

Outragée, elle crie à la foule en délire :
« J'en appelle à toutes les mères! » — cri du cœur,
Sublime testament d'une reine martyre,
Craignant, plus que la mort, une tache à l'honneur.

L'honneur ! dans ce grand mot s'incarne et se résume
L'âme du haut seigneur et de l'humble vassal !
C'est l'éternel foyer que la vestale allume
De la tente du chef au manoir féodal.

L'âme de ces vaillants, ignorant toute vile
Passion, reflétait l'honneur comme un miroir !
On rend à Duguesclin mort les clefs d'une ville;
Bayard agonisant enseigne le devoir,

Au son des violons, Condé tire l'épée,
D'Assas s'écrie : « A moi d'Auvergne ! » il tombe mort;
Joie et deuil, bruit de fête et clameur d'épopée !
On riait au péril, on tenait tête au sort.

Quand le cadran brisé marqua l'heure morose
Où le vent déchaîné faucha le lys hautain,
On vit s'armer, serrant sur son cœur une rose
Pour la reine de France, un dernier paladin.

Aussi, quel beau nom que celui d'honnête homme,
d'homme d'honneur !

« *Maître Robert*, disait saint Louis à l'un de ses
chevaliers, *m'est avis que ce mot d'honneste homme est
si grande chose et si bonne, que même à le prononcer
il emplit la bouche.* »

Ni titre, ni fortune, ni savoir ne donnent l'honneur.

Le poète l'a dit :

> Cette vertu, sait-on où notre cœur la prend,
> Qui fait un grand si humble et un humble si grand?

Aussi bien, sous la veste de l'ouvrier que sous le manteau du roi, on peut trouver un homme d'honneur, et celui-ci est le frère de celui-là. Tous deux sont égaux par la droiture ; ils suivent le même chemin dans la vie, le seul qui aille au bien, tandis que mille vont au mal. Pour eux, point de compromissions, de lâchetés, de mensonges, d'intrigues. Le front haut et le regard clair, ils marchent, calmes, dans la paix de la conscience satisfaite et du devoir accompli. Peu leur importe la boue et les ornières de la route ! L'honneur les guide et les soutient.

Force des preux, des chevaliers, des gentilshommes ; force des soldats illustres sortis du peuple — Marceau, Hoche, Kléber — et de tant d'autres braves, l'honneur est une vertu essentiellement militaire.

De tout temps l'homme rend hommage à cette vertu et crée pour elle des signes de distinction, titres, grades, croix, etc.

Hochets de la vanité, a-t-on dit.

Hochets, oui, si ce ruban, cette croix, ne rappellent que de la chance ou de l'habilité, mais si on les voit sur la poitrine d'un soldat... si un homme a blanchi dans le métier des armes, risqué sa vie, donné son sang, lutté, combattu, vaincu, ce ruban, cette croix qu'il porte, rappellent de nobles espoirs, de virils enthousiasmes, de redoutables périls hardiment affrontés, et ce « hochet » n'est plus un vain symbole. Il a le prix, l'éclat de tout ce qu'il représente. Tant vaut l'Homme, tant vaut la Croix.

On lisait un jour, devant Mac-Mahon, des *Mémoires* où l'auteur, préoccupé de justifier sa défection, s'exprime en ces termes : « Il est des moments pénibles pour un militaire, ce sont ceux où il faut choisir entre l'honneur et le devoir. »

« Non pas! s'écria le maréchal, jamais l'honneur et le devoir ne sont en contradiction; là où est le devoir, là est l'honneur. »

Ce que je dis des individus, je le dirai d'un peuple. On peut tout lui prendre : ses armes, ses canons, ses munitions, il en forgera d'autres ; son or, il en retrouvera ; ses hommes, leurs frères et leurs fils les remplaceront, car le sang du soldat comme celui du martyr, est une semence de héros ; ses villes, ses provinces, l'inconstance de la fortune peut les lui rendre un jour ; mais, si on lui prend son honneur, qui le lui rendra? Personne. S'il le sauve, au contraire, il garde avec lui le germe de toutes les résurrections. Cherchez plutôt dans vos souvenirs, Messieurs, vous trouverez dans l'histoire des nations évanouies, toujours avant la mort, la décadence, c'est-à-dire la mollesse, la dépravation, la lâcheté, le déshonneur.

Au contraire, si infortuné que soit un peuple, eût-il été brisé sur vingt champs de bataille, ses débris sanglants seraient-ils partagés entre ses vainqueurs, s'il a gardé dans son âme, avec le courage, le patriotisme et l'honneur, il ne mourra pas, il ne peut pas mourir.

Quand l'archange terrible, chargé d'effacer un peuple de la carte du monde, descend pour promulguer le redoutable : « *Mane; Thecel, Phares* », ce peuple jugé, condamné, il ne le trouve pas sur un champ de bataille, sauvegardant de son sang les restes de sa vie; il le trouve à table, le verre à la main, l'impiété sur les lèvres, déshonorant son âme dans des orgies sacrilèges...

Pyrrhus faisait la conquête de l'Italie. Il y avait employé le fer avec succès. Il pensait que l'or ferait le reste. Le premier Romain qu'il tenta de corrompre, fut l'ambassadeur du Sénat, Fabricius. Cinéas, son ministre, y mit tout son art; il n'obtint que l'indignation. A bout de ressources, il retourna trouver son maître.

— Prince, lui dit-il, il est plus facile de détourner le soleil de sa course, que Fabricius du chemin de l'honneur.

C'était alors l'âge héroïque de la foi et de la piété romaines.

Quelques siècles plus tard, un vaincu de Rome, un roi numide, cité par elle pour se justifier d'un crime, visiteur forcé et honteux de la maîtresse du monde, débarquait avec des sacs d'or. Il achetait autant de Romains qu'il lui en fallait pour l'impunité, des sénateurs, des consuls, des prêtres, et il s'en allait en s'écriant :

— O ville vénale et bientôt vendue, si tu trouvais un acheteur assez riche !

C'était le siècle où les grands de Rome ne croyaient

plus. Le peuple, hélas ! ne devait pas tarder à les suivre. L'histoire pourrait prendre dans des annales plus voisines, des exemples plus douloureux. Demandons-lui qu'elle nous épargne...

Telles sont les pensées qui envahissent mon âme aujourd'hui, à ce pèlerinage aux champs d'Ardenay.

Et je me dis :

« Si le nouveau Cinéas, d'un nouveau Pyrrhus, avait tenté d'acheter les Français qui dorment dans ce vieux cimetière leur dernier sommeil, il n'aurait certes pas eu d'autre réponse à porter que celle de Cinéas d'Epire : Sire, il est plus facile de détourner le soleil de sa course, que de détourner ces hommes du chemin de l'honneur. »

II

Dieu vous a brisés, Messieurs, sous des coups si soudains, si imprévus, si irrésistibles que les vainqueurs eux-mêmes n'ont pu dissimuler leur étonnement. Mais, en même temps, il a voulu, ce Dieu, roi des Francs, qu'au milieu de cette série extraordinaire de catastrophes inouïes et de contre-temps, notre honneur y éclatât sous mille formes, et dans des traits inoubliables.

Nous sommes nés sur un champ de bataille et, de Tolbiac à Arcole ou à Austerlitz, qui a voulu nous connaître dans toute notre beauté, a dû nous regarder à la lumière des combats, à l'éclair de notre épée. C'est là que se montrent, en traits charmants, tou-

chants, sublimes, toutes les richesses de notre nature :
la générosité après la victoire, la modestie dans le
triomphe, la gaieté au milieu du péril, l'illumination
soudaine avec l'indomptable élan.

« Le Français est apte à tout, a dit un Anglais,
lord Chatam, mais il excelle dans la guerre. » Et cette
épée, notre distinction suprême, elle n'a pas été,
dans notre histoire, un accident heureux ; elle n'a pas
seulement étonné le monde pendant la vie d'un
homme de génie ; depuis quinze siècles nous la tenons
en mains, dans un éclat qui a pâli sans doute, mais
pour mieux montrer de qui nous l'avons reçue et
pourquoi elle nous a été confiée.

Partout et toujours nous avons fait la guerre en y
mettant de notre âme et de notre génie : Villars
apprenant, sur son lit de mort, que le maréchal
de Berwick vient d'être tué sous les murs de
Philisbourg, et, s'écriant, avec une sublime jalousie : « Cet homme a toujours été plus heureux que
moi » ; le mot de nos officiers à Fontenoy : « Messieurs les Anglais, tirez les premiers » ; nos soldats à
Malplaquet, n'ayant presque rien mangé depuis trois
jours et refusant de toucher à leur pain avant d'avoir
battu l'ennemi ; et l'épisode d'Auerstaed : au moment
où le baron Lepic, qui mourut comte à Eylau, levait
son épée pour charger à la tête de son régiment de
dragons, la jugulaire de son casque se détacha et le
casque roula à terre. Les officiers ne voulurent pas
charger la tête couverte quand leur chef chargeait
tête nue, ils défirent leurs casques à la hâte. Les

8.

soldats, avec cet admirable instinct de raffinement dans l'héroïsme qui est inné dans l'âme française, jetèrent précipitamment leurs casques à leur tour. Et les Russes stupéfaits virent arriver sur eux, bride abattue, l'éclair aux yeux, les cheveux au vent, ce régiment qui, par une sublime coquetterie, voulait combattre tête nue, comme son colonel; et à la Moskowa : douze cents bouches à feu tonnaient de part et d'autre. La grande bataille couvrait tout le terrain que l'œil pouvait embrasser. Les deux peuples armés, s'étreignaient corps à corps, les deux aigles impériaux se perçaient de leurs becs d'airain. Tout atome était brûlé par une balle, tout sillon d'air noirci par un boulet. Un jeune cavalier, portant le gracieux costume de la garde napolitaine, arrive tout à coup sur le champ de bataille. Les balles sifflent autour de lui, mais il reste impassible au milieu de cette pluie de mort. « Le roi de Naples! crie-t-il, où est le roi de Naples? — Partout! répondent les cavaliers, fusilliers, grenadiers, artilleurs; partout! partout! » (1) Le Napolitain aperçoit bientôt le héros

(1) A la bataille d'Heilsberg, Murat, tout empanaché et couvert de broderies comme un tambour-major, caracole entre les lignes des tirailleurs français et celles des tirailleurs russes, de telle façon qu'il est exposé à recevoir des coups des deux côtés. Bientôt, son cheval, atteint d'une balle, tombe et l'entraîne sous lui. A ce moment, un sous-officier du 9ᵉ dragons, du nom de Charinet, accourt de la part du général de division Espagne, pour lui demander des ordres. Voyant Murat à terre, il saute lui-même à bas de son cheval, aide le grand duc de Berg à se dégager et lui donne sa propre monture.

Il n'était que temps. Déjà les Cosaques, attirés par le brillant uniforme du prince, se précipitaient sur lui pour le dépouiller. Charinet, démonté, tire alors son sabre, marche vers ses agresseurs, en tue

dans un petit vallon où les boulets et les balles se
croisent avec furie, Murat, en se pavanant sur son
cheval, avec une fatuité sublime, une cravache à la
main au lieu d'une épée, donne des ordres, se répand,
est partout. A la vue du soldat de sa garde, il sourit
et s'avance vers lui. Celui-ci lui remet une lettre de
Caroline. Le roi la lit en pleurant ; pendant sa lecture,
l'air produit par le passage des balles agitait le papier.
« Comment as-tu osé, dit-t-il au jeune homme, venir
jusqu'à moi, à travers ce déluge de fer meurtrier ? »
Le garde répondit avec un éclair dans les yeux : « Je
voulais être digne de mon roi ! » Murat ne répondit
rien. Tirant d'un fourreau de fer une feuille de papier,
il écrivit quelques mots de réponse à Caroline. Après

successivement cinq dont un officier. Murat, pendant ce temps, a
rallié quelques tirailleurs et quelques cavaliers ; à son tour, il se précipite pour dégager son sauveur et met en fuite les Cosaques. Charinet avait reçu une balle dans l'aine , une dans la cuisse, et six coups
de sabre sur la tête; le soir même, il était nommé sous-lieutenant
et décoré de la Légion d'honneur.

A la bataille d'Aboukir, Murat se mesure en combat singulier avec
Mustapha-pacha, commandant des troupes turques. Au milieu d'une
charge héroïque, ils s'élancent l'un contre l'autre. Mustapha lâche
un coup de pistolet à bout portant dans la tête de Murat, qui, sans
perdre son sang-froid, coupe d'un coup de sabre plusieurs doigts de
la main de son adversaire et le fait prisonnier.

Du reste, le roi de Naples, qui est demeuré le type de l'empana-
chement le plus extraordinaire de l'époque, avait une telle renommée
d'audace qu'il était l'objet du respect et de l'admiration des Cosaques
eux-mêmes. Le chef d'escadron Dupuy raconte dans ses mémoires
qu'un jour Murat s'étant aventuré seul devant un grand nombre de
tirailleurs cosaques, un des plus jeunes d'entre eux avait mis pied à
terre et l'ajustait avec sa carabine, lorsqu'un vieux de la troupe releva
l'arme avec sa lance : « Que fais-tu, malheureux, il ne t'appartient
pas de tirer sur un homme pareil ! »

quoi, il baisa la lettre, la plia et la tendit au messager.

Prenant ensuite une seconde feuille de papier, il écrivit de nouveau. Quand il eut fini, se tournant vers le jeune homme : « Voici ce que j'écris pour toi à la reine. » Et il lut : « Le comte Giaccomo (c'était le nom du messager) a été nommé capitaine à la garde du roi de Naples, sur le champ de bataille de la Moskowa. » — « Tiens, ajouta-t-il, en tendant le papier au jeune homme, prends ton brevet et retourne dans le doux pays de Naples. — Votre Majesté, dit le jeune homme, a oublié de signer ? — C'est juste, dit le roi, je vais signer, donne. » Et Murat, déployant la feuille, la tint suspendue par-dessus la tête de son cheval : « La voilà signée, dit-il en riant. » Trois balles avaient troué le papier.

Ah ! la superbe épopée, dites, que cette histoire ! Epopée de couleur, de noblesse, de courage où étincellent les beaux costumes, les beaux noms, les beaux gestes, les belles paroles.

De tous les Français tombés à Waterloo, un seul a sa tombe marquée dans la terre wallonne qui est pays ami. C'est le général comte Philibert Duhesme, blessé dans la bataille, achevé, assassiné à Genappe, devant la porte de l'auberge du *Roi d'Espagne*. Et, — dramatique souvenir — c'était le fils de Philibert Duhesme, qui devait, le 6 août 1870, dire à ses cavaliers, au moment de la fameuse charge qui précipitait nos cuirassiers à travers les houblonnières et les rues barricadées de Morsbrom :

— Allons, enfants ! comme à Waterloo !

Ces mêmes cuirassiers, se ruant sur les fantassins allemands au calvaire d'Illy, arrachaient cette exclamation au roi de Prusse qui les regardait de loin : *oh ! les braves gens !*

Le dévouement des cavaliers de Milhaud, des soldats de Durutte, faisant héroïquement le salut militaire aux batteries anglaises qui les mitraillaient, a son écho, cinquante cinq ans après, dans le cri de ces braves gens se précipitant, eux aussi, comme à Waterloo, au devant de la mort. Les pères lèguent aux fils leurs exemples et se passent, tour à tour, l'épée victorieuse — ou le sabre brisé — *et l'honneur,* en leur disant qu'au dessus de la victoire, et plus haut que le succès, il y a quelque chose : le sacrifice.

Sous les murs d'Alger, tombait naguère, mortellement atteint d'une balle qui avait brisé sa poitrine, l'un des fils du comte de Bourmond.

Héros chrétiens l'un et l'autre, ils s'étaient agenouillés auprès des autels avant de quitter la France, pour recevoir, des mains du prêtre, comme des croisés d'un autre âge, le Dieu de l'Eucharistie. Et maintenant, le fils se sentant mourir et parlant des grandes causes de la religion et de la France, auxquelles il sacrifiait sa vie, disait en montrant sa blessure : « Elle est bien placée là, elle est près du cœur. » Le père, averti de ce coup terrible, ne veut prendre que le temps d'embrasser et de bénir son fils si digne de sa tendresse; puis, calme, tout entier au devoir, retournant à son poste de combat, il trouve, pour annoncer son malheur, des paroles que Sparte

eût admirées ! Et les officiers de l'armée d'Afrique
saluent l'âme du jeune héros avec les lis et les vers de
Virgile, car leurs vœux lui avaient promis, comme
Virgile au fils de Marcellus, le grade et la gloire de
son père :

Heu miserande puer ! si qua fata aspera rumpas ;
Tu Marcellus eris ! Manibus date lilia plenis !

A Sidi-Brahim, — c'était en l'année 1815, le
dimanche 21 septembre, — l'adjudant-major Dutertre,
couvert de sang, avait été ramassé par les Arabes.
Abd-el-Kader l'envoya en députation vers le capitaine
de Géreaux, commis avec quatre-vingts hommes à la
garde du camp, et qui, voyant les ennemis l'entourer
d'un cercle de fer et de feu, s'était enfermé dans
l'enceinte du marabout pour organiser la résistance.
« Qu'ils se rendent, avait dit l'Emir, et ils auront la
vie sauve. » Quand le négociateur fut à portée du
marabout, il s'arrêta. Tout bruit de poudre s'était tu ;
on voulait entendre un camarade, un chef. Ah ! oui,
que tout bruit cesse ! Il mérite d'être entendu, celui-là !
« Chasseurs, fit-il, on me coupera la tête si vous ne
posez pas les armes ; et moi je viens vous dire de
mourir jusqu'au dernier plutôt que de vous rendre. »
Et, intrépide, il se retourna vers le bourreau ; un instant après, sa tête volait dans la poussière du chemin.

Qui ne connaît de la charge fameuse des zouaves
pontificaux à Loigny, — le 2 décembre 1870, — cet
épisode des Bouillé ?

Le marquis, droit et fier, malgré ses soixante ans

passés, tenait le drapeau que trouaient et déchiquetaient les balles. De Sonis, qui subissait l'avalanche sans broncher, ne put s'empêcher de lui crier : *Baisse-toi donc, Bouillé !* » — « *Quand un Bouillé se baisse*, répliqua le vieux gentilhomme, *c'est pour ne plus se relever !* »

A peine avait-il achevé qu'il se baissait : seulement c'était pour mourir !

Jacques de Bouillé, immédiatement, prit sa place et tomba à son tour, frappé, comme son père, en plein cœur...

Dans la catholique Bretagne, ce pays de Du Guesclin et de La Tour d'Auvergne, dont le sol de granit produit, avec une générosité que rien n'épuise, des chênes, des héros et des saints, il y a toujours quelque flot de ce sang pur en réserve pour les heures de dévouement désespéré.

A Buzenval, — 19 janvier 1871, — quand sonna la retraite, ceux qui vivaient encore eurent peine à s'arracher à cette sorte de vertige farouche. Ils semblaient regretter la mort.

L'un d'eux, surtout, revenait à contre-cœur. En vain ses camarades lui donnaient, en se repliant eux-mêmes, l'exemple de la résignation. Ses yeux se reportaient toujours sur ce champ de bataille qu'il abandonnait. Enfin, il n'y tint plus. « Allez, dit-il aux autres, je vous rejoins. Laissez-moi brûler mes dernières cartouches ! » Et il revint sur ses pas. Il semblait qu'il eût oublié quelque chose derrière lui. Il avait oublié de se faire tuer.

C'était Henri Regnault. Une balle le frappa au front, et il tomba mort. Au front...., comme si elle avait voulu prouver, l'odieuse étrangère, qu'elle savait ce qu'il y avait derrière ce front-là, et, qu'en tuant un de nos soldats, elle tuait une de nos gloires !

Au combat de la Cluse — 1ᵉʳ février 1871, — un Prussien se détache des lignes, et, s'adressant au général Robert : « Toute résistance est inutile ; vous êtes tournés, il ne reste plus qu'à vous rendre. » La réponse du général est aussi fière que celle de la vieille garde ; elle est plus simple peut-être : « Pardon, répond-il avec une tranquillité sublime, il nous reste à mourir » ; et il donne dix minutes au parlementaire pour rejoindre les siens.

Dans un des combats livrés en 1870, autour d'Orléans, un chasseur du 5ᵉ bataillon de marche a remarqué, sur un des côtés de la route de Chartres, une concavation qui ressemble à une fosse ; il va s'y embusquer. Une balle l'abat. Un second accourt, car la place est bonne. Il relève un peu son camarade ; à la hâte, il le met en travers devant lui, et le corps encore chaud devient son rempart. Il tire de là presque à coup sûr. Furieux de leurs pertes, cinquante allemands le visent à la fois. A son tour, le voilà renversé ; mais, admirable obstination de l'héroïsme ! ce trou rempli de sang, qui porte un cadavre au rebord, un cadavre dans sa profondeur, on dirait qu'il attire ces soldats avides de se battre : ils n'y aperçoivent point la mort, ils n'y voient qu'un avant-poste d'où l'on peut tuer des ennemis. Un troisième vint donc s'y établir, mieux protégé par les deux hommes qui le couvraient, qu'ils ne l'avaient été eux-mêmes; plus longtemps qu'eux il tire sur les Bavarois, mais, à la fin, lui aussi tombe et il expire. Ce ne fut pas le dernier.

Un quatrième s'y précipite, s'abrite derrière cette barrière de cadavres, se bat avec la même ardeur, appuyant son fusil sur les morts, et se fait tuer à la même place...

On les trouve tous quatre, ces sublimes obstinés, l'un sur l'autre, étendus dans le même repos, victimes du même sacrifice. Comment se nommaient-ils? Dieu le sait! Nous n'avons gardé d'eux que le souvenir de cette sublime énergie.

Je n'aurais garde d'oublier, Messieurs, les héros d'Ardenay : une division de 8.000 hommes — mobiles du Gers, colonel Taberne, 51e de marche, commandant Corcelet — soldats d'hier, harassés par des marches pénibles et se battant, pendant sept heures, avec une admirable bravoure, contre 40.000 Prussiens.

Voyez-les comme ils marchent, comme ils courent, sous la neige qui les aveugle, vers les bouquets de bois formant palissade. Où vont-ils? A la mort.

Mort certaine, mort obscure, mort inutile, ils le savent. Et, pourtant, ils se précipitent, sans une hésitation, sans une crainte, avec un défi superbe dans les yeux et, sur les lèvres, le sourire illuminé du sacrifice volontaire. A l'abri, suivant sa coutume, invisible selon son principe, l'ennemi les vit venir dans leur tranquille audace, dans leur admirable folie. Il mitrailla paisiblement ces martyrs.

Ils tombèrent, les soldats de la dernière heure, et, à leur tête, le commandant Corcelet; ils tombèrent au hasard de ce combat aveugle, cibles vivantes, offrant leurs poitrines aux balles qui sifflaient, frappaient à coup sûr et choisissaient leurs victimes. Ils tombèrent partout, dans l'ornière gluante des chemins, au revers des fossés pleins de boue, dans les bois, sur la lisière des champs dépouillés, au milieu des sillons qui buvaient leur sang comme une chaude rosée...

En ce pays, Messieurs, tout pli de terrain, tout tronc de sapin, tout clos de ferme, tout détour de sentier, tout arbre feuillu a été sacré par le divin baptême de quelque acte héroïque

Allemagne et France se sont heurtées là.

J'ai lu qu'un jour Pie V, se promenant au Colysée avec quelque ambassadeur, celui-ci demanda des reliques au Pontife. Le vieillard courba sa maigre et haute taille et, ramassant une poignée de sable de l'arène où tant de martyrs avaient été mis en pièces : « Prenez, dit-il, voilà des reliques! »

Vous aussi, Messieurs, si jamais on vous demandait un peu de la plus noble terre de France, de celle qui ferait des reliques dignes d'êtres vénérées sur un autel érigé à la Patrie, allez entre Ardenay, Saint-Hubert et Changé, entre Auvours et le vieux pont d'Yvré-l'Évêque, allez au hasard de vos pas, ramassez une poignée d'argile et donnez hardiment! Nulle part vous ne trouverez rien de plus sacré.

Ces traits et tant d'autres empruntés à la chronique de nos batailles, ces épisodes où le sublime est partout, composent une épopée immortelle, à laquelle aucun scepticisme ne peut refuser son admiration. L'âme de la nation incarnée dans cette légende est une apparition du beau idéal, devant laquelle tous les siècles s'inclineront. Ajoutez à la partie héroïque de nos fastes militaires, les éclairs du génie qui les sillonnent : cet ensemble forme un faisceau d'actes de courage et d'actes d'inspiration, de vertus et d'intuitions guerrières, de sacrifices et de victoires qui font de notre histoire un sujet d'envie pour tous les peuples, et souvent un canevas digne d'Homère et de Virgile.

. . . .

Je ne saurais taire, Messieurs, qu'on s'est demandé souvent si, dans l'état désespéré des choses, l'organisation de l'armée de la Loire était une entreprise utile et sensée. Je ne suis pas homme de guerre, mais j'ai appris de *l'Histoire universelle* de Bossuet que « dans la nécessité des affaires, il était établi comme une loi inviolable, qu'un soldat romain devait vaincre ou mourir » ; et que, « par cette maxime, les armées romaines, quoique défaites et rompues, combattaient et se ralliaient jusqu'à la dernière extrémité. » Or, j'accepte volontiers pour mon pays un reproche qu'eût mérité l'antique Rome : car je tiens de la même source que, « de tous les peuples du monde, le plus fier, le plus hardi, mais tout ensemble le plus réglé dans ses conseils, le plus constant dans ses maximes, le plus avisé, le plus laborieux, et enfin le plus patient, ce fut le peuple romain. »

Ah ! sans doute, ces armées nouvelles et presque inprovisées ont donné sur plusieurs points le specta- cle de grandes et lamentables défections, qu'aucune excuse ne doit couvrir. Mais c'est une raison de plus pour ne pas ménager notre admiration et notre grati- tude à ceux dont le vaillant effort aurait délivré la Patrie si l'exemple de leur héroïsme avait eu la puis- sance d'enflammer tous les cœurs. Grâce à eux, du moins, la France n'a pas perdu sa dernière et sa plus chère ressource, puisque, dans ses malheurs, elle a gardé le droit de dire avec le glorieux vaincu de Pavie : « *Tout est perdu, fors l'honneur.* »

III

Je voudrais m'arrêter là ; mais depuis que je parle, une pensée douloureuse serre, malgré moi, mon cœur. J'ai montré notre honneur sacré, conservé, payé avec le sang. Messieurs, que pouvons-nous pour reconnaître de tels services ?

Voilà des hommes qui se sont arrachés à un père, à une mère, à toutes les joies, à toutes les espérances de la vie, aux affections les plus tendres et les plus profondes ; qui, tout jeunes, sont morts, abandonnés dans la neige, sur une botte de paille glacée ou dans un fossé perdu ; votre sang de Français, de chrétien, d'homme, vous crie qu'il y a là une subli- mité ; encore une fois, comment leur donnerez-vous la récompense qu'il n'ont pas cherchée, mais qui leur est due ?

Ah! ce qui s'exhale de ces tombes, ce n'est pas seulement le parfum de l'honneur, c'est un arôme de vie et d'immortalité.

Je regarde ce drap mortuaire, ce caveau, ces ossements, et je me dis : Voilà le sacrifice non payé.

Car la récompense n'est pas dans le granit d'un monument qui s'effrite sous les coups du temps, cet implacable destructeur ; elle n'est pas dans les plaques commémoratives dont les inscriptions, demain, seront illisibles, non plus que dans les couronnes, fussent-elles de fer, et qui durent... ce que durent les roses...

Il y a bien les larmes. Ah! les larmes, c'est quelque chose, c'est même beaucoup. Après le sang des veines, l'homme n'a rien de plus noble, de plus profond. Les larmes! c'est le trésor du cœur, c'est le sang de l'âme. Mais, hélas! elles sèchent vite et ne peuvent mouiller que le seuil de l'éternité.

Il y a encore le souvenir, non pas le souvenir d'une heure, d'un jour seulement, mais le souvenir, des siècles, le souvenir de l'histoire qui recueille les grands dévouements, les morts sublimes, les enregistre dans ses annales, les perpétue, les éternise jusque dans la postérité la plus reculée. Sans doute, ce nouveau tribut est précieux, plus précieux encore que les autres, car, si « la reconnaissance, selon le mot d'un illustre écrivain, est la mémoire du cœur, le souvenir de l'histoire est la reconnaissance des peuples. »

Mais l'histoire elle-même n'a pas de reflets assez puissants pour éclairer les ombres de l'autre vie ; et, d'ailleurs, combien de héros obscurs ou méconnus qui échappent à sa vigilance ou qui accusent son impartialité.

« Athéniens, s'écriait Périclès, vous aurez beau multiplier vos discours, vos inscriptions, vos cénotaphes ; avec toutes ces choses vous ne payerez pas une goutte du sang généreux que vos enfants ont versé pour leur mère. »

Ce qu'il faut apporter à ces nobles victimes du dévouement patriotique, c'est un secours assez puissant pour traverser la tombe et reconnaître efficacement, de l'autre côté de la vie, leur sublime sacrifice, c'est la prière, la prière surtout de Celui qui est infailliblement exaucé à cause de sa dignité, de sa sainteté, de sa divinité « *semper exauditus est pro sua reverentia.* »

Vous l'avez compris, habitants d'Ardenay.

Et vous avez fait une chose digne de louanges, vous, Monsieur le maire, et vous nobles bienfaiteurs de cette commune, vous dont la vie, nul ne l'ignore, est une vie toute d'honneur, de bonnes œuvres, de services rendus à la Religion et à la Patrie, et vous, Messieurs les membres du conseil municipal ; du conseil de fabrique et du bureau de bienfaisance, et vous qui vous effacez toujours et que, pour cette raison, je ne veux pas oublier, bon et zélé pasteur d'Ardenay, prêtre au cœur d'or, au dévouement infatigable (1), vous avez tous fait une chose digne de louanges en n'élevant pas seulement à ceux qui, pour

(1) M. l'abbé Paul Fertray.

vous défendre contre la terrible invasion, ont exposé leurs poitrines aux balles ennemies, un tertre, surmonté d'une colonne, froid souvenir; mais en laissant tomber sur eux, avec vos prières, le sang du Christ-Rédempteur.

Voilà la meilleure forme de la reconnaissance et de l'amour : la seule efficace pour les âmes qui ont quitté la terre, et la seule véritablement bienfaisante pour celles qui, dans l'exil, attendent l'heure de Dieu.

Il faut finir, Messieurs.

N'avez-vous pas été frappés de cette coïncidence? Nous rappelons dans de pieux anniversaires les souffrances et les vertus des Français morts pour la Patrie, juste au moment où éclatent ces hontes domestiques qui, depuis trop longtemps, provoquent à notre égard, de la part de l'étranger, une curiosité maligne et des appréciations sévères jusqu'à l'injustice, parce qu'elles étendent à tous les responsabilités et les torts de quelques-uns. Sans doute, nous pouvons opposer à nos accusateurs la parole célèbre de Camille Desmoulins. Désolé de voir la cause de liberté déshonorée et compromise par les insanités sanguinaires d'un Chaumette, d'un Hébert, d'un Marat, l'ardent patriote s'écriait : « *Faites attention, un égout n'est pas la Seine!* »

A plus forte raison ne faut-il pas assimiler la France entière à une sentine corrompue et infecte. Qu'ils tombent sous la vindicte et le mépris public, les misérables qui, pour satisfaire leurs goûts de luxe et leurs passions effrénées, n'ont pas hésité à

9

spolier les victimes trop crédules de leurs promesses mensongères et de leurs dégradantes spéculations ! Qu'ils soient cloués au pilori d'infamie, ces hommes à qui leur position sociale faisait un devoir de donner aux autres des exemples d'intégrité, et qui ne se sont servis de leur influence et de leur crédit que pour se jouer avec plus d'audace des maximes élémentaires de l'honneur et du juste.

Mais si la France les répudie comme indignes de porter son nom, avec quelle fierté légitime ne montre-t-elle pas ceux de ses enfants qui, en des jours de deuil, sont tombés au champ d'honneur, sous les plis de son drapeau ? Ceux-là, comme le dit superbement Mgr le cardinal-évêque d'Autun, ceux-là n'étaient pas des mercenaires, ayant trafiqué d'avance des hasards de la guerre et exposé leur vie pour quelques pièces d'or. Ils ont été où le devoir les appelait. Aussi désintéressés qu'obéissants et courageux, ils n'ont pas mis leur dévouement à prix, et personne ne leur a fait l'injure de vouloir leur acheter ce qu'ils n'auraient jamais voulu vendre : *l'honneur*.

Écoutez, Messieurs, l'appel qu'ils nous adressent du fond de leurs tombes ou, mieux encore, du sein de Dieu dans lequel ils ont trouvé leur solide récompense.

Ils nous disent et je répète avec eux : « L'honneur national est un dépôt sacré » dont chaque génération est comptable envers celles qui la suivent sur la scène mobile de l'histoire. C'est un crime de lèse-patrie d'y porter atteinte et de l'amoindrir ; c'est une obligation stricte, non seulement de le garder intact, mais encore de l'augmenter, et chacun est tenu d'y apporter l'appoint de son travail et de ses mérites personnels. Ayons toujours, Messieurs, les regards de l'âme fixés sur l'idéale beauté de la perfection morale : l'honneur. Aimons l'honneur d'un enthousiasme qui se communique autour de nous, à tous ceux qui seront les témoins de notre vie. Mais surtout ne le séparons pas de son principe, la Religion.

Et vous, morts bien aimés, dormez en paix ! Aux yeux de la foi comme aux yeux de l'humanité, il n'y a pas de plus grande destinée que de donner sa vie pour son pays. En arrosant de votre sang généreux la vieille terre de Charlemagne, de saint Louis, de Jeanne d'Arc, vous nous l'avez rendue plus chère et plus sacrée. Parlez-nous, parlez-nous encore, parlez-nous toujours... Enseignez-nous le charme exquis du devoir préféré à tout, du sacrifice accepté sans murmure. Relevez nos âmes par votre souvenir. Et, un jour, quand le Ciel aura recommencé de sourire à la France, le vent de quelque grande victoire viendra remuer votre poussière, vos os tressailliront au bruit de nos succès, et les drapeaux français, partis du pied des autels et bénis par Dieu, comme autrefois ceux de Catinat, en en ramenant d'autres dans leurs plis vainqueurs, s'inclineront sur vos tombes pour saluer ceux qui, en souffrant et en mourant afin de sauver l'honneur national, nous auront mérité la grâce de renaître, de nous relever et de reprendre, à travers le monde, le cours de nos destinées providentielles !

0..

DISCOURS

PRONONCÉ LE 11 JANVIER 1896

SUR LE PLATEAU D'AUVOURS

Dans le XXV⁰ anniversaire de la bataille.

Après vingt-cinq ans, Messieurs, nous revenons, avec une émotion profonde, nous agenouiller sur les tombes des soldats qu'a moissonnés la guerre.

Le temps qui fuit n'a emporté ni nos regrets ni nos souvenirs.

L'oubli, seconde et triste mort, sous les ombres de qui tout s'efface, n'a rien pu ensevelir des généreux enfants tombés pour la Patrie. L'heure qui les a vus combattre et succomber, équivaudra, dans l'opinion des sages, à un triomphe, et des ossements de chacun d'eux jailliront, pour stimuler le zèle des races à venir, de grandes et magnifiques leçons. C'est qu'en effet, ceux que nous pleurons ne sont pas des morts vulgaires ; ce sont des victimes ou, pour parler le langage du prophète, ce sont des tués : *interfecti !* Victimes ! ce mot ne va sans exciter les sympathies ; ici, il provoque le respect et l'admiration, car elles ont été immolées, ces victimes, et disons mieux, elles se sont immolées pour la plus noble des causes, et grâce à elles notre France a gardé le droit de prétendre à l'estime du monde.

Des voix plus éloquentes que la mienne ont raconté les sanglants épisodes des batailles livrées aux environs du Mans, et cette terrible journée du 11 janvier 1871 où les mobiles des Côtes-du-Nord, les mobilisés de Rennes, ceux de Nantes, — qui venaient de perdre à Champagné leur colonel Bell et leur commandant de Trégomain, — puis un détachement du 10e chasseurs, luttant contre des forces vingt fois supérieures, restèrent inébranlables sous la mitraille allemande. Mais si tous les braves portent le même signe, le signe sacré de ceux qui ont accepté le trépas, obscur souvent, stoïque toujours, par soumission au devoir et par amour du pays, en cette date mémorable du 11, apparaît dans l'arène, une milice qui a trop bien mérité de l'Eglise et de la France pour qu'on ne m'accorde pas le droit de la saluer d'un mot, sur un des principaux théâtres de sa gloire, avec un sentiment particulier d'intérêt et d'amour.

Son éloge, Messieurs, est tout naturel sur mes lèvres ; n'ai-je pas eu l'honneur très grand de faire partie de cette troupe dont le nom est désormais immortel : les Zouaves Pontificaux.

⁂

Relevés le matin, au pont d'Yvré-l'Évêque, par les francs-tireurs de Fontainebleau, les zouaves attendaient, dans le village, faisceaux formés, et ne pensant pas, puisque nos affaires allaient bien, être engagés dans la journée.

Tout à coup, sur les trois heures, les soldats

débandés de la division Paris, descendent en désordre les pentes d'Auvours — canons et fantassins mêlés — et viennent s'amonceler à l'entrée du vieux pont, cherchant à gagner le village.

La bataille était perdue, si l'on n'essayait de reprendre le plateau.

C'est alors que le général Gougeard, impuissant à rallier ses régiments éperdus, arrive au galop de son cheval vers les zouaves pontificaux : « Allons, Messieurs, dit-il, en avant, pour Dieu, pour la Patrie, le salut de l'armée l'exige. »

Ils sont trois cents à peine, nos zouaves — trois cents, comme aux Thermopyles ! — et c'est l'un des lieutenants préférés de l'héroïque Charette qui les commande, M. de Montcuit, ayant à ses côtés l'adjudant-major Lallemand, officier d'une rare intelligence et d'une bravoure à toute épreuve.

Des masses d'infanterie prussienne se pressent sur la colline escarpée dont la cime tonne, fume et brille comme un cratère en feu.

Vers ces hauteurs imprenables, les zouaves s'élancent : on dirait un nuage gris, rasant le sol, emporté par le vent.

A chaque victime qui tombe, ils redoublent d'ardeur, comme s'ils avaient hâte de venger leurs frères ; ils gravissent ces pentes alors couvertes de neige, tombant dans les ravins voilés aux regards et se relevant avec cette gaieté française qui sait aller mourir, le sourire sur les lèvres.

Et l'intrépide phalange monte toujours...

Ceux qui hésitent, sont blessés ; ceux qui n'avancent plus, sont morts.

Les zouaves enfin atteignent le plateau par toutes les issues que permet la configuration du terrain. Et, c'est à ce moment qu'on voit, à cette place où nous sommes, ce que Chateaubriand appelle « la cohue de la mort. » Abrités derrière de petits épaulements élevés pour les tirailleurs, les Prussiens, solidement établis, fiers d'occuper une situation avancée qui leur permet de foudroyer les régiments débandés, fusillent à bout portant nos volontaires. Eux, sans répondre à ce feu terrible qui les décime, silencieux, abordent l'ennemi avec intrépidité, le chargent à la baïonnette, se prennent avec lui corps à corps et broient ses bataillons comme ferait une trombe des chênes de la forêt.

La lutte se prolonge et se multiplie sur tous les points occupés, avec le même caractère d'impétuosité ardente et soutenue, d'un côté, de résistance opiniâtre, de l'autre.

Bientôt, cependant, le nombre cède à la valeur ; les lignes ennemies plient, reculent et s'ouvrent épouvantées : le plateau d'Auvours était à nous.

Mais à quel prix, Messieurs !

Et combien sont tombés, ici, sur ce Calvaire de gloire ? Du Bourg, le plus ancien soldat du régiment et l'un des meilleurs, le capitaine Belon, vétéran lui aussi de Castelfidardo ; de Bellevue, qui s'était couvert de gloire à Cercottes, dont l'uniforme, à Loigny, avait été percé de sept

balles, dont le sabre avait été faussé par une huitième ;
l'abbé Fouqueray, frère d'un de nos camarades, qui
avait suivi le bataillon pour remplacer l'aumônier, le
R. P. Doussot, dominicain, prisonnier de la veille.
Le jeune prêtre voulait, dès le commencement de
l'action, se précipiter dans l'ouragan de feu : on le
retint. Mais quand il vit tomber les zouaves — comme
les épis mûrs sous la faux du moissonneur — il
courut en avant, superbe sous les balles, et fut tué
sur le corps même de M. de Bellevue : de grosses
taches rouges, ô spectacle sublime, tombant du front
de l'homme de paix, glissèrent lentement sur les
joues pâles de l'homme de guerre.

Le sang du prêtre se mêlait ainsi, Messieurs, au
sang du soldat !

Je vois encore près des lieutenants Lebailly, Bon-
vallet et Garnier, blessés au champ d'honneur, d'autres morts non moins aimés : Joseph de Vaubernier,
Féligonde, le sergent Lemarié, un des paysans de la
vieille Vendée, qui apportaient parmi nous le type
austère de leur race héroïque; Pelletier, de Geoffre et
les deux Fockedey, ces frères charmants qui ont laissé
un souvenir si pur de leur vaillance ; Augustin du
Clésieux, un des noms les plus honorés de la Bretagne,
promis à tous les succès parce qu'il pouvait justifier
toutes les espérances ; Charles de la Noüe, fils unique,
doué des plus attrayantes qualités d'esprit et de cœur.
Son vieux père, sa mère si tendre, l'ont cherché
longtemps, mais en vain, dans le château solitaire
que la mer bat d'un éternel gémissement et dont il

était la douce joie; Grouazel, enfin, officier du 6ᵉ bataillon des mobiles des Côtes-du-Nord, comme Augustin du Clésieux et Charles de la Noüe, mais lui, presque un vieillard. Il était retraité comme maréchal des logis chef de gendarmerie, décoré de la Légion d'honneur, honoré d'une médaille pour son dévouement dans l'épidémie de choléra de 1866. On lui disait : « Pensez à votre famille dont vous êtes l'unique soutien. » Grouazel, Messieurs, ne voulait penser qu'à la France !

Cent autres noms échappent à ma mémoire et qui tous méritent à jamais d'être gravés dans la reconnaissance du pays, comme ils le sont, j'en suis sûr, dans le livre de vie et dans le cœur de Dieu... Voilà pour ceux qui tombèrent, face à l'ennemi, et ressentirent, en expirant, cette joie suprême faite de douceur et de gloire dont parlent les anciens : *Dulce et decorum pro patria mori.*

※
※ ※

Messieurs, qui avez pris part à ces combats, qui avez payé de votre personne, de votre sang, c'est votre éloge que je viens de faire, c'est à votre vaillance que le patriotisme chrétien a élevé ce monument grandiose, devant lequel le voyageur emporté sur la voie ferrée s'incline avec respect. C'est à vous, mon Commandant (1) qui, à pareil jour, il y a un quart de siècle, avez si vaillamment conduit à la mort, à la gloire, le premier bataillon des zouaves...,

(1) M. le Commandant de Moncuit.

ces soldats du Pape, devenus les soldats de la France, et quels soldats!

Ah! puisse Dieu vous garder longtemps, bien longtemps encore à la Patrie tristement amputée elle-même!

La Patrie, la sainte Patrie, « dont l'amour, a dit un Sage de l'antiquité, renferme tous les autres amours et pour laquelle aucun homme de bien ne peut hésiter à mourir », (1) sait admirablement, par son histoire, ce qu'elle peut attendre de ces Français qui n'ont plus d'entier que le cœur. Ne prêchent-ils pas d'exemple? C'est à l'un de ces glorieux mutilés qu'un de nos plus grands rois, Henri IV, écrivait, après la bataille d'Arques : « De serviteurs tels que vous, j'estime tout bon, même les morceaux. »

Votre courage est visible, mon Commandant ; il a été écrit sur vos membres à Castelfidardo, à Rome, par le fer des Piémontais; à Loigny et à Auvours, par le fer des Prussiens : c'est beau, c'est très beau, d'avoir été ainsi visé, atteint, et par les ennemis de l'Eglise et par les ennemis de la France!...

Avant de finir, je dois une parole de gratitude, au nom de tous mes camarades, aux zouaves de Longueval-d'Haraucourt, Descars, Courdoux et Vérité.

Charette leur avait dit : « Je demande pour le 11 janvier, 25ᵉ anniversaire de la bataille d'Auvours, un souvenir, une prière à la mémoire de mes fils tombés pour la France, en des jours de malheur:

(1) Omnes omnium charitates patria una complectitur pro qua quis bonus dubitet mortem oppetere. (Cicéron).

groupez les anciens combattants. » Et les manda-
taires du Général ont travaillé si bien, Messieurs,
avec un si parfait dévouement, que tous les survivants de l'année terrible qui ont pu venir des quatre
points du Pays, du Nord et du Midi, de l'Ouest et
des Provinces en deuil, sont là, tous émus, c'est vrai,
mais profondément heureux de se retrouver une dernière fois, et d'entourer l'illustre soldat qui, de par
ordre supérieur, ayant été à la peine, il y a vingt-
cinq ans, devait être, aujourd'hui, à l'honneur.
Merci donc à vous, braves cœurs, qu'on est toujours
sûr de rencontrer au premier rang, quand il s'agit
du service de Dieu et de la Patrie, comme vient de
le dire, à notre banquet fraternel, dans un toast des
plus aimables, le lieutenant Bonvalet.

Merci à vous, Monsieur et très digne curé d'Yvré-
l'Evêque, (1) pieux gardien de l'ossuaire où dorment
dans la paix, en attendant la gloire, les restes de
nos martyrs.

Merci à vous, bon prêtre, qui nous avez ménagé
cette ineffable rencontre.., au pied de la croix
d'Auvours !

Nos martyrs ! Oh ! je suis sans crainte aucune à
leur endroit, car je sais qu'ils seront bien gardés !

⁎

Plus qu'un mot, Messieurs et chers compagnons
d'armes. Dans l'un des nombreux récits publiés sur
la guerre, j'ai lu que le général Gougeard, enfant de

(1) M. l'abbé Bouhours.

cette fidèle Bretagne si prodigue du sang des siens quand la Patrie en danger jette le cri d'alarme, aurait dit, avant d'expirer: « Je demande à dormir mon dernier sommeil, sur le plateau d'Auvours, à l'ombre de la croix. »

Elle est belle, noble et chrétienne la pensée du marin: une tombe et une croix; l'immortalité dans la mort!... Parce qu'en effet qui meurt pour son pays, meurt pour le devoir, meurt pour Dieu. Puisons là, dans la vue de cette croix, un autre enseignement encore. Voyons-y un symbole des résurrections réservées par Dieu à notre chère Patrie. La France a pu fléchir un moment sur les champs de bataille; vingt fois, des rivaux ont cru que c'était fini d'elle: vingt fois, elle s'est relevée. Placée aux carrefours des grands chemins de l'Europe, elle a souvent entendu le pas des conquérants, elle a vu de puissantes hégémonies s'élever autour d'elle et contre elle; mais, vous le savez, martelée par l'adversité, forte de ses traditions nationales, convaincue de la nécessité de son rôle progressif et civilisateur au sein de l'humanité, elle a toujours eu le bout des envahisseurs. La France, Messieurs, ne meurt pas, parce qu'au jour de ses douleurs elle se souvient de la croix, elle s'appuie sur la croix: la croix pour les nations aussi, c'est la résurrection et l'immortalité.

Aujourd'hui donc que nous avons ressaisi notre épée brisée, ah! pour qu'elle ne tombe plus de nos mains, appuyons-la, cette épée française et chrétienne, sur la croix, à l'ombre de laquelle reposent nos morts. Et arrière toutes les tristes incroyances qui, en dissolvant l'âme de la France, briseraient de nouveau sa valeur! La foi et la vaillance, voilà, Messieurs, l'âme française! Nos anciens preux ne les séparaient jamais. La croix avec l'épée, voilà, ô France, ton symbole et le gage de ton indomptable espérance! Maintenant si jamais — le ciel nous en est témoin, nous ne le désirons pas — si jamais le moment redouté et toujours menaçant arrivait, si, en dépit de solennelles affirmations, comme le disait l'autre jour, à Coulmiers, un éloquent évêque, les épées sortaient du fourreau, si les canons s'alignaient sombres, si la Patrie convoquait ses fils, tous ses fils, pour livrer les décisifs combats, épaules pressées contre épaules, et surtout, n'est-ce pas? cœurs pressés contre cœurs, si le Drapeau se dressait au-dessus des bataillons en armes, qu'il parte fier et revienne triomphant!

Nous voulons que les victorieux d'alors se souviennent. Nous voulons qu'ils accourent à ce plateau funèbre dont chaque motte de terre a bu le sang des braves et qu'ils y plantent un laurier, eux, les vengeurs d'une dure querelle. Son parfum réjouira ces ossements chéris, et son immortel feuillage symbolisera la gloire dont jouissent, auprès du Dieu des combats, et parés de leurs blessures comme d'un diadème, les héros martyrs du devoir, de la justice et de l'intégrité du sol sacré de la Patrie.

SAINT MICHEL ET LA FRANCE
ALLOCUTION

PRONONCÉE DANS L'ÉGLISE DE LA VISITATION DU MANS,

LE 29 SEPTEMBRE 1897,

A L'OCCASION D'UNE MESSE POUR L'ARMÉE

————

MESSIEURS,

Sans remonter jusqu'au temps de la synagogue où le peuple juif, gardien de la tradition révélée, rendait au Prince des milices du ciel des hommages de reconnaissance et l'appelait à défendre sa double unité religieuse et nationale, sans parler de saint Michel, protecteur de la Sainte Famille et consolateur de l'agonie de Jésus, il nous plaît d'interroger l'histoire de la France et d'y chercher les signes manifestes d'une piété toujours récompensée et d'une miraculeuse intervention. Le peuple que Shakspeare a magnifiquement appelé le « Soldat de Dieu », le royaume qui passait pour le plus beau après celui du ciel, la France, fille aînée de l'Eglise, ne sont-ils pas, en effet, les héritiers et les continuateurs de la tradition hébraïque et ne portent-ils pas ensemble le sceau d'une véritable prédestination ? Nous l'avons déjà dit et nous le répétons avec un religieux patriotisme : la mission de la France, nouveau peuple de Dieu sous la loi nouvelle, ne laisse aucun doute à l'esprit sérieux et attentif qui la suit pas à pas depuis Clovis jusqu'à l'époque contemporaine : jamais indifférente, toujours ardente et passionnée, tour à tour enthousiaste du beau et du bien, puis éprise du crime et de sa laideur, elle se dégrade et se relève; mais aux heures de sa fortune et de sa gloire, elle est, comme saint Michel, la droite de Dieu, chargée de châtier la révolte et de faire rayonner sur le monde les grâces et les lumières de la civilisation chrétienne. Aussi, par une association pleine de charme et de simplicité, chacune de ses meilleures étapes, dans la longue suite des siècles, garde-t-elle le souvenir d'une invocation à saint Michel, d'une apparition, d'un secours surnaturel, d'un trait qui confond l'incrédulité et ne permet jamais à l'âme attristée de rester sans espérance. « Ce grand Archange — c'est une réflexion de Joseph de Maistre — est comme l'âme du peuple français, et le peuple français est comme une incarnation vivante de ce grand Archange. »

Ici, Messieurs, vous m'arrêtez par une objection qui se présente naturellement à l'esprit : Saint Michel n'est-il pas le défenseur de tous les États chrétiens, aussi bien que de la France? Je veux prévenir vos jugements et vous introduire dans les desseins de Dieu.

Pour arriver à ses fins, Dieu se sert ici-bas tantôt des individus et tantôt des peuples. Quand un peuple se met ouvertement à sa disposition, pour le servir à

la face du monde. Dieu envoie à ce peuple des protecteurs célestes ; et s'il existe d'une part un dévouement
généreux et complet, de l'autre il existe un paiement
en succès et en gloire que la divine justice se charge
d'effectuer à bref délai. Tel est le sort de la France
dans la destinée si variée des peuples chrétiens. Suivez, en effet, ma pensée, et bientôt vous posséderez
le secret des prédilections de saint Michel pour notre
chère Patrie.

Oui, Messieurs, Dieu a toujours à lui sur la terre
soit un peuple soit un homme dont il fait son œil, son
bras et parfois son tonnerre. Quand c'est un homme
seulement, cet homme vaut à lui seul une légion.
Quand c'est un peuple, ce peuple surpasse tout son
temps et porte à son front l'auréole de l'héroïsme et
de la gloire. Pour nous bien convaincre de ces vérités,
parcourons rapidement les annales du monde et ne
marchons que sur les cimes de l'histoire. Nous voyons
d'abord apparaître d'illustres personnages, Seth, Noé,
Abraham et la suite des saints Patriarches. La nation
choisie se forme sur un sol étranger et ennemi ; mais
on sent que Dieu est là. Il y est dans une suite
d'hommes célèbres et de fameux capitaines, Moïse,
Josué, les Juges. Puis viennent ces rois immortels
que Dieu enrichit de tous les dons et qu'il arme de
toutes les puissances. — Ce n'était alors qu'une
figure de l'avenir. Le peuple juif, n'est qu'une
prophétie en permanence; il disparaît comme peuple, et, avec Jésus-Christ, commence un nouveau
monde.

Pendant trois cents ans, l'Eglise combat ; elle se fonde dans le sang et le martyre, sans voir venir personne à son secours du côté de la terre. Arrive enfin Contantin, l'homme de la Providence. Mais ses successeurs ne comprennent pas leur mission ; au lieu de protéger l'Eglise, ils l'entravent, la jalousent et la tourmentent. Dieu ne veut pas de ces empereurs comme instruments. C'est alors qu'il choisit les Francs pour défendre l'Eglise et former sa garde vigilante et dévouée. Les Francs répondent à l'appel divin ; leur souverain victorieux en tête, ils vont au baptême en foule. Bientôt cette nation, la première accourue à la voix d'en-haut, passe tout entière sous les drapeaux du Christ et reçoit de Rome le titre de fille aînée de l'Eglise : « Daigne le Seigneur, écrivait le pape Grégoire IX à Clovis, accorder à vous et à votre royaume sa divine protection ; qu'Il ordonne à saint Michel, votre prince, établi pour les enfants de votre peuple, de vous garder dans toutes ses voies et de vous donner la victoire sur tous vos ennemis. »

Le nouveau peuple de Dieu est trouvé. Voilà celui qui doit être à la fois et le bouclier et l'épée de l'Epouse du Sauveur. Mais le souverain Maître n'est pas ingrat ; s'il aime qu'on se déclare hautement pour lui, vite il répond aux avances de ceux qui défendent sa cause. La France s'est faite à Reims son homme-lige ; il lui envoie son Archange, l'Ange des batailles et des triomphes. Cet envoi providentiel est, si j'ose ainsi parler, comme le sceau de l'alliance entre Dieu et le peuple élu. Saint Michel choisit lui-même sa citadelle et son asile sur un célèbre rocher, assis aux flancs de l'Aquilon. C'était la réponse du Très-Haut à notre Patrie, quand elle se fut déclarée sa vassale. A dater de ce jour, cette race intrépide et guerrière des Francs marche à la tête des peuples. Toujours sûre de son angélique allié, elle porte partout la lumière avec les libertés sacrées de la foi chrétienne. Partout où elle passe, les chaînes tombent, la tyrannie disparaît, la barbarie recule épouvantée. A peine saint Michel a-t-il pris possession de son sol, que la France se fait reconnaître, à son allure et à ses coups, comme la maîtresse du monde.

∗

Trois siècles après la victoire de Tolbiac, Mahomet, fléau de Dieu, comme Attila, ramassant à la pointe du cimeterre le matérialisme païen, avait lancé, à pleine course, sur la Chrétienté, ses fougueux et sanglants escadrons. Puis, comparant avec orgueil ces étranges apôtres de son fantastique évangile aux pauvres pêcheurs de la Galilée, il disparut fièrement, convaincu que le monde allait bientôt appartenir au plus fort et au Coran.

Un moment, la destinée sembla donner raison à ce brutal despote de la conscience humaine; déjà les fanatiques exécuteurs de son belliqueux testament avaient franchi les monts, les déserts et les océans. Maîtres de l'Asie jusqu'au Gange, de l'Afrique jusqu'au détroit, ils foulaient le sol sous le sabot de leurs chevaux; ils étaient au cœur de la France.

— 147 —

Clovis dormait dans sa tombe; sa race, prête à s'éteindre, dormait sur le trône. C'en était fait, humainement parlant, de la civilisation. Mais le peuple franc, baptisé par Rémi, n'était pas mort. Les dynasties, Messieurs, peuvent changer et les races royales s'éteindre : la Patrie leur survit. Les fils des vainqueurs de Tolbiac se levèrent, et cette armée sans roi, trouvant soudain dans ses propres rangs un chef nouveau pour un nouveau péril, s'élança au devant de ces hordes sans nombre, les écrasa dans les plaines de Poitiers et l'histoire, voyant Charles Martel à sa tête, debout sur les cadavres de deux cent mille musulmans, salua, pleine d'admiration, le sauveur de la Chrétienté.

Mahomet n'avait jamais croisé son cimeterre avec une épée franque, quand il promettait aux siens la conquête du monde. A cette épée si loyale et si vaillante, touchée par une goutte de sang au Calvaire et par une goutte d'eau à Reims, trois heures avaient suffi pour briser toutes les armes électrisées à La Mecque et trempées à Damas...

Mais saint Michel, me direz-vous ?

J'y arrive. A l'heure où Charles Martel était aux prises avec les barbares qui avaient projeté l'anéantissement du nom chrétien, la France à genoux appelait à son aide la protection du héros céleste : bientôt les proportions de la victoire sont telles et suivies d'une si éclatante déroute des légions mauresques, que, dans les élans de sa reconnaissance, elle lui confère le titre de souverain et de protecteur des Gaules

10..

(Patronus et princeps imperii Galliarum) et que ses étendards en prennent le nom et l'image.

A partir de ce moment, tous les chemins se couvrent des foules avides de visiter, en son sanctuaire aérien, le protecteur de notre bien-aimé pays. C'est là qu'empereurs, rois, princes, guerriers innombrables viendront demander à saint Michel, avec le secret de la victoire, le génie qui doit présider aux batailles. Charlemagne — cet homme si grand que la grandeur a pénétré son nom — ouvre le premier la route du célèbre sanctuaire ; et, plein de gratitude pour la protection de l'Archange, il reconnaît Michel comme le protecteur de la France.

Cent ans après, quand les farouches enfants du Nord quittent leurs régions sombres et glacées pour s'abattre comme l'ouragan sur les côtes de la Neustrie, c'est au mont Saint-Michel, sous les ailes de l'Archange, que se réfugient, pour échapper à la tempête, les habitants d'Avranches et d'alentour. Alors que les terribles envahisseurs promènent sur leur passage la dévastation et la ruine, alors que les villes sont saccagées, les églises incendiées, les prêtres égorgés, alors que c'est partout le fer, le sang et la mort, le mont de l'Archange est respecté ! Que dis-je ? Rollon le vénère et c'est à lui, à ses guerriers que la collégiale doit ses premières richesses et même, remarque un chroniqueur, « ils n'eurent après Dieu et la Vierge oncques plus cher patron. »

Saint Michel ne dédaigne pas de se faire l'allié de Guillaume, partant pour la conquête de l'An-

gleterre, et son étendard, porté fièrement par
Robert de Mortain, est au plus fort de la bataille
un signe de si puissant ralliement que Robert,
après cette victoire d'Hastings qui devait placer
au front du duc de Normandie le diadème d'Alfred
et de saint Édouard, en retrace ainsi le recon-
naissant souvenir : « Moi, comte de Mortain, par
la grâce de Dieu, fais savoir à tous les enfants
de la sainte Église, notre mère, que je portais pendant la guerre l'étendard de saint Michel. »

*
* *

Nous voici à la guerre de Cent ans.

La France, pareille à un vaisseau submergé qu'on
ne voit plus que par le haut des mâts, semble perdue
pour toujours.

Une femme sans pudeur, indigne de porter la double
couronne de la maternité et de la royauté, Isabeau
de Bavière, avait abusé de la démence de son époux
pour conclure le honteux traité de Troyes. Plus
d'armée régulière; un trésor vide; partout le désordre, l'incurie, le découragement. A Londres et à
Paris la monnaie publique était frappée à l'effigie de
Henri VI de Lancastre, intitulé roi de France et
d'Angleterre, tandis que nos vainqueurs donnaient
à Charles VII l'appellation dérisoire et presque vraie
de « roi de Bourges », et encore ce titre sera-t-il
singulièrement menacé lorsque les Anglais, pous-
sant toujours en avant leur conquête, viendront mettre

le siége devant Orléans, boulevard de la ligne de la Loire et protection des provinces du Midi.

En vérité, quand on relit l'histoire lamentable de ce demi-siècle, depuis 1380, il semble, qu'avec Dante, on descende un à un les cercles toujours plus sombres de cet enfer sur les portes duquel le poète florentin a lu ces terribles paroles : « Vous qui entrez ici, laissez toute espérance. »

Messieurs, interrogez vos annales, et dites-moi à quelle époque fûmes-nous plus près de périr? Après Pavie, il nous resta l'honneur; après Denain, nous avions encore la constance de Louis XIV et l'épée de Villars; en 1792, l'héroïsme populaire fit reculer l'Allemand; en 1814, on put croire que l'Europe céderait une fois de plus au génie de Napoléon; en 1870, vingt défaites glorieuses honorèrent nos malheurs; sous Charles VII, tout est perdu : c'est l'heure unique dans l'histoire de la « grande pitié ». Pourtant, sur les côtes de la Normandie, occupée par l'armée anglaise, tenait un seul point défendu par l'héroïsme de 119 chevaliers, commandés par Jean d'Harcourt et protégé contre l'investissement par l'intermittence des flots : c'était la forteresse où régnait l'archange saint Michel. Après une résistance opiniâtre, la lutte avait repris avec une nouvelle fureur, et, fort de son nombre comme de ses succès, à l'abri derrière le rocher de Tombelaine, l'ennemi, dans sa superbe insolence, prétendait n'accorder ni trêve, ni merci, immoler la garnison et fouler aux pieds le blanc étendard qui, faisant faisceau avec la bannière de saint Michel, défiait seul le lion britannique.

Tombelaine, c'était là que les Anglais se cachaient ; et c'est à l'ombre du bastion que religieux et chevaliers épiaient l'ennemi. Tandis que les uns étaient en prières et les autres courbés sur leurs livres, deux moines en vigie surveillaient l'horizon. Pendant des siècles, le monastère a vécu ainsi : il fallait percer ses ténèbres, ou le Mont était pris...

Le rocher de Tombelaine ne semblait pas s'agiter, on n'avait pas vu d'ombres se mouvoir, la grève ne paraissait pas plus sombre, et, tout à coup, au pied des murailles, des casques, des mousquets, des piques reluisent et cent échelles se dressent !...

C'est l'Anglais qui monte à l'assaut ! Alors la cloche d'alarme sonne à toute volée, l'abbaye devient une place de guerre, les bénédictins jettent leurs livres, saisissent l'épée, et bondissent aux remparts...

A la lueur des torches, on voit courir les chevaliers, le front ceint du chaperon écarlate, le collier d'or tombant sur la cuirasse éclatante...

Pendant qu'ils déchargent leurs mousquets sur les assaillants, les moines saisissent l'extrémité des échelles, chargées de grappes humaines, les arrachent de la muraille, les secouent et les précipitent sur la grève !...

Dans ces ténèbres, c'est une effroyable boucherie... après quoi l'Anglais s'enfuit en désordre sur son rocher, mais pour revenir bientôt, et cette fois avec une armée !

20.000 hommes sont là, pourvus d'une formidable artillerie... Le monastère est foudroyé, la mitraille allume l'incendie, moines et chevaliers tombent frappés... et, au milieu de cette scène de carnage, le Mont flamboie comme un volcan !

Déjà, les Anglais poussent le cri de triomphe, déjà ils entonnent l'hymne des Macchabées... mais, à chaque décharge, leur artillerie enfonce... bientôt les canons sont à moitié ensevelis... au-dessus du sable on n'aperçoit plus que leurs gueules muettes dirigées sur le rocher... Les soldats épouvantés veulent se rejeter en arrière, le sol cède sous leurs pas, ils se sentent pris dans cette lave grise... et, pendant qu'ils se débattent, le flot arrive qui, à la lueur de l'incendie, les engloutit tous, comme autrefois les Egyptiens dans la mer Rouge...

Héros qui vous appeliez d'Harcourt, d'Estouteville, du Homme, de Saint-Germain, d'Aussays, de Guiton, de Verdun, de Bacilly, de la Puelle, qui, à bout de ressources, vendiez votre argenterie et jusqu'aux vases sacrés, pour substenter les chefs et les soldats, ô preux incomparables, l'ennemi est culbuté, sa déroute est complète. La victoire est à vous ! A qui faut-il l'attribuer ? L'histoire répond : à votre bravoure ! Mais vous avez complété vous-mêmes la réponse de l'histoire. Quand Dunois vient vous complimenter au nom du roi : « Nous avons triomphé, lui dites-vous, par l'aide de Dieu et de Monseigneur saint Michel, prince des chevaliers du Ciel. » Vos ennemis, du reste, l'ont eux-mêmes proclamé : ils avaient aperçu dans les airs et à votre tête, saint Michel armé d'un glaive étincelant.

Quelle page que celle-là, Messieurs! Quelle page pour l'Archange! Quelle page pour la France! Quelle page éclatante en l'honneur de ce roc immortel, seul endroit de notre territoire que n'ait point foulé le pied de l'étranger!

Un écrivain, dont le malheur a trop tôt brisé la plume devenue chrétienne, M. Paul Féval, a raconté ces événements dans son livre : *Les Merveilles du Mont Saint-Michel.* On se demande comment nous avons pu si longtemps les ignorer.

Les péripéties fabuleuses du siège de Troie, sur lesquelles pâlit la jeunesse lettrée de la France et de l'Europe sont bien froides et bien puériles à côté de l'histoire des sièges du mont Saint-Michel au péril de la mer. . . . .

***

A peu près au même temps, à l'extrême limite orientale de la France d'alors, une enfant appelée Jeanne d'Arc, était visitée par des apparitions du Prince des milices célestes. Timide et naïve comme une pauvre petite pastourelle, ne sachant ni *A* ni *B*, Jeanne avait grandi parmi les fleurs des champs, simple et pure comme elles, paissant les troupeaux de son père aux bords charmants de la Meuse. Tout d'abord saint Michel encourage sa vertu, sa pureté, sa fidélité au Seigneur; puis, quand il la juge assez forte pour accomplir sa mission, il revient, se présente à elle sans couronne, mais avec des ailes d'ange, et lui dit ces mots d'une voix forte : « Lève-toi et va au secours du roi de France; tu lui rendras son royaume, » et, comme elle hésite encore, il ajoute : « Tu iras trouver messire de Baudricourt, capitaine de Vaucouleurs; il te donnera des gens que tu conduiras au Dauphin. » Jeanne obéit. L'incrédulité l'accueille, la cour la traite avec dédain; c'est à force de supplications qu'elle obtient d'être présentée au roi, mais alors le miracle se renouvelle et dessille les yeux jusque-là fermés à la lumière. Comment, en effet, la bergère de Domrémy a-t-elle pu reconnaître l'héritier de la couronne, dissimulé au milieu de la foule des seigneurs par la simplicité de son costume? Par une apparition de l'Archange qui lui désigne Charles VII, si bien qu'allant droit à lui, elle le salue en ces termes : « C'est vous qui êtes le roi, et pas un autre. »

L'intervention du Ciel est manifeste, Messieurs, et on altèrerait gravement la physionomie de Jeanne, si, par infirmité de foi et par peur du divin, on s'obstinait à ne voir en elle qu'une sorte d'amazone originale; une émule de cette Camille que Virgile a chantée, rapide à la course, infatigable dans les combats, et portant, avec une grâce enchanteresse, le carquois de Lycie et le javelot fait du myrte pastoral.

. . . . Prœlix virgo
Dura pati, cursuque pedum prœvertere ventos
. . . . Lyciam ut gerat ipsa pharetram,
Et pastoralem prœfixa cuspide myrtum (1).

Si Jeanne a été l'incomparable guerrière à laquelle

(1) Virg. En. Liv. I, v. VII.

vous entendrez les plus hardis capitaines de son temps décerner l'hommage de leur admiration, elle a été surtout une *envoyée de Dieu*, non pas dans un sens métaphorique et poétique pouvant se prêter à toutes les interprétations, mais dans l'acception la plus stricte et la plus exacte de ce mot. C'est là, non pas ailleurs, qu'il faut chercher la cause déterminante des services de premier ordre dont la France lui est redevable.

La parole est impuissante devant cette vierge admirable à laquelle rien ne ressemble, ni dans l'histoire, ni dans la poésie, et dont la beauté surpasse l'idéal même.

Il n'y a qu'une Jeanne d'Arc. Sans modèle dans les âges qui l'ont précédée, elle est restée sans copie dans les âges qui l'ont suivie.

Chacun connaît par cœur sa vie, épopée radieuse qui se déroule des champs de Domrémy aux scènes de Vaucouleurs et de Chinon, des scènes de Vaucouleurs et de Chinon à la délivrance d'Orléans, de la délivrance d'Orléans au jour de Reims et au bûcher de Rouen. Oh ! comme elle est belle la fille du paysan lorrain, donnant sa vie à la cause sacrée de la France et mettant, à ce glorieux service, tous les enthousiasmes de la passion et toutes les profondeurs de l'amour ! Quelle ivresse de la suivre en ses chevauchées, du nord au midi, de l'orient à l'occident, à la poursuite des Anglais qui, par gerbes, tombaient devant son glaive, comme jadis tombaient les Maures devant le Cid Campeador !

Comme elle est grande aussi dans son martyr, au
milieu des flammes... plus grande — on l'a dit —
que tous les chevaliers et les hommes d'armes, plus
grande que les rois de France et d'Angleterre, plus
grande que les deux plus puissantes nations du
monde, dont l'une sauvée par elle ne la sauva pas,
dont l'autre vaincue par elle ne sut que la brûler
vive !

Voilà des faits connus du plus jeune des enfants
de nos écoles, mais, je vous le demande, sait-on de
même que Dieu seul avait suscité cet étrange réveil, que
les étendards français, comme la bannière de Jeanne,
n'ont retrouvé le chemin de la victoire qu'avec ces
deux immortelles devises : « Voici que saint Michel,
l'un des princes de la milice céleste, est venu à mon
secours. — Saint Michel est mon unique défenseur au
milieu des dangers qui m'environnent. » (1)

Il importe de dire ces choses à la France sceptique
du dix-neuvième siècle, en attendant que les arrêts
du Vatican viennent confirmer les audaces de notre
piété et nos patriotiques espérances.....

L'heureuse issue de la guerre de Cent ans contribua,
dans une large mesure, à populariser la dévotion de saint
Michel; des foules énormes accouraient au Mont, fran-
chissant à pied les plus grandes distances; ces pieux

(1) Un érudit, parfaitement versé dans l'histoire de cette période,
le constate en ces termes : « Dans la croyance populaire, il y avait
alors deux personnages surnaturels en qui s'incarnait cette protection
d'en-haut : ces deux personnages étaient l'Archange du mont Saint-
Michel et la Vierge du Puy. » (Jeanne d'Arc et les Ordres Mendiants.
Revue des deux Mondes, 1er mai 1881. Art. de M. Siméon Luce.)

pèlerins, que l'on reconnaissait partout à leur simple
bâton, à la gourde légendaire, se fussent révoltés
à l'idée d'alléger autrement les peines et les fatigues
de la route. Soit par piété, soit par superstition, Louis XI
accomplit aussi le pèlerinage du mont Saint-Michel ;
il y établit même un ordre de chevalerie, dont les
membres, au nombre de vingt-six, portaient un collier,
avec l'image de l'Archange et cette fière devise :
Immensi tremor Oceani.

J'ai vu la superbe salle gothique — le plus grand
vaisseau du monde — où le héraut de Louis XI vint,
il y a près de cinq siècles, proclamer l'ordre de chevalerie :

« A la révérence de mon Seigneur saint Michel-
Archange, premier chevalier, qui, pour la querelle
de Dieu, victorieusement batailla contre l'ancien ennemi de l'humain lignage, le trébucha du Ciel, et qui
a toujours fièrement gardé ce Mont, nous, Roy de
France, afin que tous nobles courages soient plus
émus à toutes vertueuses armes, avons constitué un
ordre de fraternité, ou aimable compagnie de chevaliers, lequel nous voulons être nommé l'ordre de
Saint-Michel. »

... Mais, où sont-ils ces chevaliers ? où sont les
bannières et guidons de Monsieur saint Michel ? où
sont les voiles des casques, flottants ? où sont les
dragons d'or sur les cimiers ?

— Où sont-ils ces autres hommes, ces hommes de
prière, de travail et de combat, ces hommes de la
« Cité des livres » qui, la truelle d'une main et l'épée

de l'autre, bâtissaient le monastère en guerroyant chaque jour, ces hommes qui, lorsque la moitié de la France était déjà conquise, n'ont *jamais* permis à l'Anglais de mettre le pied sur leur Mont ?

Où est le temps où Duguesclin, allant rejoindre ses hommes d'armes, saluait le prieur « Capitaine du Mont », et laissait sa femme dans la haute tourelle, occupée à prier et à étudier les astres ?............
Alors l'épouse disait au chevalier :

> .... Suivras-tu donc toujours
> Les sanglants étendards de ton Dieu Brise-Tours,
> Pour tomber sous les coups d'un canon ensoufré ?
> .... Ah ! demeure en ton fort, éloigné des hasards !

Le chevalier répondait :

> Eh quoi ! voudrais-tu bien que par ma nonchalance
> Tout ce pays tombast en peine et en souffrance ?...
> .... J'acquerrai plus d'honneur,
> Combattant vaillamment, de tomber sur la place,
> Et bastir mon tombeau au creux de sa cuirasse
> Que d'attendre craintif, la mort à mon foyer.
> Le los sera plus grand de hardy guerroyer
> Par les champs l'ennemy de ma province chère,
> Q'enfermer en un fort ma vie casanière...

Cependant, le mont Saint-Michel s'illustra encore, et fut, comme par le passé, la forteresse au pied de laquelle vint se briser et échouer un nouvel et terrible assaut : celui de la Réforme. L'Archange qui avait déployé la vigueur de son bras pour anéantir les ennemis de la France, pouvait-il rester insensible en face des ennemis de l'Église ?

Non, Messieurs, non.

En vain, les calvinistes, sentant bien que la force est impuissante, ont recours à la ruse et se déguisent en pèlerins. — En vain, s'écrient-ils, dans l'orgueil d'un triomphe prématuré : « Ville gaignée! ville gaignée! » La Moricière accourt avec une poignée d'hommes et culbute l'ennemi. — En vain, Montgomerry surprend la ville; les moines défendent la citadelle à outrance. Que l'attaque se prolonge pendant des années, que les combats se succèdent sans trève, sans relâche, à chaque crise, le Prince éthéré, qui constamment veille, suscitera des défenseurs. Vierge du joug de l'étranger, la montagne sera vierge du joug de l'hérésie.

— Elle demeurera catholique et française toujours!

Un grand règne s'ouvrit, Messieurs, et qui oserait affirmer que saint Michel n'appela pas sur lui les bénédictions d'en-haut? Il en est beaucoup qui ne croient pas aux interventions surnaturelles, qui cherchent uniquement dans la fatalité l'explication de toutes les gloires, qui refusent d'imposer à leur intelligence l'étude et la connaissance de toute cause première. Nous ne sommes pas de ceux-là, et nous convions tout homme sérieux et chrétien à méditer et à placer au frontispice des prospérités du siècle de Louis XIV, la sublime prière qu'Anne d'Autriche adressait à l'Archange, lorsque tous les périls réunis menaçaient les débuts de la régence :

« Glorieux saint Michel, prince de la milice du ciel
« et général des armées de Dieu, je vous reconnais
« tout-puissant par lui sur les royaumes et les états.
« Je me soumets à vous avec ma cour, mon État et
« ma famille, afin de vivre sous votre sainte protec-
« tion, et je me renouvelle, autant qu'il est en moi,
« dans la piété de mes prédécesseurs qui vous ont
« toujours regardé comme leur défenseur particulier.
« Donc, par l'amour que vous avez pour cet État,
« assujettissez-le tout à Dieu et à ceux qui le repré-
« sentent.

« Grand Saint, qui avez réprimé la superbe des
« impies, les avez bannis du ciel en y faisant régner
« une paix très profonde, produisez ces mêmes effets
« dans ce royaume. Faites qu'il plaise à Dieu, après
« tous les troubles apaisés, de voir régner en paix
« Jésus-Christ, son cher fils, dans l'Église ; désirant
« de ma part contribuer à le faire régner, soit par
« tous les exemples de piété et de religion que je
« pourrai donner à ma propre personne, soit par les
« autres voies sur lesquelles vous me ferez la grâce
« de m'éclairer. »

Après cela, disons avec une entière simplicité, que saint Michel fut l'ange de la France, aussi longtemps que dura le grand siècle.

. . . .

Depuis le jour où saint Aubert, évêque d'Avranches, conduit par une mystérieuse apparition, a choisi la pre-

mière assise du sanctuaire, le *quis ut Deus* de l'Archange
a retenti dans l'âme de la France, l'a saisie et comme
transformée; et, par un élan simultané, l'oratoire s'est
élevé sur le roc inaccessible, pour être le signe sensible
de la dévotion à saint Michel, tandis que la Patrie,
recueillant toutes ses forces éparses, se constituait sur
une base chrétienne, triomphait des barbares et procla-
mait hautement la puissance de l'intervention surnaturelle. — L'association contractée est devenue une
alliance indissoluble, si bien que les péripéties et les
épreuves n'ont cessé de la fortifier, de la rendre plus
étroite; si bien que la gloire du Mont et celle de la
France s'unissent et se confondent dans une admirable
solidarité ! Que la foudre éclate et détruise l'ouvrage
de la main des hommes, que les catastrophes s'accumulent pour menacer l'existence même du pays de
Clovis et de Charlemagne, il survient tout à coup un
fécond réveil, et le mouvement de piété qui réédifie le
temple est en même temps la réaction providentielle
qui domine et dissipe tous les périls. De chaque ruine
naît un sanctuaire nouveau, plus majestueux, plus
digne du Prince des milices célestes; de chaque
secousse surgit une France plus belle, plus étonnante,
plus admirée du monde, plus chrétienne; et, quand
le simple oratoire de saint Aubert est devenu la basilique sans pareille, où chaque siècle a inscrit son
nom, où chaque grandeur est gravée sur le granit, la
France, de même, atteint son apogée, rayonne sur
l'univers, et s'illustre de telle façon que rien ne semble
manquer à l'édifice de sa gloire.

11

Un mot encore.

***

Le connaissez-vous, ce roc fameux, où le travail des hommes a complété celui de la nature? Avez-vous admiré cette montagne qui se dresse, superbe et sévère, sur les confins de la Normandie et de la Bretagne, ayant à sa base la Cité, au centre le Monastère, au sommet la grandiose Basilique; cette montagne, « debout, au milieu des grèves, avec ses pieds baignés par les flots, son sommet perdu dans les nuages, vrai géant de pierre entre deux immensités »? S'il tient au sol par sa base, il plane pour ainsi dire dans ces hautes régions de l'atmosphère et domine le plus vaste horizon, comme pour réveiller, pour attirer les foules qui dorment du sommeil de la terre et s'endurcissent dans le culte des vanités humaines.

Quels temps, quels hommes! L'année dernière, au pied de ce qu'on appelle « la Merveille », mot qui ne dit pas encore ce qu'il devrait dire, je regardais ce mur qui s'élève, et d'un seul bloc, pour s'épanouir en fusées de colonnettes, de tourelles, de clochetons, œuvre colossale, véritable symphonie de granit, « où la prière est en quelque sorte immobilisée et perpétuée, au milieu de l'Océan et des tempêtes ».

C'est comme un défi porté à la nature, aux implacables lois qui gouvernent ce monde! Il semble que l'homme se soit dit : Dieu a fait pour sa créature des œuvres grandioses et superbes; eh bien! en son hon-

— 163 —

neur, sa créature va faire quelque chose de prodigieux et d'impossible !

Ce rocher est tour à tour au milieu d'une mer qui ne peut rien porter, et d'un sable mouvant que le poids d'un enfant fait s'entr'ouvrir ; eh bien ! sur ces sables et malgré cette mer, nous allons faire venir d'immenses blocs de pierre ; avec ces blocs nous ferons des remparts ; sur ces remparts nous élèverons des bastions ; sur ces bastions nous dresserons un monastère ; sur ce monastère nous monterons des pilliers et des cryptes, et, par-dessus tout cela, nous lancerons une cathédrale qui portera l'Archange dans les nues !...

Voilà ce que ces hommes ont eu la folie de dire, et voilà ce qu'ils ont eu la force de faire ! Et comme cette chose impossible est là, devant vous, vous vous demandez si, dans cette œuvre entreprise pour sa gloire, l'Eternel n'a pas travaillé avec eux !

O triomphe de la foi ! Puissance de l'homme qui croit à quelque chose, et qui, avec le seul élan de son amour pour Dieu, arrive à créer des merveilles que tous les progrès et toutes les découvertes de la science moderne sont incapables de produire !

Ah ! si cette montagne, toujours au-dessus des orages, comme l'emblème de la foi qui ne périt pas, toujours plus haute que l'infortune, si ces antiques remparts et ces tours crénelées savaient parler comme ils ont su résister, quelles scènes étonnantes ils feraient passer sous nos yeux !

Mais de nos jours, demandez-vous, qu'est devenue la protection de saint Michel ? De nos jours, Chrétiens !

11..

Il me semble que Dieu dit à la France, comme autrefois à Daniel : *Noli timere, vir desideriorum !* Ne te laisse pas abattre ; courage, ô nation de la promesse, ô nation qui, jusque dans les malheurs, fixes toujours les regards de l'Eglise, les regards de tous les peuples ! Vois comme tous fondent sur toi leur espoir, et semblent attendre le salut de ta main ! *Pax tibi, et esto robustus !* La paix soit avec toi, cette paix dont tu as tant besoin ! Laisse-là ces éternelles divisions qui te mènent à la ruine ; que les enfants s'embrassent enfin dans la paix, l'union et la fraternité. Sois robuste ; aiguise de nouveau ton courage ; et, malgré les désastres, et, du fond des abîmes, tu peux te relever, regagner les sommets ; reconquérir la gloire des anciens jours. Mais pour cela, prête l'oreille à la voix d'en haut ; reviens aux croyances de tes pères : *Annuntiabo tibi quod expressum est in scriptura veritatis;* redis comme eux dans la confiance : *Nemo est adjutor meus, in omnibus his, nisi Michael.*

Pour vous, ô notre Protecteur ! daignez la regarder encore, la regarder toujours, cette nation que Dieu vous a confiée. Sa générosité inépuisable vous offrait, naguère, une magnifique couronne. Rendez-lui vous-même la couronne qui lui est plus que jamais nécessaire, celle de son antique foi : ce sera pour elle la paix et l'ordre social; la force et bientôt la gloire !

DISCOURS

PRONONCÉ DANS L'ÉGLISE DE SAINT-BENOIT,

AU MANS,

EN PRÉSENCE DES CONSCRITS DE CETTE VILLE

Le Dimanche 7 Novembre 1897.

MESSIEURS,

Vous vous demandez peut-être pourquoi vous avez été invités à cette messe si poétiquement appelée messe du départ.

Je vais vous le dire en toute simplicité.

Comme moi, vous savez par quelles phases a passé dans notre pays la loi militaire. Vous savez qu'après avoir été d'abord la loi de tous, dans les temps reculés, chaque homme ayant le droit de défendre et de conserver le sol, plus tard, après les progrès de la civilisation, les devoirs militaires s'étaient restreints ; ils pesaient sur une portion spéciale de la société, sur une classe à laquelle on avait accordé quelques privilèges, à la condition qu'elle acquitterait pour tous la dette du sang.

Mais le mouvement des temps a amené de nouvelles circonstances, et, pour ne demeurer que dans notre pays, ces circonstances sont des plus douloureuses. Voilà plus de vingt-cinq ans que nous portons

devant le monde ce titre, que je ne puis m'empêcher
de trouver odieux, ce titre de peuple vaincu. Peut-
être ai-je trop d'orgueil, peut-être ai-je trop le sentiment, la fibre de l'honneur militaire ; mais entre
nous, Français, nous pouvons bien le dire : il nous
tarde de voir effacer cette épithète qui ne nous
convient pas. Nous sommes un peuple vainqueur et
nous ne pouvons pas nous résigner à être toujours un
peuple vaincu. L'Europe le pense comme nous.
Regardez au cœur de l'ennemi. Pourquoi, quand il a
eu fini de piétiner notre sol, pourquoi, en sa passion
inintelligente, a-t-il mutilé la patrie française?
Pourquoi a-t-il créé cette cause inévitable de batailles
pour demain? C'est qu'il avait peur de nous ; c'est
qu'après avoir vu des enfants à peine formés tenir
devant ses innombrables régiments avec une bravoure
qui leur arrachait des cris d'admiration, il repassait
le Rhin, inquiet, croyant à notre fortune au moins
autant qu'à la sienne. Et, quand je dis cela, je ne dis
que ce qui est. Considérez donc sa politique, depuis
lors. Que fait-il? Pour garder ce qu'il a pris, il passe
sa vie à aller de peuple en peuple, en mendiant, ce
vainqueur d'hier, en mendiant des alliances ! Il lui en
faut, à droite et à gauche. Il lui en faut à tout prix.
S'il l'avait pu, il eût reconstitué contre nous la Sainte-
Alliance, comme après 1815. Pourquoi la triple et
peut-être la quadruple alliance? Eh ! mon Dieu, nous
pouvons bien, nous, l'affirmer hautement, devant
cette jeunesse qui a besoin de savoir ce qu'on pense
d'elle à l'ennemi ; tout cela s'est fait parce qu'on

avait peur des lendemains. Ils se disent, les Allemands : Il y a une telle sève en cette race, il y a un ferment de vie et de courage si étrange, il y a une passion patriotique si vibrante à certains moments !... quand tout cela va éclater, que deviendrons-nous ? Quoi qu'il en soit, c'est de ce besoin, de cet instinct de ménager, pour un jour, pour une heure que nous ne connaissons pas, des forces considérables, que l'on a édicté, en faveur de l'armée, en faveur de son recrutement, des lois multiples ; c'est à cette fin que l'on fait peser sur les troupes et même sur leurs chefs des responsabilités et des devoirs si multipliés. On veut, dans un sentiment louable, dans un sentiment généreux, qu'au moment venu, la victoire soit de nouveau obligée de suivre ces drapeaux qu'autrefois elle connaissait si bien.

Voilà pourquoi l'armée est devenue non seulement l'armée nationale, parce qu'elle doit défendre le pays, mais l'armée universelle..., et pourquoi elle a pris, à notre époque, dans notre temps d'émulation, une valeur si grande. Un général disait naguère, avant de nous vaincre : « Avec le service obligatoire, les Français referaient la conquête de l'Europe. »

J'ajouterai, moi : « *Et avec l'aide de Dieu !* » Dieu, en effet, qui a créé les hommes et les familles, crée aussi les nations ; il prépare leurs destinées et il tient leur sort dans ses mains souveraines et toutes-puissantes. Il est le Dieu des armées, il en reste le maître malgré des inventions merveilleuses, malgré le nombre et la valeur.

Je ne suis pas, Messieurs, le naïf et légendaire admirateur des vertus romaines. Mais il est un point où la Rome antique surpasse manifestement tous les peuples quelle est appelée à vaincre; Rome fut la plus religieuse des nations.

En posant cette loi providentielle de l'histoire, que tous les peuples passeraient sous le joug des Romains, afin d'offrir à l'Evangile un monde sans frontières, Dieu ne s'est point départi de la loi plus haute et plus vaste encore, établie par lui dès l'origine : c'est que le ressort de la nationalité des peuples serait en raison directe de la force de leur caractère et de leur tempérament religieux.

Horace qui ne croyait plus, *déserteur des autels*, comme il le dit lui-même, *le moins crédule enfant de ce siècle sans foi*, Horace ne se méprenait pas sur la cause de la grandeur de son peuple; son génie était plus fort que son impiété. « C'est parce que tu te crois moindre que les dieux, ô Romain, que tu commandes au monde. »

Diis te minorem quod geris imperas. (1)

(1) C'est au ciel que le poète, dans son *Chant séculaire*, demande la vertu des citoyens et la prospérité de l'Etat : « O dieux, disait-il, donnez à la jeunesse des mœurs honnêtes, à la vieillesse des jours tranquilles et à Rome la puissance, la fécondité et la gloire : »

> *Di, probos mores docili juventæ,*
> *Di, senectuti placidæ quietem,*
> *Romulæ genti date, remque prolemque*
> *Et decus omne.*

Et ailleurs :

> *Delicta majorum immeribus lues,*
> *Romane, donec templa refeceris*
> *Di multa neglecti dederunt.*
> *Hesperiæ mala luctuosæ.*

Tout ton passé est là aussi, ô ma France ! rapporte là ton avenir.

Hinc omne principium, huc refer exitum.

. . . .

. . . .

Et, nous appuyant sur l'histoire et la saine philosophie, nous sommes en droit d'affirmer que la foi chrétienne est le principe le plus puissant, le moteur le plus efficace et généralement le seul efficace du courage, de l'abnégation et du sacrifice.

Il y a quelque quatre-vingts ans, un homme qui a rempli de son nom et de ses exploits le monde entier, Napoléon 1er, déclarait la guerre à l'Espagne. Victorieux jusqu'alors, il avait vu tout céder à ses armes et il disait à ses généraux, au moment d'entrer en campagne : « Nous aurons facilement raison de ce peuple, il a été élevé par des moines. » Et ce peuple élevé par des moines, c'est-à-dire chrétien, se dressa devant l'invasion comme un peuple de géants : combattant pour ses autels et ses foyers, *pro aris et focis* — tel autrefois le peuple romain — il abattit le colosse qui écrasait les nations et les rois.

Ces réflexions faites, à vous, mes frères d'armes — aumônier militaire, je vous demande la permission de vous appeler de ce nom qui m'honore — à vous d'apprendre

Ce que c'est que l'armée ;

Ce que c'est qu'un soldat ;

Quelle est la dignité, quels sont les devoirs d'un soldat.

L'armée est une image réduite de la nation, dans laquelle toutes les classes sont mêlées et astreintes à un contact constant qui peut amener les plus heureux résultats; les niveaux y sont rapprochés, les castes sociales confondues dans une même communion d'idées, dans le dévouement à la Patrie, qui est la plus haute expression des vertus civiques ; tous, chefs et soldats y puisent les principes de la discipline qui obligent à l'exécution des lois, qui font braver les dangers sans crainte et constituent la véritable force de la société.

Ainsi envisagée, l'armée devient une vaste école où le jeune citoyen apprend à connaître de nouvelles forces morales et sait de suite acquérir et partager les sentiments d'abnégation, d'honneur et d'amour pour la Patrie : ensemble immense et sublime en dehors duquel un peuple ne peut vivre heureux et puissant.

Dans ce noble milieu, dégagé des passions qui divisent la société, il n'y a qu'une préoccupation, il n'y a qu'un souci, un seul, celui de l'honneur; l'officier et le soldat ont l'un pour l'autre cette estime réciproque qui prend son origine dans le savoir du premier et dans le dévouement du second, dans la participation à des privations et à des périls communs, qui pousse aux plus héroïques sacrifices et qui donne à la discipline une base inébranlable.

Et tous les deux comprennent ainsi que la *vie* n'est pas et ne peut pas être un banquet où l'on passe ses jours et ses nuits à chanter ou à rire, ni même une académie où, sans jamais les résoudre, on discute agréablement sur toutes les questions entre deux verres d'eau sucrée.

L'armée, enfin, est une *école de virilité*. Vous y apprendrez, l'art d'être fermes avec calme, d'être forts sans vaines audaces et contenus sans inertie. Vous y contracterez la résolution d'esprit, qualité maîtresse des hommes appelés à conduire d'autres hommes.

Vous y grandirez vraiment si, par la force de volonté, vous parvenez à compter parmi les meilleurs marcheurs, les meilleurs tireurs, les plus robustes, les plus ordonnés, en un mot, à être classés parmi les bons soldats.

Au régiment, je l'ai dit, on assiste à la fusion de toutes les classes de la société, à la réalisation du plus utopique des rêves d'égalité et de fraternité. Sous l'implacable uniformité de la tenue, vous ne reconnaissez plus le millionnaire du pauvre diable. (1) Un

(1) Une chose de nature à faire souffrir tout bon Français, chose qu'un patriote ne peut patiemment supporter, c'est la liberté trop souvent donnée aujourd'hui de gouailler le soldat, de rire du troupier que l'on traîne sur les planches de la comédie, ou dont on placarde l'image, comme un objet de gaudriole, soit à la vitrine des libraires, soit à l'étalage des kiosques licencieux.

Pour mon compte, quand je le vois représenté sur une scène quelconque, débraillé, ridiculement équipé, le képi en arrière ou de travers, gauche dans sa démarche, les mains épatées dans des gants démesurés, l'air bête, débitant des naïvetés ou des insanités grossières, je me sens mal à l'aise, blessé dans mes sentiments patriotiques. Rire légèrement du soldat, c'est rire de son défenseur ; c'est faire preuve, à la fois, de mauvais goût, de mauvaise éducation, de mauvais cœur et de sottise. Une société qui se moque de ses officiers, de ses soldats, en permettant qu'on les mette au niveau des

fils de banquier tutoie cordialement un fils de chiffon-
nier. Cet adorable « tu » qui, d'instinct, efface toutes
les inégalités sociales, constitue la caractéristique de
l'esprit militaire.

Combien d'amitiés durables et défiant toutes les
conventions mondaines ne se forment pas au régiment
entre hommes partis des deux bouts de l'échelle sociale
pour se retrouver frères du même pays et du même
sang, sous les larges plis du Drapeau !

Combien de préjugés, de haines ou de rancunes ne
tombent pas sous l'action de cette vie en commun
qui met ces heureux jouvenceaux de la vingtième
année en contact direct avec les instincts les plus
généreux et la camaraderie la plus charmante !

Un labeur commun, des fatigues partagées, des
corvées similaires, un régime uniforme, une cohabi-
tation continuelle font plus pour amalgamer les différentes classes de la société que les théories les plus
philanthropiques et les serments les plus solennels.

Chacun sort de l'armée en emportant dans la vie
civile un sentiment de solidarité qui survit à toutes
les conditions. L'armée est le creuset où se fond et se
retrempe perpétuellement l'unité nationale.

pitres et qui se plaît à la lecture de *Ramollot*, est une société en
décadence. Elle se prépare à la débâcle...

On ne riait pas des militaires sous Napoléon Iᵉʳ.

Sans doute on excusera le rire par la légèreté. Je sais fort bien que
non méchant,

　　　　Le Français rit de tout, même de ses malheurs ;

mais je trouve que c'est malheur d'être léger au point de ne savoir
rien respecter.

Rappelez-vous cela, chers camarades, quand, à certaines heures, l'exercice vous semblera trop dur ou la corvée trop pénible.

***

Chez les anciens, on était élevé à la noble condition de soldat par une cérémonie pleine de pompe et de beauté. Les historiens profanes en donnent le détail, que les curieux peuvent aller chercher. Cette forme solennelle avait passé dans les usages des peuples chrétiens. L'Eglise l'approuva et lui donna la perfection surnaturelle qu'elle met en tous ses établissements ; elle l'orna des rites les plus saints, elle en fit un de ses sacramentaux qui confèrent une grâce propre. Il n'y a qu'à lire dans le Pontifical romain et les eucologes, les chapitres tout spendides de poétiques prières et de cérémonies symboliques, où on crée et bénit le soldat. L'épée, le bouclier, le casque, le drapeau, nobles instruments y ont leur consécration. Rien qu'à parcourir les titres de cette sainte liturgie, on est ému. Si aujourd'hui, avant de revêtir son armure, le soldat ne passe plus par de semblables consécrations, il n'en reste pas moins destiné à une mission divine. Force animée et vaillante des peuples qui adorent Jésus-Christ, il conserve un fonds d'aptitudes glorieuses. Le soldat de la France, nonobstant des interruptions, résultat de rapides méprises, ne l'a jamais perdu. Le génie de sa nation profondément catholique, le ramène sans cesse aux champs de guerre où sont engagés les intérêts de l'Eglise.

Ne voyez-vous pas sur ses autels un saint Maurice, un saint Victor, un saint Louis, ce guerrier magnanime qu'elle vous propose pour protecteur et pour modèle? N'est-ce pas un pape, un pape français, Urbain II, qui le premier criait : *Aux armes!* et enseignait, il y a neuf siècles, aux armées de la France, le chemin de l'Orient, qu'elles ont, depuis, si glorieusement retrouvé ?

Non, non, votre noble profession n'est point étrangère à l'Eglise! A ses yeux, rien de plus beau, rien de plus glorieux, rien de plus sacré que la mission du soldat.

Un homme, dépassant de mille coudées les poètes contemporains, plus grand que les hommes d'Etat produits par la tribune : Michel-Ange, voulut un jour personnifier *la pensée* dans une œuvre empreinte de la maturité de son génie. Il sculpta une figure connue du monde sous le nom d'*il Pensiero*, la pensée.

Il n'existe pas dans les arts d'autre personnification de la méditation. Cette figure est le seul type du recueillement et de la pensée profonde. Michel-Ange, ne l'a pas habillée en philosophe, ni en religieux, ni en poète, ni en artiste, ni en théologien, ni en docteur, ni même en pape. Et cependant ces types divers de penseurs ne manquaient pas, dans le passé ni dans le présent, au siècle et au pays de Michel-Ange et de Raphaël, du Corrège et de Léonard de Vinci, de Dante et de Savonarole, de Marco Polo et Christophe Colomb, de Machiavel et de Galilée, de saint Fran-

çois d'Assises et de saint Thomas d'Aquin, de Jules II,
de Léon X et de Clément VII.

Or, savez-vous comment Michel-Ange a voulu habil-
ler *la Pensée ?* — En soldat !

> Le marbre le plus pur, créé par Michel-Ange
> Est un jeune guerrier, triste et beau comme un Ange.
> L'artiste l'a sculpté, languissamment assis,
> A l'angle du tombeau de l'un des Médicis.

Ce type de la pensée, Michel-Ange ne l'a pas affu-
blé de la robe du rhéteur, ni drapé dans la chlamyde
du tribun ; il l'a sculpté dans la cuirasse de l'homme
de guerre, il a mis sur son front qui médite, le casque
de fer du soldat. Pourquoi ? Parce que le génie de
Michel-Ange avait deviné la mystérieuse cause qui fait
que chez tous les peuples, dans toutes les classes, à
toutes les époques, le guerrier est en honneur.

L'instinct dit aux peuples, et le génie l'a dit à
Michel-Ange, que, parmi tant de glorieux exemples,
parmi tant d'immortelles victimes, tant de nobles
martyrs ou serviteurs de la pensée, se dévouant à un
culte, illustrant un siècle ou un pays, seul entre tous, le
soldat de tous les siècles et de tous les pays en est la
victime toujours prête, le défenseur toujours armé,
le serviteur, l'apôtre et le martyr éternel.

C'est la traduction chrétienne de l'antique allégorie
qui faisait sortir Minerve du cerveau de Jupiter :
Minerve, la sagesse *armée*, le casque en tête, le fer à
la main.

Qui ne comprend dès lors que l'armée est *une puissance morale de premier ordre*, joignant à la solitaire

menace de son épée, la haute leçon de ses exemples.

Quelle que soit la forme des gouvernements, les armées resteront toujours le boulevard des nations : elles sont la dernière raison de la liberté comme de l'autorité, parce qu'elles sont la dernière sauvegarde de la civilisation et de la société.

L'armée subsistera chez les peuples, aussi longtemps que le *foyer domestique*; tous deux sont solidaires et tous deux sont sacrés : l'un est le sanctuaire de la Patrie, l'autre en est l'ange gardien.

Si le salut doit nous venir jamais, c'est de l'armée qu'il nous viendra. Nous avons besoin de cette forte école de discipline, d'obéissance et de respect, dans la paix comme dans la guerre. Pour fondre nos haines et mêler nos cœurs, il nous faut la fraternité des armes, le sommeil sous la tente et la marche sous les drapeaux. *Scire mori*, s'écriait un jour Berryer, *scire mori sors prima viris :* la première condition des hommes, c'est de savoir mourir. N'en déplaise au grand orateur, la première affaire de ce monde, ce n'est pas de savoir mourir, c'est surtout de savoir vivre. Quand on a reçu le mâle enseignement des camps; quand on a appris et pratiqué les vertus de la soumission, de la souffrance et du sacrifice; quand, porté par le double amour de la religion et de son pays, on a gravi l'échelle des devoirs qui s'élève de l'homme à Dieu, alors, mais seulement alors, on a su vivre et on peut mourir.

⁂

Des années ont passé sur ma tête, les événements
ont succédé aux événements et j'ai vu le naufrage de
bien des espérances ; chez moi, tout a vieilli, tout,
excepté mon culte pour l'Armée; voilà pourquoi,
soldats, je suis fier d'en parler devant vous avec cette
espèce de religion passionnée qu'elle inspire à tous
ceux qui ont eu l'honneur de porter l'uniforme.
Tenez, quand, le 14 Juillet dernier, au Bois de Bou-
logne, au milieu d'une foule émue, je contemplais nos
régiments, nos escadrons et nos batteries qui couvraient de figures linéaires exactes, mais animées et
colorées, le vaste hippodrome de Longchamp, j'étais
ravi, touché, assailli par des impressions confuses et
profondes. Oh! c'est quelque chose d'admirable qu'une
armée ! Songez donc, tant de cœurs réunis dans une
seule pensée ! Une telle force et si bien contenue ! Un
organisme si parfaitement combiné pour produire du
courage avec de l'obéissance! Des hommes très
simples assemblés pour former quelque chose de très
grand! L'aspect d'une armée est joyeux et fier. Que
le soleil se montre et voilà les uniformes et les drapeaux qui brillent comme des fleurs des champs, les
fusils, les sabres qui lancent des éclairs, les cuirasses
qui enveloppent d'un vêtement de lumière la poitrine
des braves. Tout luit, rayonne, s'embrase, c'est d'une
incomparable splendeur.

L'épée du chef dessine un éclair ; des appels vigoureux font vibrer toutes les poitrines. La masse organisée est en mouvement et s'avance au bruit des
musiques, des tambours et des clairons, qui rythment

son allure. De loin, les baïonnettes miroitent comme
de longues rangées de flèches, lancées obliquement
du fond du ciel. A la vue des drapeaux, un frémisse-
ment parcourt la foule qui se découvre.

La garde républicaine vient la première. C'est le
type parfait de la force tranquille, mûre et assouplie.
Ces soldats font penser à ceux que peignait Victor
Hugo dans la *Légende des siècles* :

Ils marchaient de leur pas antique et souverain.

Les casques des cavaliers s'agitent comme un
remous étincelant : c'est le dernier souvenir de la
vieille chevalerie. Les petits troupiers de l'infanterie
de marine déploient la vision de la France lointaine.
Les lourds canons écrasent le pavé et dominent le
bruit des trompettes, répandant l'écho des terribles
rumeurs de la bataille.

L'immense foule des spectateurs est soulevée par
un enthousiasme généreux. Elle sent confusément ce
que vaut une belle armée et qu'il n'est rien au-dessus
des vertus militaires.

*

Les vertus militaires! Messieurs, elles ont enfanté
la civilisation tout entière. Industrie, arts, police,
tout sort d'elles. Un jour, des guerriers armés de
lances de silex se retranchèrent avec leurs femmes et
leurs troupeaux derrière une enceinte de pierres
brutes. Ce fut la première cité. Ces guerriers bien-
faisants fondèrent ainsi la Patrie et l'État. Ils assuré-

rent la sécurité publique; ils suscitèrent les arts et les industries de la paix, qu'il était impossible d'exercer avant eux. Ils firent naître peu à peu tous les grands sentiments sur lesquels repose encore aujourd'hui la tranquillité publique; car, avec la cité, ils fondèrent l'esprit d'ordre, de dévouement et de sacrifice, l'obéissance aux lois et la fraternité des citoyens. Voilà ce qu'a fait l'armée quand elle n'était composée que d'une poignée des sauvages demi-nus. Depuis, elle a été l'agent le plus puissant de la civilisation et du progrès. L'épée a toujours donné l'empire aux meilleurs. Elle a vaincu la barbarie à Marathon; elle a détruit en Carthage l'esprit d'égoïsme et de cruauté qui menaçait de conquérir le monde. Avec le petit légionnaire romain, brave, patient et sobre, nourri de fèves, d'oignons, qui après avoir conquis les pays y traçait des routes et en défrichait les bois, elle a préparé l'Europe aux plus hautes destinées intellectuelles et morales. Elle a assuré pendant le moyen âge la suprématie aux chrétiens, qui, ne connaissant rien de plus beau que le soldat, imaginaient des anges pareils à des gens d'armes, et habillaient saint Michel et saint Georges avec la lance et la cuirasse des chevaliers. Enfin, par l'épée de la République et de Napoléon, l'armée a défendu la France moderne contre l'Europe féodale. L'épée est le premier outil de la civilisation. Je n'entends pas dire par là que toutes les victoires soient bienfaisantes et que toutes les guerres apportent un avantage à l'humanité. Il est évident, au contraire, qu'il y a çà et là des batailles et des conquêtes qui sont des désastres pour l'esprit humain ; je veux dire qu'à considérer seulement les grandes lignes et les vastes ensembles de l'histoire, on reconnaît que le soldat est le grand ouvrier du progrès et que c'est lui qui fait marcher le monde. L'expérience le prouve. Les trésors des arts et de l'intelligence dont jouit un peuple, les secrets qui lui font la vie belle et douce, tout cela lui a été apporté un jour, au bout d'une lance. On se plaint que l'armée c'est la force et rien que la force. Mais on ne songe pas que cette force a remplacé l'anarchie, et qu'enfin partout où il n'y a pas d'armée régulière, les massacres sont domestiques et quotidiens.

De toutes les fatalités sociales, la guerre est la plus constante et la plus impérieuse. (1)

Elle est atroce, hideuse, je le veux bien. Toutefois, s'il n'y a pas au monde pour les yeux humains, de spectacle plus épouvantable que celui d'un champ de bataille, ne faut-il pas cependant convenir que la guerre est inhérente à notre nature et à notre condition d'hommes, comme la souffrance et la maladie ? Oui, nous l'avons, pour ainsi parler, dans le sang, comme nous y avons le germe des maladies qui nous affligent. Elle est la trace en nous de notre plus lointaine origine, à moins qu'elle n'y soit la rançon de quelque crime inexpiable. Et, puisqu'enfin il n'y a rien d'humain qui soit complet en son genre, n'oserons-nous pas avouer, Messieurs, que si la guerre a ses horreurs, elle a peut-être aussi ses bienfaits, comme

(1) Voir notes explicatives, n° 7.

le dit un maître écrivain qui est en même temps un grand patriote ? (1)

Il y a des guerres justes, comme celle que l'on entreprend pour défendre l'indépendance et le sol de la Patrie menacée ; des guerres comme celle que les Gaulois jadis ont soutenue contre César, ou Jeanne d'Arc contre l'Anglais, ou la Révolution contre l'Europe coalisée. Il y a des guerres nécessaires qui sont celles où nous nous engageons pour ne pas subir une honteuse diminution de nous mêmes; pour ne pas voir sombrer dans un même désastre nos traditions d'honneur, tout un passé de gloire, et le degré même de civilisation où nous ont péniblement portés douze ou quinze cents ans de continuels efforts.

Et il y a enfin des guerres bienfaisantes, telles que celles qui, jadis, en des temps que l'on oublie, sur toutes les frontières de l'Europe ont opposé victorieusement à la barbarie de l'Orient les forces de notre Occident. On n'exagèrera jamais ce que la civilisation doit aux Grecs de Salamine, ou aux Romains d'Actium, ou à ceux de nos ancêtres qui dorment leur sommeil dans les plaines de Poitiers. Et, c'est parce qu'il y a de telles guerres, bienfaisantes, nécessaires et justes, que, même dans la paix, la crainte ou la menace en ont quelque chose encore de salutaire.

Sans la menace de la guerre, est-ce que nos armées, nos armées modernes surtout, recrutées par le service

(1) M. Brunetière.

universel et obligatoire, est-ce que nos armées seraient ce qu'elles sont, je veux dire la véritable école, et bientôt la seule qui nous restera, d'égalité, de discipline et d'abnégation? Dans nos sociétés actuelles, si complexes et si désunies, où chaque élément aspire à son indépendance entière, où se fait, je vous le demande, le mélange des classes? Où s'acquiert l'expérience de ce contact et de ce frottement dont la rudesse peut bien déplaire à quelques délicats, mais sans lesquels un homme de notre temps est comme étranger dans sa propre patrie? Où apprenons-nous encore le prix de la soumission, de l'obéissance et de la discipline, si nécessaires à celui qui veut et doit commander? Où apprenons-nous, enfin, le sens même des mots de dévouement, d'abnégation et de sacrifice? Est-ce que ce n'est pas la guerre, la menace de la guerre, toujours suspendue sur nos têtes, qui entretient en nous ce mépris latent de la mort et ce détachement inconscient de la vie, qui sont les conditions et comme les bases de la moralité? Mais surtout, et après l'avoir organisée jadis, est-ce que ce n'est pas la menace perpétuelle de la guerre qui entretient d'âge en âge, qui consolide, et qui cimente, pour ainsi dire, l'unité de la patrie? N'en doutons pas, Messieurs, le jour où la menace de la guerre disparaîtrait en quelque sorte de l'horizon de l'humanité, ce jour-là l'idée même de patrie serait étrangement compromise. Elle s'évanouirait dans le cosmopolitisme des intérêts, dans l'internationalisme des appétits de lucre et de jouissance...

Supprimera-t-on, plus tard, la violence qu'on a seulement réglée? Cessera-t-on de faire la guerre et le soldat disparaîtra-t-il un jour? Il est chimérique d'espérer ce résultat et dangereux d'y travailler.

L'homme est soumis aux fatalités de son origine. Sa nature est d'être violent. Quand il sera pacifique, il ne sera plus l'homme, mais quelque chose d'inconnu dont nous n'avons pas même le pressentiment. Le dirai-je? Plus j'y songe et moins j'ose souhaiter la fin de la guerre. J'aurais peur qu'en disparaissant, cette grande et terrible puissance n'emportât avec elle les vertus qu'elle a fait naître, et sur lesquelles tout notre édifice social repose encore aujourd'hui. Supprimez les vertus militaires, et toute la société civile s'écroule. Mais, cette société eût-elle le pouvoir de se reconstituer sur de nouvelles bases, ce serait payer trop cher la paix universelle que de l'acheter au prix des sentiments de courage, d'honneur et de sacrifice que la guerre entretient au cœur des hommes. Elle enfante et berce les héros dans ses bras sanglants. Et c'est cette fonction qui la rend auguste et sainte.

***

Au lendemain du 9 thermidor, Carnot, promu flamine, reçut de ses collègues la mission d'administrer au peuple le discours rituel et les métaphores liturgiques. C'est au Palais du Luxembourg que fumèrent les cassolettes. Les raffinés redoutaient l'exhibition de la vieille fripperie coutumière. Crainte chimérique! Carnot ne tira pas même, cette fois, une paillette de la garde-robe où moisissait la défroque oratoire des clubs.

Au lieu de servir à la foule l'ordinaire tribut d'antiques mensonges, l'orateur, dans un hardi transport d'éloquence, se tournant vers les officiers et les généraux confondus dans les rangs, s'écrie :

« La République, maintenant, n'est plus que dans « nos armées. *C'est dans les camps que se sont refugiés* « *l'humanité et l'honneur !* »

A ce mot, tous les cœurs frémissent, les regards de la foule se portent instinctivement vers les représentants de cette France militaire, de cette France chevaleresque qui, depuis le Quatorze Juillet 1789, se tient jalousement à l'écart du forum ensanglanté, et ne se montre qu'à la frontière, à travers la fumée des combats.

Messieurs et chers amis, à une époque où le défilé des scandales à demi étouffés semble interminable, où l'on assiste au spectacle lamentable du prestige d'une nation qui s'effrite, une seule chose résiste au courant et paraît inattaquable : l'armée.

C'est en elle, comme au temps de Carnot, que reposent les espérances de tout un pays ; c'est elle qui est destinée à défendre ce qu'il en reste et à lutter pied à pied contre le flot qui monte. Et c'est elle, l'armée, qui vous appelle aujourd'hui.

En naissant Français, vous avez contracté l'obligation d'aimer et de servir la France, de devenir ses soldats, c'est-à-dire des victimes honorables, dévouées à la sûreté publique, à la sauvegarde nationale.

L'heure est venue de ratifier cet engagement, de vous arracher aux bras de vos mères et de vous séparer des cœurs dont l'amour, jusque-là, s'est ingénié pour vous éviter toute peine. Entendez la Patrie vous dire ces mots austères et graves : « Désormais et pendant vingt-cinq longues années, tu m'appartiendras tout entier ; j'aurai droit sur toi, j'aurai droit sur tes biens : un jour, si je te parle, il faudra les sacrifier. J'aurai droit sur tes travaux, sur tes passions intellectuelles ou artistiques les plus hautes : si je me lève devant toi, un matin, tu quitteras tout cela. J'aurai droit sur tes plaisirs, j'aurai droit sur ta vie même : à la minute où je te parlerai, tu ne t'appartiendras plus. Tu es ma chose, sache-le bien, et cela jusqu'à la mort inclusivement. »

Pères, qui m'écoutez avec une si cordiale attention, soyez donc fermes à l'heure du départ, et, après avoir béni, au nom de Dieu, l'aîné de la famille, celui dont la France a besoin, prenez dans vos bras votre plus jeune enfant qui s'amuse de si leste façon avec son fusil de bois, et dites-lui : Un jour, toi aussi, tu feras, pour tout de bon, ce dur métier des armes :

Tu seras soldat, cher petit !
Tu sais, mon enfant, si je t'aime !
Mais ton père t'en avertit,
C'est lui qui t'armera lui-même.

Quand le tambour battra demain,
Que ton âme soit aguerrie ;
Car j'irai t'offrir de ma main,
A notre mère, la Patrie !

Tu vis dans toutes les douceurs,
Tu connais les amours sincères,
Tu chéris tendrement tes sœurs,
Ton père, et ta mère, et tes frères !

Sois fils et frère jusqu'au bout ;
Sois ma joie et mon espérance ;
Mais souviens-toi bien qu'avant tout,
Mon fils, il faut aimer la France !

D'ores et déjà préparez-le donc à subir allègrement le service militaire, en le pénétrant de la noblesse de cette servitude, en lui apprenant à tenir son jeune front haut et ferme sous le vent de l'orage, mais à s'incliner avec une fierté docile sous le souffle léger du drapeau qui flotte.

Et un jour, quand on vous demandera : Où est votre fils ?... Vous serez heureux de répondre : Il est au service !...

Cazenove de Pradine, l'ancien député de la catholique Bretagne, ce croisé de notre âge dont on a écrit si justement, qu'il fut un homme — *ille vir* — dans la grande et belle acception du mot, Cazenove de Pradine, au moment de rendre le dernier soupir — il y a de cela quelques semaines — appelle son fils, sous-officier dans un régiment de chasseurs et lui adresse ces simples mots, en le regardant longuement : « Tu resteras dans l'armée ! »

Cette injonction paternelle, à l'heure suprême, quand la séparation entre ceux qui s'aiment éperdument se fait atroce et déchirante, ne signifie-t-elle pas, Messieurs, que dans l'armée subsiste, comme autrefois, le culte de l'honneur, et qu'en y restant, on a toutes les chances pour demeurer digne du père qui n'est plus et pour conserver les vertus des aïeux ?

Et c'est pourquoi notre pauvre ami Cazenove, le mutilé de Patay, avec une insistance réfléchie, adorant son fils et le voulant toujours fier et fidèle comme lui, bon chrétien et bon Français, lui a crié de sa voix expirante, et en un dernier commandement : « Tu resteras dans l'armée ! »..................

Et vous, Mesdames, qui me regardez au travers de vos larmes, ne soyez pas trop faibles dans vos tendresses.

Ah ! que de vrais soldats les mères nous ont pris !

a dit Paul Déroulède.

Il a le droit de parler, lui, le fils de cette noble veuve

Qui mena vaillamment ses deux fils au combat.

Pour vous, mères, cet épilogue de ses *Chants du soldat* :

Femme, si l'être en qui tu mets ton espérance
Ne met son espérance et son bonheur qu'en toi ;
Si, Français, il peut vivre étranger à la France,
Ne connaissant partout que son amour pour toi ;
Si sans te croire indigne et sans se croire infâme,
Quand tout son pays s'arme, il n'accourt pas s'armer,
O femme, ta tendresse a déformé cette âme,
S'il ne sait pas mourir, tu ne sais pas aimer !

Mère, si ton enfant grandit sans être un homme,
S'il marche efféminé vers son devoir viril ;
Si, d'un instinct pratique et d'un sang économe,

Sa chair épouvantée à l'horreur du péril,
Si, quand viendra le jour que notre honneur réclame,
Il n'est pas là, soldat, marchant sans maugréer,
O mère ! la tendresse a mal formé cette âme,
S'il ne sait pas mourir, tu n'as pas su créer. (1)

On raconte qu'à Sedan, une femme du peuple, chassée de sa maison par les Prussiens, se défendit jusqu'au dernier instant avec les chenets de son foyer. Elle fut prise, ces armes à la main, et traduite devant un conseil de guerre. Trois petits enfants étaient suspendus à sa robe. Elle se tenait fièrement debout, dans sa triple majesté de femme, de mère et de chrétienne. On lui cria : « Française à genoux ! » Mais elle, le front haut, toujours fière : « Une Française, Allemands, ne se met à genoux que devant Dieu ! » Le jour où les femmes mettront ce cri sublime dans leurs caresses, dans leurs mœurs, dans leur attitude, nous serons sauvés. A genoux devant Dieu ! vous y êtes à cette heure, mères, et je vois à vos côtés ce que vous avez de plus cher au monde ; eh bien ! votre prière, à mon avis, n'en serait pas une si, en vous relevant, vous ne vous montriez plus grandes, plus généreuses, plus Françaises ! (2)

⁂

Amis très chers, voici mes derniers conseils. Ils sont d'une importance capitale ; écoutez-les, je vous prie, avec une religieuse attention. Au régiment, se trouvent les braves cœurs, — et je dis le mot *braves*

(1) Voir notes explicatives n° 8
(2) Voir notes explicatives n° 9.

à tous les sens du mot, — (1) les sacrifiés, ceux qui mènent la vie austère, qui acceptent joyeusement la formation intérieure imposée par le devoir à une nature d'homme, et cela, sans répit, sans trêve. Pourquoi ? Parce qu'un jour comme aujourd'hui leur arriveront de nouveaux fils de France, auxquels ils devront donner cette empreinte puissante, et que, s'ils ne l'avaient pas dans l'âme, ils ne pourraient jamais la communiquer. Ils ont passé leur vie entière, à se préparer pour la minute bénie où vous allez apparaître devant eux. Ah ! si vous saviez de quel respect, mais aussi de quelle foi profonde ils vous enveloppent ! Car, eux, surtout les anciens qui descendent la colline, ne pourront plus marcher au grand et joyeux sacrifice, ceux-là vous regardent comme l'espérance ; vous êtes la Patrie, vous êtes la France

(1) Voici un trait parfaitement inconnu et qui vient d'être mis en lumière pendant le voyage de l'escadre française dans la Méditerranée. Un des points stratégiques les plus importants entre la France et l'Italie est l'îlot de la Maddalena. Ce fut un des mouillages de Nelson. L'Italie y a récemment établi un arsenal important, qui fut achevé vers 1888.

Un capitaine du génie français, sachant de quel intérêt il était pour le pays d'être renseigné exactement sur cet arsenal, se déguisa en terrassier et alla se faire embaucher à la Maddalena. Il soutint ce rôle pendant deux ans, travaillant du pic et de la pioche, observant et ordonnant, toutefois la nuit venue, les notes prises le jour.

Deux années d'un danger ininterrompu, quotidien, bravé sept cents fois avec la même fermeté ; et cette fermeté soutenue sans aucun réconfort, dans l'isolement le plus décourageant, loin de toutes nouvelles de son pays et des siens, lesquelles eussent éveillé le soupçon !

Certes, il n'y a pas d'exemple d'une grandeur d'âme plus stoïque que celle de ce soldat. Et l'armée, dont l'histoire est riche en traits d'héroïsme, peut s'enorgueillir de celui-ci.

même pour eux. Allez près de ces nobles cœurs, laissez-vous pénétrer par tout ce que vous trouverez en eux, et ne permettez jamais qu'on les critique en votre présence. Gardez-vous de lire ces pamphlets, ces journaux où les ennemis de l'armée se soulagent, avec leur rhétorique déclamatoire, en insultant ses chefs. Pour des faits isolés, perfidement examinés à la loupe et reproduits dans la perspective du roman, pour quelques portraits dessinés en caricature, ils les enveloppent tous dans une suspicion générale.

Ceux qu'on affecte d'appeler aujourd'hui les sous-offs, ont droit aussi à vos déférences. Croyez bien que les gens qui les outragent auraient fait triste figure dans le ravin de Beni-Mered où Blandan s'immortalisa, et qu'ils n'étaient pas à Tuyen-Quan, auprès du sergent Bobillot.... (1)

Mais quelle est donc la classe de la société, même parmi les plus respectables et les plus respectées, qu'on ne puisse arriver à flétrir par de semblables procédés? Et ces lettrés que je vous dénonce, qui font de l'or en appauvrissant le pays, se croient et se disent Français! Jamais de la vie! Ce sont des *sans-patrie*, et avec eux, nous irions vite et sûrement à la *débâcle*.

Il y a, de nos jours, dans le monde littéraire, certains lieux mal famés où nul ne peut entrer pour peu qu'il se respecte. C'est la sentine du cœur et de l'esprit humain, et, ainsi que les poëtes l'ont raconté

(1) Voir notes explicatives n° 10.

de l'Averne, il s'exhale de ces bas-fonds une telle odeur de mort qu'aucun être vivant, n'en saurait approcher, même eût-il des ailes.....

Vous aurez donc pour vos chefs, pour vos officiers, pour toute la hiérarchie du commandement, cette obéissance si nécessaire que rien ne remplace et qui peut remplacer tout; et, dans cette obéissance, vous mettrez, je n'en doute pas, votre foi religieuse. Que serait l'obéissance aux hommes, fragiles dépositaires d'un pouvoir qui ne fait que passer par leurs mains, si elle n'était une émanation de l'obéissance que l'on doit à Dieu qui seul possède par lui-même l'immuable et éternelle souveraineté, source de tout empire, de tout commandement, de toute discipline?

La foi est la grande école du patriotisme, et l'honneur est son fruit, lisons-nous au livre de la Sagesse : *Flores mei fructus honoris.*

⁂

J'en citerai quelques exemples pour exciter vos âmes de dix-huit et de vingt ans au devoir, à la vertu intrépide, pour vous montrer que l'on peut être tout à la fois chrétien accompli et soldat héroïque, et garder au front, éclatante et sans tache, la couronne que méritent l'amour de Dieu et l'amour de la Patrie.

Qui ne connaît cette parole d'un maréchal de France, au retour d'une expédition glorieuse : « Il n'est pas possible de rencontrer une armée mieux dominée par

le sentiment du devoir... » Et il ajoutait : « Lorsqu'on
creuse ce sentiment, on y trouve le christianisme. »
— Et cette autre parole, tombée de la tribune parlementaire et des lèvres peu suspectes d'un amiral :
« Ce sont ceux qui ont le mieux gardé leurs convictions religieuses qui se démoralisent le moins. » —
Enfin, ce témoignage, rendu par un ancien ministre
de la guerre, à la source inspiratrice de l'héroïsme
guerrier chez nous : « Quand on croit à une autre
vie, on se résigne plus facilement au sacrifice de
celle-ci. » « Son extrême dévotion, dit Voltaire lui-
même, en parlant d'un vaillant soldat, le marquis
de Fénélon, augmentait encore son intrépidité : il
pensait que l'action la plus agréable à Dieu était de
mourir pour son pays. Il faut avouer qu'une armée
composée d'hommes qui penseraient ainsi serait
invincible. »

Jamais soldat n'a abordé l'ennemi d'un cœur plus
ferme que le brave Montluc ; cependant Montluc a
écrit : « Je puis dire avec vérité, que plusieurs fois,
je me suis trouvé, en voyant les ennemis, en telle
peur que je sentais le cœur et les membres s'affaiblir et trembler ; puis, ayant fait mes *petites prières*,
j'atteste devant Dieu et les hommes, que je sentais tout à coup comme une chaleur au cœur et aux
membres ; de telle sorte qu'avant de les avoir ache-
vées je me sentais tout autre et je n'avais plus la
moindre peur. »

« Drouot, s'écriait le plus grand génie guerrier de
notre siècle et peut-être de tous les siècles, Drouot,

tu es le plus brave de mon armée parce que tu es le plus religieux. »

C'était pendant la retraite de Russie, au milieu d'une froide nuit. L'obscurité régnait partout ; la neige amoncelée enveloppait, comme un vaste linceul, les champs, les arbres et les masures abandonnées. Vainement le regard interrogeait-il l'horizon, rien ne se montrait, rien ne se laissait deviner. Un morne silence attristait l'âme. Le pas monotone des sentinelles et cette insaisissable rumeur des bivouacs, rêve plutôt que réalité, venait de minute en minute rappeler que dans cette neige et ce brouillard il y avait une armée. Tout dormait. L'Empereur se leva et sortit.

Après une solitaire méditation, ne pouvant plus résister à la bise glaciale, il se disposait à rentrer sous le chaume qui lui servait de palais. Sa capote grise ramenée sur sa poitrine, le large manteau de guerre qui l'enveloppait étaient impuissants, et le vainqueur du monde, maintenant vaincu, devait se soumettre et attendre le jour avec résignation.

Les grenadiers, en faction depuis une heure, marchaient rapidement devant la porte de la cabane, dans un religieux silence. Ces corps bronzés venus des Pyramides à la Bérésina, méprisant la souffrance et la mort, tremblaient quand même de froid, et pouvaient à peine secouer leurs fronts inondés de neige.

De temps à autre les sentinelles s'arrêtaient, et, comme par un mouvement instinctif, dirigeaient les yeux sur le même point. C'était une masse informe, dans le lointain, un hameau sans doute masqué par un mouvement de terrain ou quelques murs en ruine ; à travers l'atmosphère épaisse et lourde, on apercevait une faible lueur briller comme la flamme d'une lampe.

Napoléon n'en pouvait détacher son regard. Superstitieux à cette heure terrible de la défaite, croyait-il voir une étoile du ciel, *cette étoile* qui guide le naufragé sur le rivage ?

L'Empereur rentra précipitamment et donna un ordre. L'officier de service accomplit sa mission et revint bientôt après : « *Sire*, dit-il, *c'est le colonel Drouot qui travaille et prie Dieu.* »

Les yeux du conquérant s'illuminèrent et sa bouche murmura : « *Il y a donc encore des hommes forts !* »

Aux premières lueurs du jour, Drouot monta à cheval et combattit jusqu'au soir. Napoléon ne lui adressa pas la parole. Ceci se passait dans les premiers jours de décembre 1813. Le mois suivant, Drouot était nommé général et aide de camp de l'Empereur.

Lorsqu'il alla remercier Napoléon de cet avancement et de cet honneur, celui-ci, très ému, lui dit : « Tu es énergique, Drouot ! — Sire, répondit le général, je ne crains ni la mort, ni la pauvreté ; *je ne crains que Dieu ; voilà toute ma force.* »

Drouot, sous la tente du soldat comme dans l'orgueil des palais, se montrait publiquement chrétien. Il lisait la Bible, appuyé sur un canon ; il la lisait aux Tuileries dans l'embrasure d'une fenêtre.

Cette lecture fortifiait son âme contre les dangers de la guerre et contre les faiblesses des cours.

Du respect humain, le *Sage de la Grande-Armée* ne connaissait ni le nom, ni la chose, et ne rendait ses comptes qu'à sa conscience et à son Dieu. Des moqueurs, il s'en moquait ; des rieurs, il en riait, et le qu'en-dira-t-on, il le méprisait comme sur les champs de bataille de Lutzen et de Bautzen il méprisait les boulets prussiens qui ricochaient à ses côtés.

Cette page sur Drouot me remet en mémoire les *Souvenirs militaires* d'un jeune abbé, publiés, en 1881, par le baron Ernouf. Ce jeune abbé s'engage comme volontaire et fait deux campagnes, celle de 1794 et celle de 1799 ; il assiste au siège de Gênes ; il tombe deux fois dans les mains de l'ennemi. Il endure ces rudes épreuves avec la résignation d'un chrétien et le courage d'un vieux grenadier.

L'abbé était bon, il était brave et tout le monde l'aimait, au régiment. Mais ne trouvez-vous pas très originale et très sympathique la figure de ce soldat de la République qui porte sur lui, dans les marches et les combats, le *Nouveau Testament*, et qui, après s'être agenouillé devant l'autel d'une église profanée, court échanger des balles avec les kaiserlicks ?

Non, non, la foi n'amollit pas les âmes, elle les fortifie au contraire dans l'amour de la discipline et du devoir. Vous le verrez demain, en vivant côte à côte avec les jeunes séminaristes appelés comme vous sous les drapeaux. Vous n'aurez point, je vous l'affirme, de meilleurs camarades. Ils aiment Dieu, c'est

13..

tout naturel, puisqu'ils le connaissent ! Mais l'amour divin ne va jamais seul. Par une loi du cœur, autant peut-être que par un précepte d'en-haut, qui aime Dieu, aime ses semblables.

Plus une âme est religieuse, plus elle est grande et belle ; plus elle a de lumière et de chaleur, plus elle éprouve le besoin de se communiquer aux autres âmes et de leur verser largement les eaux vives qui la remplissent :

Bonum est diffusivum sui.

Telle une coupe qui déborde appelle d'autres coupes moins pleines où elle puisse s'épancher.

Allez, mes amis, allez à vos camarades du séminaire, tous hommes de cœur et de bonne compagnie, et ayez pour eux — promettez-moi cela — les sentiments d'estime et d'affection qu'avaient pour le jeune volontaire de 1794, les vétérans de la première République.....

La foi qui apprend la science du *bien vivre* apprend aussi celle du *bien mourir*.

Écoutez encore.

Toute l'armée d'Afrique connaissait le général Renault, surnommé *l'Arrière-Garde*, parce qu'il soutenait les retraites avec une éclatante bravoure.

Nous l'avions vu souvent au feu, raconte un de ses compagnons de gloire, le regard perçant, le geste prompt, la parole vive. Le sang qui bouillonnait dans ses veines agitait tout son corps; il semblait ne plus toucher à terre. Sa figure maigre et pâle était éclairée par une flamme intérieure. Le parfum de la poudre l'enivrait, il le respirait avec un visible bonheur.

Pendant le siège de Paris, le général Renault, sénateur de l'Empire, commandait le 1er Corps de la 2e armée.

A la bataille de Champigny un éclat d'obus le renversa. Les Frères des Ecoles chrétiennes le relevèrent et il fut transporté à l'hôpital Lariboisière.

L'aumônier ne tarda pas à venir. En le voyant, le général lui tendit la main et son regard exprima le contentement. Puis, sans attendre une question du prêtre, le blessé dit à haute voix :

« Je crois en Dieu le Père, le Fils et le Saint-Esprit... J'ai confiance dans les prières de ma sœur qui est religieuse à Tours ; au pied de l'autel du Christ, elle pense à moi. » Le général se tut et promena un long regard autour de lui. Ses yeux s'arrêtèrent sur une image de la Sainte Vierge : « Oh! oui, s'écria-t-il, je l'aime et je l'invoque ».

La mort était prochaine ; le général, intrépide au feu, brillant aux combats, brave entre les braves, demanda le crucifix qu'il pressa sur ses lèvres pendant l'extrême-onction.

Autour de son lit, les assistants priaient et les religieuses agenouillées tenaient en mains leur chapelet. Le général interrompit le silence et dit : « Oui, priez pour moi, priez pour la France... Je meurs pour la France. »

Encore un exemple... voulez-vous, mes chers camarades ?

Albert Rouvière, sortant de Saint-Cyr, était arrivé depuis peu à son régiment.

Un jour de théorie, devant tous ses camarades, le doyen des sous-lieutenants prie le nouveau venu d'expliquer ce qui semble inexplicable dans l'équilibre de ses actes.

— Monsieur, on vous a vu hier à la porte de l'archevêché, où alliez-vous ?

Remettre à Monseigneur l'archevêque les lettres dont j'étais porteur.

— C'est bien : acte de politesse et révélation de certaines aptitudes pour le service d'estafette; il en sera tenu compte dans vos notes. Mais le lendemain, on vous a vu passer devant une église, n'y seriez-vous point entré par hasard ?

Le jeune officier, qui voit de suite où ses juges veulent en venir, répond :

— Oui, messieurs, j'y suis entré pour entendre la messe, et j'avoue ici un acte de faiblesse: j'y suis entré par une des portes latérales, au lieu de pénétrer avec la foule par la grande porte.

— Vous vous en confessez ? ajoute le président.

— Publiquement.

— La cause est entendue, reprend le rapporteur imprévu : fanatique, mais courageux. Greffier, écrivez : « A eu l'audace de dire qu'il allait à la messe... »

— Voulez-vous ajouter, messieurs, que l'accusé y retournera, ce qui ne l'empêchera pas, après s'être déclaré chrétien pratiquant, de rester aussi votre camarade dévoué.

Cet officier mettait en pratique les conseils que le colonel Paqueron donnait à son fils au moment de son entrée à l'Ecole polytechnique (1) : « Arbore ton drapeau tout de suite, afin que l'on sache qui tu es. Il faut qu'après quarante-huit heures, les camarades n'aient aucun doute à ton sujet. C'est l'unique moyen d'éviter les positions fausses et les engagements équivoques. Parler comme on croit, et agir comme on parle, voilà la meilleure logique du monde. Pas de faiblesse ou de lâche condescendance. Quand on a l'honneur d'être chrétien, il ne s'agit pas de se faire pardonner ou tolérer, mais bien de se faire respecter. N'aie pas peur de passer pour singulier ; voici plus de quarante ans, pour ma part, que je suis très singulier, et ni Dieu, ni les hommes ne m'en ont encore puni. »

Albert Rouvière fit avec distinction la guerre d'Italie en 1859-1860.

Il suivit son bataillon de chasseurs à pied au Mexique, où sa bravoure exceptionnelle lui mérita la croix de chevalier de la Légion d'honneur. L'Empereur Maximilien l'attacha à sa personne comme officier d'ordonnance ; il accomplit en cette qualité des missions de confiance qui le rendirent cher à l'infortuné monarque (2).

Enfin, Rouvière mourut en héros à Spicheren,

(1) Biographie du Colonel Paqueron. Voir les *Contemporains* du 1ᵉʳ octobre 1893.

(2) Fusillé à Quérétaro, le 19 avril 1867.

le 6 août 1870. Le général Frossard, commandant le
IIe Corps de l'armée du Rhin, le cite ainsi dans son
rapport :

« 2e brigade — 77e de ligne.

Rouvière (Honoré-Albert), capitaine adjudant-
major, officier d'une très grande bravoure ; s'est mis
à la tête d'une charge à la baïonnette, dans la mati-
née du 6 août, à Stiring, et y a été tué. »

Ce que le rapport ne mentionne pas, c'est que
Rouvière, blessé mortellement, ordonnait à ses
soldats de l'abandonner pour aller combattre,
ajoutant : « Si je succombe, écrivez à ma famille que
je suis mort en soldat chrétien. Si vous êtes victorieux,
revenez me le dire, cela me guérira peut-être. »

C'est ainsi que Dieu forge des âmes, quand, de
bonne heure, elles se sentent éprises de l'amour des
grandes choses et savent répondre à l'appel divin, au
lieu d'effeuiller sottement leur belle jeunesse dans les
inutilités de la vie.

Albert Rouvière, comme tant d'autres soldats,
avait été élevé par des prêtres (1).

Sans doute, il y a des batailleurs de profession
et de tempérament qui, inspirés par le seul patriotisme ou l'amour des aventures, ont fait leurs preuves
sur maints champs de bataille. Mais les hommes
paisibles — et c'est le grand nombre — n'ayant rien à
espérer de la carrière des armes, ni rien à lui demander,
trouveront uniquement dans la croyance en la patrie

---

(1) Biographie d'Albert Rouvière et de Maurice de Giry, par l'abbé
de Cabrières, Nîmes.

d'en-haut la force nécessaire pour accomplir leurs devoirs envers la patrie d'ici-bas. S'il n'y avait pas de
Dieu rémunérateur, si la vie était restreinte aux
étroites limites du présent, s'il n'y avait rien au-
delà de la tombe et qu'après la mort tout fût fini,
pourquoi tant se gêner? Pourquoi souffrir volontaire-
ment? Pourquoi en ce monde la caserne avec ses
privations et ses fatigues? Pourquoi, sur l'ordre des
chefs, paraître sur un champ de bataille et s'exposer
à la mort? Pourquoi mourir? Incroyants, vous ne
pouvez pas répondre à ces *pourquoi*. Dès lors que
la vie présente est tout pour l'homme, il faut
qu'il la garde, qu'il en jouisse de son mieux, c'est
son droit, c'est son devoir. Mais, dès lors aussi,
tout est ébranlé, tout s'affaisse, tout s'écroule :
l'autorité n'est plus qu'un mot, la discipline une tyrannie, le patriotisme une chimère, la bravoure une
aberration et l'héroïsme un grand mot vide de sens.
Donc plus de soldats, plus d'armée, plus rien. Mes
amis, qu'en dites-vous? Est-ce qu'il faut répondre à
de pareilles doctrines? Non, on n'y répond pas et le
jour où elles descendent dans la rue, on fait gronder
le canon, on les mitraille. Un officier supérieur
l'écrivait naguère du Tonkin à l'Académie, en un
superbe langage, digne de la cause qu'il défendait :

> N'avons-nous plus besoin de foi ni d'espérance?
> Sommes-nous sans regrets dans ce peuple de France,
> Qui pour terre promise a des pays perdus?...
> Si jamais nos drapeaux palpitent à la brise,
> Quelle nuée de feu guidera donc nos pas?

Qui l'osera tenter, la suprême entreprise ?
S'il ne croit pas en Dieu, qui donc sera Moïse ?
Qui de nous le suivra si nous n'y croyons pas ?
C'est le seul Sabaoth qui donne la victoire,
Lui qui marque le front du signe des vainqueurs.
Si le dernier adieu n'est pas dit à la gloire,
Si nous n'avons pas clos à jamais notre histoire,
Levons à lui nos mains et nos yeux et nos cœurs.

Soyez tous comme Drouot, comme Renault, comme Rouvière, bons soldats, bons chrétiens, unissant et serrant sur vos poitrines le drapeau de la Patrie et le drapeau de la Foi.

Le drapeau de la Patrie, s'il tombe dans la bataille, une voix s'élève, grave et fière, dominant la fusillade, les râles, les cris des blessés: « Au drapeau ! »

Eh bien! le drapeau de la Foi représente votre Dieu, vos espérances, vos destinées éternelles. Il abrita votre berceau, il contient votre jeunesse, il veillera sur votre âge mûr et recueillera votre dernière pensée..., et si, un jour, il vous semblait menacé par une main coupable, aussi fort que moi, n'est-ce pas ? vous crieriez: « Au drapeau ! » Enfants, entre vous et ces deux drapeaux, que ce soit à la vie, à la mort ! (1)

Prenez maintenant, sans peur, le chemin de vos garnisons respectives, emportant dans votre âme toutes les grandes et saintes choses qui élèvent les cœurs et les esprits: la justice et le droit, l'honneur et l'héroïsme, le devoir et le sacrifice, vos croyances

(1) Voir notes explicatives n° 11.

et la Patrie française dont le nom résume tout cela ;
et, quel que soit le corps où vous ayez l'honneur
d'entrer, rappelez-vous le passé de votre pays, le
battement généreux qui fit vibrer le cœur de vos
aînés, et dites que vous ne démériterez pas, que vous
ne laisserez pas dépérir la sève, que vous aimerez la
France comme ils l'ont aimée !

Au régiment, ce sera toujours la vie de famille, sur
un plan plus étendu, avec la hiérarchie des grades,
les règlements de la discipline et la sanction du Code militaire.... Une vie de famille où les chefs tiennent la
place des parents et où les camarades sont des frères
d'armes. De plus, partout où la Providence vous
conduira, fut-ce au bout du monde, vous trouverez
des aumôniers volontaires, d'excellents prêtres dispo-
sés à guider vos pas dans la voie du bien. Confiez-vous
à eux en toute simplicité ; aux jours de la tristesse, ils
vous consoleront ; aux jours de défaillance, ils vous
tendront la main pour éviter la chute ou la réparer.
C'est à leur école que vous apprendrez comment on
peut être un militaire modèle et un chrétien convaincu, et comment aussi le cœur du prêtre et celui du
soldat, se touchant par plus d'un côté, sont faits
pour se comprendre.

Puis, n'oubliez pas que chaque soir, au foyer
paternel, que, chaque dimanche, dans l'église pa-
roissiale, parents, pasteur, amis, — tous unis dans
la même foi et les mêmes espérances, avec Dieu et
Patrie pour devise, — prieront à votre intention et du
meilleur de leur âme : NOTRE-DAME DES ARMÉES.

ALLOCUTION

Prononcée le 29 Septembre 1898 dans l'Eglise de la Visitation du Mans

A la Mémoire des Soldats morts pour la Patrie

———

Monseigneur, (1)

Messieurs,

Un orateur l'a dit magnifiquement : « Oublier nos morts que nous avons aimés vivants, les oublier même en temps ordinaire, c'est un phénomène, hélas ! qu'on ne peut constater sans quelque tristesse et devant lequel le cœur toujours plus ou moins se serre, phénomène réel pourtant, qu'explique trop bien, sans l'excuser, la faiblesse de cette nature humaine, si étrangement préoccupée de ce qu'elle voit et si tristement oublieuse de ce qu'elle ne voit plus. » Mais oublier nos frères morts, en 1870, et ceux tombés depuis, dans l'Extrême-Orient, alors que le sang de ces derniers fume encore et que les échos de la France semblent nous redire, avec leurs noms, leur suprême adieu, oh! non, cela n'est pas possible! L'oubli dans une telle situation, ne serait pas seulement l'attestation d'une indifférence qui donnerait le froid au cœur, ce serait le témoignage d'une ingratitude qui déshonorerait les âmes, je ne

(1) Mgr de Bonfils, évêque du Mans.
Etaient présents . M. le général Mercier, commandant le 4e corps d'armée, MM. les généraux de Saint-Julien, Détrie, de Verdière, Duquesnay et de nombreux officiers et soldats.

sais quoi de monstrueux et d'impie, blessant dans la nature humaine ce qu'il y a de plus profond et de plus délicat, de plus saint et de plus religieux, disons le mot, de plus divin.

Ah! c'est que ces nobles fils de notre grande France sont morts pour nous... Ils sont morts pour nos foyers et pour nos autels ; ils sont morts pour la Patrie, pour son salut, pour sa gloire ; oui, pour sa gloire, car leur sublime trépas lui a fait une gloire encore, même au sein de ses désastres ; et ce n'est pas uniquement par la voix de leur dernier soupir, c'est encore, et par dessus tout, par la voix de leur sang, que ces héros nous crient du fond de leurs tombes dont beaucoup sont encore foulées par le pied de l'étranger : « Souvenez-vous, souvenez-vous ! »

Nous nous souviendrons, Messieurs, et nous garderons pour nos morts non seulement un jour, mais toujours, le culte sacré du souvenir, car ils montrèrent au monde ce qui se peut encore pour l'honneur quand rien ne se peut plus pour la victoire.

1

Faut-il vous rappeler, Messieurs, le tragique et la cruauté des conjonctures dans lesquelles retentit deux fois à leurs oreilles l'appel de la France ? Faut-il rouvrir à votre cœur une blessure qui saignera éternellement ? Oui, il le faut, car il y a des souvenirs qui sont en même temps salutaires et douloureux. Il y a des souffrances qui éclairent l'avenir des lueurs sombres du passé, signalent le devoir, mûrissent et trempent les âmes.

Le premier cri de la France retentit joyeux, tout plein de confiance. Son caractère chevaleresque et primesautier s'étant laissé prendre aux pièges réitérés d'un rival puissant et perfide, elle venait de lui déclarer imprudemment une guerre qu'il appelait de ses vœux secrets. *A moi!* s'écria la France, et il y avait dans cet appel comme des échos de victoire, c'était la France de nos dernières campagnes : la France d'Alger, la France de l'Alma et de Malakoff, la France de Magenta et de Solférino, la France de Puebla qui relevait superbement la tête, ne se souvenant pas d'avoir été vaincue. D'un bout à l'autre du pays courut un long et patriotique frisson, et l'on entendit la mâle et fière réponse : *Présent!*

A quelques semaines de là, hélas! tout nous avait trahi. Tout : les hommes, les choses plus que les hommes, la victoire plus que les choses. Nos frontières brisées, nos troupes écrasées sous une avalanche de fer et de feu, nos généraux décimés, nos armées prisonnières ou cernées à Metz et à Paris dans un cercle d'acier, nos provinces piétinées, violées, ensanglantées, ravagées par un ennemi qui, faisant reculer la civilisation de bien des siècles, pratiquait la guerre à la manière des barbares.

Une seconde fois, la France expirante, se soulevant avec effort de dessous la botte du vainqueur, s'écria : *A moi!* Mais, dans sa voix affaiblie, au lieu de la confiance, c'était un râle d'agonie.

Présent ! répondirent, avec des sanglots dans la gorge, mobiles, mobilisés et volontaires... à peine formés au maniement des armes. (1)

> O Patrie, on a beau raisonner, tu l'emportes !
> Les âmes que tu fais sont encore les plus fortes,
> Et, sitôt que dans l'air a grondé le canon,
> Tout s'efface, excepté la grandeur de ton nom ! (2)

N'attendez pas de moi que je reprenne les chemins variés et lointains qui mènent à cette motte de terre, rougie du sang de vos fils et de vos frères, ou que je vous décrive en ce moment les circonstances qui ennoblirent leur mort. Un long poème n'y suffirait pas. Il faudrait revoir, les uns après les autres, tous les champs de bataille de l'année terrible que leur courage a illustrés par de brillants exploits où ils combattaient un contre dix, ou par des défaites glorieuses à l'égal des plus éclatantes victoires. Il faudrait vous les montrer l'un, la tête fracassée par une balle; l'autre, la poitrine transpercée par un éclat d'obus, celui-là, mourant des suites d'une amputation; un grand nombre dévorés par la pourriture d'hôpital ou empoisonnés par le typhus ou la variole. A qui leur eût demandé : *Que faites-vous ici?* comme nos soldats d'Afrique entassés, aux premiers jours de la conquête, dans un de ces camps empestés, ils eussent répondu : *Nous mourons, mon général !* N'attendez pas que je vous dise les noms de ces martyrs ; ils sont gravés

(1) Voir notes explicatives, n° 14.
(2) E. Manuel.

dans votre mémoire, et vos yeux — j'en ai la douce espérance — les liront un jour sur le granit... Pour moi, ne pouvant les nommer tous, je n'en nommerai aucun, ne sachant sur quelle base établir mon choix, ni discerner des degrés dans un héroïsme qui ne connut d'autre limite que la mort.

Mais que d'espérances détruites, que de gloires coupées dans leur première fleur! Que d'avenir enseveli au fond de nos cimetières! Que de larmes aussi! Périclès, ne pleurait pas, je crois, plus de jeunesse et d'honneur, quand il assemblait tout l'Attique autour des victimes de la guerre du Pélopo-nèse et qu'il s'écriait, avec la grâce de la poésie et l'accent du désespoir : « L'année a perdu son prin-temps! »

II

Le sacrifice de nos frères, s'il nous rappelle une des heures les plus cruelles de notre histoire, nous rappelle en même temps ce que nous avons perdu.

Les combattants de 1870 emportaient dans leur tombe un lambeau de la Patrie. Il y a là, Messieurs, une douleur dont nous ne pouvons pas, dont nous ne voulons pas être consolés. Que d'autres se résignent à la prétendue fatalité des événements, que, pour ne pas troubler la quiétude de leur vie, ils détournent leurs pensées des sujets douloureux, pour nous, patriotes, les regrets continuent, toujours plus poignants à mesure que les années s'écoulent.

Aucune convenance internationale ne nous interdit

de les exprimer. Au moment où les professeurs
de révolution sociale essaient d'effacer dans les
âmes l'idée sainte de la Patrie, il faut que l'Europe
sache que nous ne passons pas un jour sans penser
à nos malheurs, sans chercher les moyens de les
réparer.

Si nos ennemis n'avaient emporté que de l'argent,
le double de l'argent qu'ils nous prirent, nous aurions
oublié. Mais ils lièrent sur leurs fourgons l'Alsace et
la Lorraine, malgré leurs protestations, malgré leurs
débattements; s'imaginant, sans doute, qu'il suffit de
dix lignes d'écritures signées et paraphées par des
plénipotentiaires, comme ils disent pompeusement,
pour transférer Metz, Strasbourg, Colmar, Mulhouse,
94 chefs-lieux de canton, 1.750 communes, un
million et demi d'hommes, pensant, voulant, votant,
ainsi qu'on transfère une bergerie et un troupeau !

La France vit ce forfait sans pouvoir l'empêcher.
Mais elle se souvient. Les siècles passeront, dit l'évêque
d'Orléans, sans effacer l'injure. Laissez les enfants à
leurs mères ! Laissez les peuples à leur Patrie ! Là
est le bon sens. Là est le droit. Là est la paix. Malheur
à qui oublie ou laisse oublier cette règle de modération
internationale !. . . . .

Nous revenons à la tombe de ceux qui ont donné
à la France leur vie et leur sang, pour nous souvenir,
c'est vrai, mais encore pour méditer, Messieurs, et
nous instruire, car leur mort nous a laissé à tous
d'immortelles leçons.

Une leçon de patriotisme d'abord, et celle-là est

14

trop éloquente pour avoir besoin de commentaires ; une leçon d'union et de concorde aussi. A la voix de la France, ils s'étaient levés pour courir aux armes, du Nord, du Midi, de l'Ouest, de tous les points du territoire, de toutes les conditions sociales, de toutes les opinions, fils d'ouvriers, de patriciens, de bourgeois, de paysans. L'amour de la Patrie les avait égalés et confondus, comme nous les confondons aujourd'hui dans notre reconnaissance et dans notre douleur. A l'ombre du drapeau national, en face de l'ennemi, tous n'eurent plus qu'une âme, et dans cette âme une seule flamme, et cet élan qui les précipita dans la mort.

C'est ainsi qu'en mourant ils léguèrent à nos souvenirs, une apparition rapide mais inoubliable et sublime de cette union fraternelle qui nous rendrait invincibles, et serait pour notre France la meilleure sauvegarde de son indépendance, la plus sûre garantie de son unité et de son intégrité territoriale.

Ah ! cette grande réconciliation patriotique entre tous les enfants de la France, quel est l'esprit élevé, le cœur généreux, le politique digne de ce nom, qui ne la désire aujourd'hui ! Mais, ne nous y trompons pas, elle ne se réalisera qu'au prix de mutuels sacrifices où nous immolerons à la Patrie, à sa gloire, à sa sécurité, les préjugés, les passions, les soupçons, les souvenirs amers, les rivalités de parti, comme eux-mêmes lui donnèrent leur vie. Encore une fois, c'est la grande leçon de leur tombe, et je n'aurais pu vous la taire, sans étouffer la voix de ces morts héroïques.

segmentnavigation">— 211 —segment>

Ajouterai-je, Messieurs, que le meilleur sang de
France, versé à flots sur les champs de bataille, est
devenu un principe de régénération et qu'il nous a
valu l'estime de l'Europe ; qu'il nous a appris à nous
recueillir, à nous réorganiser, si bien que, l'autre
jour, une fière et grande nation nous a tendu la main
et, loyalement, a voulu conclure avec nous un pacte
indestructible. . . . .

III

Si la France glorifie ses morts pour ce qu'ils ont
sacrifié, l'Église les réclame et les exalte pour ce qu'ils
lui ont gardé.

Que lui ont-ils gardé ?

La foi, Messieurs, la foi catholique, ce noble
héritage transmis par les ancêtres. Tout Français
appelé sous les drapeaux l'emporte avec la petite
médaille que sa pieuse mère, d'une main tremblante
et les yeux pleins de larmes, a suspendue à son cou.
Le conscrit est déjà bien loin sur la route, quand il
se retourne une dernière fois ; le toit de sa chaumière
s'est abaissé et fondu à l'horizon, mais une flèche
perce encore les airs. C'est le clocher de son village.
Voilà sa dernière vision et le dernier souvenir qui
sera son talisman, son étoile et sa force.

Beaucoup furent, au milieu des camps, dans les
marches et les contre-marches, sur la neige comme
sous le feu, des types de courage, d'endurance et de
fidélité. Je n'en suis pas surpris. Les vertus militaires
paraissent douces et faciles, malgré leur austérité, à

14..

qui a grandi dans la pratique des vertus chrétiennes. L'honneur du Drapeau ne demande jamais de sacrifices trop durs à qui sait regarder la Croix comme son étendard ; et l'homme toujours prêt à mourir pour son Dieu, meurt volontiers pour son pays.

Ils étaient chrétiens, ces mobiles de la Sarthe, officiers et soldats, que mon frère avait suivis sur tous les champs de bataille avec un dévouement dont son humilité seule n'a pas connu la grandeur. Ils étaient chrétiens, ces jeunes gens, ces chefs qui se tournaient vers lui pour implorer sa bénédiction, au moment critique : « Restez-là, Monsieur l'aumônier, votre vue nous encourage à ne pas faiblir ; » ce moribond qui, frappé d'une balle à la tête, pendant que le prêtre élève la main droite pour l'absoudre, saisit sa main gauche et lui dit par son silence, par sa vive étreinte, le plus magnifique *Confiteor* que les saints et les anges puissent entendre dans la langue humaine, du geste et du regard.

« J'ai le côté ouvert, lui disait un agonisant, je me meurs de soif comme Jésus-Christ, mais ce n'est pas de l'absinthe, c'est du miel que vous m'offrez ; ma croix est plus douce que celle du Sauveur. » La dernière heure arrive ; on rappelle le bon prêtre : « Écoutez, murmure un soldat, je veux vous dire mon nom afin que vous puissiez écrire à ma mère que j'ai rempli tous mes devoirs, et elle en sera consolée. » Le dernier soupir est proche : ce brave qui va le rendre, a eu les jambes brisées par trois balles ; une hémorragie de cinq heures a épuisé ses forces ; ses bras défaillent, sa tête se penche vers la mort ; il lui reste un souffle, il le dépose avec l'expression de sa foi, sur la croix de l'aumônier ; il expire entre les bras de son père et avec le baiser de son Dieu.

Nos martyrs n'en voulaient point à la mort, parce qu'ils avaient le sentiment que cette mort elle-même était un holocauste utile à la Patrie. Et c'est parce que cette douceur du dernier soupir, — la fleur de la charité, — embauma les suprêmes instants d'une vie dirigée par la foi et soutenue par l'espérance, que l'Eglise les réclame et les exalte. Puissent leurs vertus chrétiennes avoir de nombreux imitateurs, et l'avenir de notre pays est assuré! Dans un livre courageux, portant sur sa couverture ces trois mots sacrés : *Dieu, Patrie, Liberté*, un penseur a écrit : « Il n'y a que les fortes croyances et la pleine possession de soi-même qui fassent les grands citoyens et les grands peuples (1). » Je remercie la plume qui a tracé cette phrase ; elle couvre de sa haute autorité, l'affirmation que je viens de poser.

Du jour où ces fortes croyances régleront notre vie, nous serons invincibles dans les luttes de l'avenir et quand il faudra défendre les portes de la Patrie. — *Nous reviendrons, Messieurs,* disait un Anglais, en quittant nos rivages, après la reddition de Dunkerque, sous Louis XIV. — *Non!* lui fut-il répondu, *vous ne reviendrez pas tant que nous servirons Dieu mieux que vous.*

(1) J. Simon.

Soyez chrétiens, Messieurs, comme l'étaient vos aînés, chrétiens à plein cœur, et priez comme aux jours de votre petite enfance. Ne craignez pas de donner ici publiquement, à vos concitoyens, une leçon de catéchisme et d'honneur national, de faire une profession de foi spiritualiste et, ce qui est mieux, catholique et toute française. Votre drapeau cravaté de deuil s'inclinerait-il, je vous le demande, pour saluer ce qui n'est plus ?...

Voudriez-vous redire, après le poète, ces vers découragés :

> Pour moi j'estime qu'une tombe
> Est un asile où l'espérance tombe,
> Où, pour l'éternité, l'on croise les deux bras,
> Et dont les endormis ne se réveillent pas.

Ah ! Messieurs, si Dieu n'existe pas, si le ciel est une chimère et l'immortalité un mensonge, que faites-vous de ces nobles victimes ? Si la flamme généreuse qui les animait s'est éteinte avec le dernier éclat qu'elle a jeté sur nos malheurs, s'ils sont ensevelis là-bas tout entiers, leurs ossements et leur poussière mêlés aux reste de quelques fuyards, si l'égoïsme et le dévouement dorment le même sommeil insensible et glacé, et si ce sommeil est tel que la voix même de notre patriotisme et de notre reconnaissance ne puisse les y ranimer, en un mot, s'ils ont trouvé le néant dans le martyre, que veut dire, au nom du ciel, cette idée de justice qui court dans nos veines avec le sang de notre cœur ?

Les païens eux-mêmes refusèrent de le croire, et c'est dans leurs deuils patriotiques qu'ils affirmèrent avec le plus de netteté et d'énergie, l'immortalité de l'âme. Écoutez plutôt Hypéride sur la tombe à peine fermée de Léosthène. Il chante que celui-là qui tombe jeune pour la patrie, est le bien-aimé des dieux, car au lieu de prolonger longtemps la terreste épreuve, il entre aussitôt parmi les immortels, « le front levé et déjà connu » ; c'est le fier mot de ce Grec.

Et nous, chrétiens, élevés à l'école d'un Dieu qui, en mourant pour l'humanité, les deux bras étendus vers le monde, eut un regard particulier pour sa patrie, et l'aima du plus invincible amour puisqu'il l'aima ingrate et déicide, pleurant ses malheurs à l'heure même où elle tramait sa perte, nous hésiterions à lui confier la dette insolvable de notre patriotisme? Nous ne croirions pas à l'éternelle vie de ceux qui donnèrent à la France malheureuse, leur jeunesse et leur sang, leurs longues et radieuses espérances comme une goutte d'eau?

Ce n'est pas pour cela, Messieurs, que nous sommes aux pieds de cet autel, j'en jure par votre empressement, par votre attitude, par vos regards ; j'en jure par les larmes de vos yeux et les battements de vos cœurs, si nos braves ne sont plus debout à nos côtés, vous le sentez, ils vivent encore, ils vivront toujours!

Monseigneur,

C'est la deuxième fois que j'ai l'honneur, à pareille date, de prendre la parole dans cette église qui me rappelle de pieux et charmants souvenirs. J'irais contre les sentiments les plus sincères de mon âme et je manquerais à tous mes devoirs de respect et de filiale affection, si je ne saluais Votre Grandeur au milieu des représentants de cette armée française qu'au jour béni de votre entrée triomphale dans ville du Mans, vous avez exaltée, avec autant d'autorité que de délicatesse.

« Ce sera la joie de votre évêque, disiez-vous à nos vaillants soldats, de vous rencontrer, de saluer cet uniforme, cette épée, ce drapeau, qui font s'écrier : « C'est la Patrie qui passe ».

Le cœur que vous mettiez si généreusement, il y a un quart de siècle, au service d'une aimable jeunesse, à Sainte-Barbe-des-Champs et à Vanves, Monseigneur, est le même qui, tout au belles et nobles causes, à la France comme à l'Eglise, a voulu donner, ce matin, à la cérémonie religieuse et militaire qui nous rassemble, l'éclat dont elle resplendit.

Je vous en remercie, au nom de tous !

Et maintenant, ô mon Dieu ! laissez-moi pousser vers vous un dernier cri : *Requiem œternam dona eis Domine* : A nos frères bien-aimés morts pour la Patrie, soldats et chefs, qui, le soir des batailles, dans la solitude et l'abandon, à défaut de crucifix embrassaient la garde de leur épée, comme autrefois Bayard, accordez, Seigneur, l'éternel repos ! *Et lux perpetua luceat eis* : Que votre indéfectible lumière enveloppe et réjouisse leurs âmes baptisées et qu'un de ses purs rayons descende sur la terre, pour nous montrer dans une clarté irrésistible ce principe fondamental de la civilisation : que chez les peuples qui veulent vivre, toutes les forces nationales ne doivent former qu'une gerbe, dont la religion soit le lien sacré.

———✳———

ALLOCUTION

FAITE DANS LE CIMETIÈRE DE SAINTE-COLOMBE

Le Vendredi 22 Avril 1898,

Aux Obsèques de M. Charles-Marie-Alfred DELLIÈRE

PRÉSIDENT DE LA SOCIÉTÉ FRATERNELLE DES ANCIENS MILITAIRES
DE LA FLÈCHE.

———

MESSIEURS ET CHERS CAMARADES,

Il a plu à Dieu de rappeler à Lui notre distingué président, Charles-Marie-Alfred Dellière, ancien sous-officier de manège au Prytanée de La Flèche, décoré de la Médaille militaire.

On m'a fait un grand honneur en me demandant de prendre la parole au nom de notre Société sur la tombe de ce vaillant, de cet intègre citoyen qui, parmi les bons, était certainement l'un des meilleurs.

Mon émotion est profonde et vous la comprenez.

C'est notre chef, Messieurs, que nous conduisons aujourd'hui au champ du repos. C'est l'ami loyal, le Français de pure race, que nous pleurons avec de vraies larmes.

D'un désintéressement absolu, juste et bienveillant, très droit, Dellière laisse autour de lui un rare exemple de constance dans ses convictions, de dévouement à la cause publique.

Nul de vous, Messieurs, n'ignore les services qu'il

a rendus comme président de la Société Fraternelle des Anciens Militaires, et ce qu'il a fait pour grouper autour du Drapeau toutes les bonnes volontés, toutes les énergies.

Vous ne verrez plus au milieu de vous, à la place accoutumée, son doux et honnête visage, son franc sourire ; mais vous garderez, n'est-ce pas, son esprit fait de bonté, de justice, d'amour de la liberté et de foi robuste dans l'avenir de la France ?

La France ! Cette mère adorée, dont le front superbe porte de glorieuses cicatrices, notre ami, Messieurs et chers camarades, la plaçait au-dessus de tout !

France, armée, Drapeau, tout cela lui rappelait son jeune frère, sous-officier plein d'avenir, mort au champ d'honneur, en Extrême-Orient, après avoir accompli sur cette terre lointaine, au ciel meurtrier, des actions d'éclat.

Et lui-même, notre camarade, que n'a-t-il point fait, Messieurs, pour le Pays ?

Entré dans l'armée comme enfant de troupe en 1861, le 31 mars 1876, il s'engage à la 5ᵉ compagnie de remonte. Brigadier à la fin de la même année, il suit l'École de Cavalerie en qualité d'élève sous-officier ; il en sort avec le numéro sept sur trente-quatre, et muni de notes excellentes. Maréchal des logis en 1877, il reçoit une blessure grave en faisant sauter un obstacle à un cheval rétif. Nommé Maréchal des logis sous-maître de manège à l'École supérieure de Guerre en 1880, il passe bientôt à l'École d'Applicalion de cavalerie. Le 22 mars 1886, nous le trouvons sous-maître de manège au Prytanée militaire. Il y resta jusqu'au 30 mars 1890.

L'année précédente, Dellière avait reçu la médaille militaire.

Vous le voyez, Messieurs, la plus grande partie de l'existence de notre regretté camarade et ami s'est passée sous les drapeaux. C'est là, n'en doutez pas, qu'il a puisé l'amour ou mieux encore, le culte de la Patrie, de la sainte Patrie...

Il nous souvient d'un petit conscrit breton qui ne se faisait nullement à la théorie militaire; il était la risée du régiment, ce borné. Survint la guerre fatale de 1870, et le conscrit, au premier feu, de la timidité passa à l'héroïsme. Il chargeait et déchargeait son arme avec un sang-froid merveilleux. Chaque balle faisait un trou dans les poitrines allemandes. Cité à l'ordre du jour, on lui demandait à quoi il pensait en résistant à l'ennemi : « Je voyais la ferme », répondit-il.

Dellière, l'enfant de troupe de 1861, hier encore notre président, Dellière, Messieurs, n'a jamais vu que la Patrie...

. . . .

A l'heure où s'est posée pour notre camarade la redoutable question qui nous attend tous, je me suis demandé si, dans ce moment rapide comme l'éclair, il avait eu le temps d'y préparer son esprit, mais je me suis rappelé que, pour les croyants, moins que pour les autres, ce lugubre imprévu n'a pas de surprises. Dellière était de ces heureux pour lesquels la vie humaine, si limitée, n'est pas sa propre fin et sa propre conclusion; il savait que l'au-delà n'est pas un temple vide et sans Dieu, mais le doux refuge où les affections brisées par la mort viennent se rejoindre et, cette fois, pour ne plus se séparer.

Au revoir donc, ami, au revoir! Au nom de cette ville de La Flèche qui, désormais, vous rangera parmi ses fils les meilleurs, les plus vaillants et les plus respectés. Au nom de votre pauvre mère, de votre sœur, au nom de mes camarades, vos frères, tous en deuil aujourd'hui!

Au revoir au nom de l'enfant agenouillé près de votre cercueil!

Quelle autre consolation apporter à cet orphelin que de partager sa douleur et de pleurer avec lui!

Ton père, ô mon cher petit, tu l'as vu pleurer souvent au souvenir aimé de celle qui t'a donné la vie!

Elle était si bonne!

Crois-le bien : si tous les deux se sont éloignés pour une heure, de là-haut tous les deux veilleront sur toi! Courage donc et reste debout en attendant la suprême et éternelle étreinte!

DISCOURS

PRONONCÉ DANS LE CIMETIÈRE DE LA CHARTRE

Sur la tombe de M. CHARLES DE BOURQUENEY,

LIEUTENANT AU 8ᵉ RÉGIMENT DE CHASSEURS

Décédé à Auxonne (Côte-d'Or), le 15 janvier 1899.

MESSIEURS,

Devant cette tombe ouverte, le plus éloquent éloge, c'est vous mêmes; c'est le spectacle de votre concours empressé; c'est la religieuse tristesse que je lis sur tous les fronts; c'est la sympathie émue que sont venus témoigner les plus hauts représentants de l'autorité... C'est ce cortège imposant, où se rencontrent, dans l'unanimité d'un même deuil et d'un même hommage, tous les rangs et tous les âges. C'est enfin et surtout la présence des officiers de notre admirable armée.

Je ne ferai donc que traduire en peu de paroles le spectacle que vous offrez vous-mêmes et je n'aurai qu'à exprimer les sentiments qui remplissent tous les cœurs envers notre à jamais regretté Charles de Bourqueney, lieutenant au 8ᵉ régiment de Chasseurs, décédé à Auxonne, dans sa 26ᵉ année.

Descendant d'une ancienne famille qui, de père en fils, se dévoue au maintien de l'honneur et à la défense des intérêts sacrés de la Patrie, en pays, étrangers comme en terre française, Charles de Bourqueney n'avait qu'à évoquer le souvenir des siens pour y puiser les qualités natives, je veux dire le zèle vigilant, la parfaite courtoisie, le tact supérieur et enfin le suprême désintéressement qui caractérisent les hommes généreux, les vibrants.

Ils se font rares, Messieurs : aussi, quand ils disparaissent, ont-ils droit à tous les regrets comme à tous les respects.

Le rêve de Charles de Bourqueney — il m'en faisait part, lorsque je lui enseignais le catéchisme, — c'était d'être officier de cavalerie. Il n'ignorait pas les dangers et les fatigues du rude apprentissage du cavalier, mais, doué d'une volonté de fer, il avait résisté à toutes les épreuves. L'avenir s'ouvrait donc pour lui, radieux, quand, soudain, une maladie le terrasse, peu sérieuse, du moins on le croit. Ses camarades l'entourent ; avec le courage d'un homme vieilli sous les drapeaux, le lieutenant les rassure, et pendant plusieurs jours, ils restent, en face de son calme, sans inquiétude.

Tout-à-coup son pouls bat moins fort, ses yeux se ferment et il quitte ce monde presque subitement, le visage reposé comme s'il était endormi, et après avoir reçu les derniers embrassements d'un père et d'une mère adorés.

Et les officiers du 8ᵉ chasseurs restaient près de lui, brisés, ne pouvant croire que tout fût fini et qu'il ne pût leur parler encore !

Loyal et chevaleresque, étranger à toute espèce

d'ambition malsaine, à tout sentiment d'envie, d'intérêt personnel, fidèle aux amis qui, en l'approchant, avaient eu l'occasion de le juger à sa valeur, Charles de Bourqueney nous donne à tous, Messieurs, cette grande leçon de la mort, noble, pieuse, sans plainte, de qui tombe en faisant son devoir.

Que chacun de nous, à l'exemple de cet officier sans peur et sans reproche, lise par les yeux de la pensée, les mots inscrits ou non que le drapeau rappelle à tout cœur bien né : ces mots sont les mêmes sur le drapeau tricolore de l'Empire et de la République que ceux que lisaient nos ancêtres sur l'oriflamme de saint Denis, sur la bannière bleue des Valois et sur l'étendard blanc fleurdelisé d'or : *Honneur et Patrie !*

L'Eglise, Messieurs, avec ses immortelles espérances, a fermé les paupières du soldat, du fils tendrement aimé, du camarade dont la dépouille périssable, va, tout à l'heure, descendre dans la terre. Il n'était pas, en effet, de ceux pour qui « l'existence est un accident sombre entre deux sommeils infinis », il professait avec le poète :

Que le tombeau qui sur le corps se ferme,
Ouvre le firmament,
Et que ce qu'ici-bas nous prenons pour le terme
Est le commencement.

Il savait que la mort ne creuse pas des abîmes entre nous et les disparus ;.. que le Christ s'est établi entre les deux mondes, unissant, dans les étreintes de la Croix, ceux qui restent et ceux qui sont partis.

Au revoir donc, mon jeune et très cher ami, au revoir et non pas adieu !

Au revoir, au nom de votre père et de votre mère, dont le courage est aussi grand que la douleur et que notre respectueuse sympathie essayerait de consoler si Dieu n'était pas l'unique consolateur d'une épreuve aussi terrible et d'une aussi cruelle séparation !

O père, ô mère, qui pleurez des larmes de sang, vous aviez mis dans le berceau de votre enfant cette chose exquise qui s'appelle l'honneur... Il l'a gardée jusqu'à la mort et, aujourd'hui, dans la tombe, elle est, avec la miséricorde divine, son plus pur linceul !

Au revoir au nom de vos sœurs si bonnes... Au revoir, enfin, au nom de cette France que vous avez aimée jusqu'au sacrifice de vous-même !

O cher Enfant, — laissez-moi vous donner une dernière fois ce nom, — dormez en paix, à côté de celle qui repose à cette même place, en attendant le dernier réveil !...

Dormez en paix !

Et puis nous reviendrons, nous qui aimons l'armée, la France passionnément, nous reviendrons, je vous le promets, nous agenouiller sur votre tombe que protège la Croix du Christ Rédempteur, et, après y avoir respiré, avec le parfum du souvenir, la foi, le courage et l'invincible espérance, en nous relevant, nous crierons aux jeunes, et plus fort et plus haut que jamais, cette devise qui fut la vôtre et que personne n'a le droit d'oublier :

Tout pour la Patrie !

15

DISCOURS

PRONONCÉ A LA FLÈCHE, LE 22 AOÛT 1899

Aux funérailles du Lieutenant-Colonel Achille-Joachim JULLIAN

COMMANDANT LE PRYTANÉE MILITAIRE.

Monsieur le Général, (1)
Messieurs,

Le chef, l'ami que nous pleurons et dont l'Eglise avec ses immortelles espérances a fermé les paupières, nous l'avons vu terrassé par la mort impitoyable, en moins d'une semaine...! Et, cependant que d'efforts éclairés et intelligents pour lui ravir sa victime !

Vous tous, mon Commandant, Messieurs les officiers, Messieurs les professeurs, avez été les témoins émus et attristés de cette lutte suprême, acharnée, sans trêve ni repos, pendant laquelle, à toutes les minutes du jour et de la nuit, nos médecins ont prouvé une fois de plus que, pour eux, l'exercice de leur art est un véritable sacerdoce fait de la plus entière abnégation. Impuissante hélas ! devait-être la science à arrêter les progrès d'un mal que des complications nouvelles venaient aggraver en limitant ses moyens d'action !

Impuissante également, la douleur de cette épouse

------

(1) M. le général de Luxer, délégué par M. le Général Commandant le 4º corps d'armée.

admirable — la femme forte de l'Évangile — à suspendre l'arrêt fatal qui, frappant l'homme dont elle était digne par ses vertus, allait, pour toujours, l'atteindre au plus intime de son être et réduire à néant tous ses rêves d'amour.

Impuissante enfin, la tendresse de ses cinq enfants qui, à genoux au pied de son lit, semblaient lui crier à travers leurs sanglots : O père chéri, reste avec nous, reste, par pitié, ne nous abandonne pas !. . . . . .

En vérité, si nous ne savions que Dieu seul est grand, le spectacle offert à nos yeux nous l'apprendrait aujourd'hui. De ce cercueil, en effet, sort une voix éloquente : elle nous dit que nous ne *savons rien*, ni le jour, ni la nuit, ni le lieu de notre mort ; que nous ne sommes *maîtres de rien*, pas même de notre existence, et que, par suite, nous devons vivre dans la pratique des vertus, toujours prêts à paraître devant Dieu. C'est ce qu'avait compris l'officier supérieur auquel nous rendons les derniers devoirs. Si je ne prenais conseil que de sa modestie, je me tairais : mais, en gardant le silence, outre que je ne répondrais pas à vos désirs, il me semble qu'il manquerait quelque chose à mon cœur, si, avant de le rendre à la terre, je ne disais en deux mots, ce que fut la vie du lieutenant-colonel · Achille-Joachim Jullian, commandant le Prytanée militaire, chevalier de la Légion d'honneur et commandeur de l'Ordre de Saint-Stanislas de Russie.

Comme on voit parfois le soleil briller un moment, s'éclipser, briller de nouveau et s'éclipser encore,

15..

ainsi beaucoup d'hommes offrent un triste contraste de grandeurs et de petitesses, de vertus et de défaillances. Rares en effet, sont ceux qui, toujours égaux à eux mêmes, ne laissent dans leur existence aucune page regrettable, et n'ont, du berceau à la tombe, rien à effacer.

Notre colonel fut de ce petit nombre, Messieurs, et tel on le vit en sa jeunesse, à l'âge mûr, actif, laborieux, honnête, religieux, tel il nous apparût à son heure dernière : laissant à sa famille la consolation d'une vie sans tache et d'un nom pur, à nous tous un exemple et des leçons.

Entré à Saint-Cyr en 1864, Achille-Joachim Jullian est nommé sous-lieutenant à 20 ans, le 1er octobre 1866, au 25e de ligne. C'est dans ce régiment, que le jeune officier reçut le baptême du feu en 1870. Il prit part aux sanglantes batailles livrées autour de Metz et fut envoyé en captivité après la reddition de la place.

Son frère puîné, Saint-Cyrien de la veille, était tombé le 4 août à Noiseville, frappé d'une balle en plein cœur.

La paix conclue, Achille-Joachim Jullian retrouva son régiment reconstitué à Marseille. C'est le 13 mai 1873, à l'âge de 27 ans, qu'il fut promu capitaine. Consciencieux, zélé, avide de s'instruire, il ne tarda pas à fixer l'attention de ses chefs, et, le 11 décembre 1874, il était détaché à l'école militaire d'infanterie, en qualité de professeur de fortification et de topographie. Nommé chef de bataillon au 16e de ligne, le 15 mai 1888, lieutenant-colonel au 19e, le 4 octobre 1896, puis au 118e, ses qualités d'intelligence et de cœur, sa maturité d'esprit le firent distinguer par le général Brault qui le proposa lui-même au ministre de la Guerre pour occuper les importantes et délicates fonctions de commandant du Prytanée.

Il y réussit à merveille, si bien que le général Dessirier, qui vient d'inspecter l'Ecole, disait en parlant de lui : « *Le colonel Jullian a des qualités de premier ordre*, et l'impulsion donnée au Prytanée depuis quelques mois en est la meilleure preuve. »

Animé d'une conviction profonde, d'une foi ardente dans la valeur des principes qui font les armées disciplinées et victorieuses, il s'efforçait de les répandre autour de lui et il y arrivait par ses attentions envers ses subordonnés, par les conseils qu'il leur prodiguait sans compter, et surtout par l'exemple. Sa vigilance se portait sur les détails sans altérer la largeur de ses vues, car il était persuadé que leur accomplissement intégral permet seul d'obtenir un harmonieux ensemble.

Tous ceux qui ont servi sous ses ordres, à Bourges, à Castelnaudary, à Saint-Brieuc, à Brest et à Quimper, lui ont rendu cette justice, et, dans leur attachement, persistera le souvenir d'un chef habile à concilier les exigences du service avec les justes égards qui sont dus aux inférieurs. Dans ses rapports avec le commandement, même correction doublée de cette respectueuse déférence dont il avait puisé le principe dans le sentiment de la discipline envisagée dans sa conception la plus haute.

Voilà ce qu'était le soldat. Pour dire ce que fut l'homme, j'éprouve un certain embarras, craignant que mes paroles soient attribuées à l'excès de la bienveillance ou à l'excès de l'affection. Et pourtant, il faut bien que je le dise : il était parfait, si la droiture de la conscience, l'honnêteté du caractère et la générosité du cœur rendent un homme parfait. Il était bon, tendrement, idéalement bon. Son âme se reflétait sur sa figure et quand il vous tendait sa main loyale, on éprouvait un irrésistible besoin de la presser fortement et de goûter près de lui le repos et la paix.

Cent fois, en pensant à lui, nous nous rappelions cette parole de l'Écriture : « Celui qui a trouvé un ami fidèle a trouvé un trésor. » De fait, son dévouement n'avait pas de prix, parce que son affection n'avait pas de bornes.

La charité au cœur des hommes est une fontaine jaillissante qui ne se repose jamais. Comme Dieu verse son soleil et sa rosée, elle verse ses eaux pures sur tout ce qui l'entoure. Notre colonel, ce soldat sans peur et sans reproche, que six mois de vie commune, et je puis dire intime, au milieu des labeurs de la tâche quotidienne, m'ont fait connaître et admirer, aima tous ses Prytanéens jusqu'à souffrir — ce n'est un secret pour personne — et souffrir cruellement de leurs échecs et de leurs peines......

Mais combien charmantes, délicates, étaient ses attentions pour les orphelins, pour ceux d'entre vous, amis, qui n'ont plus là-bas, au pays, un père, une mère, heureux de les embrasser à l'époque des vacances !

Où donc cet homme trouvait-il la force de se dévouer ainsi ?

Où est-elle, Messieurs ? Dans la religion, car il était chrétien, non pas seulement de sentiments, mais de paroles et d'action, sans provocation, sans jactance, mais sans déguisement et sans faiblesse.

Avec la simplicité d'un enfant, il priait, il se confessait, il communiait : il était de ceux qui pensent que croire et ne point pratiquer est indigne d'un grand caractère et il agissait en conséquence.

Qu'ajouterai-je encore ?

Votre présence, Monsieur le Général, la vôtre, Monsieur et très cher Vicaire Général (1), cette assistance d'élite si nombreuse, d'inombrables télégrammes venus des quatre points de la France, montrent bien mieux que mes paroles la place que M. le colonel Jullian tenait dans l'armée, l'attachement qu'il avait su inspirer à tous, en cette ville, l'amertume de nos regrets !...

Et maintenant, dans notre malheur, dirai-je que c'est fini à jamais pour nous qui l'avons tant aimé ? Non, non, Messieurs. La grande et triste erreur de quelques-uns, même bons, c'est de s'imaginer que ceux que la mort emporte nous quittent.

Ils ne nous quittent pas. Ils restent. Où sont-ils ?

---

(1) M. l'abbé Dubois, délégué par Monseigneur l'Evêque du Mans. Sa Grandeur a bien voulu m'écrire que *notre deuil était son deuil et qu'il mêlait ses prières aux nôtres.* . . .

Dans l'ombre? Ne le croyez pas ; c'est nous qui sommes dans l'ombre. Eux vivent dans la lumière, à côté de nous, près de nous, sous le voile, plus présents que jamais. Nous ne les apercevons pas, parce que le nuage obscur nous enveloppe. Eux nous voient. Ils tiennent leurs beaux yeux pleins de gloire sur nos yeux pleins de larmes. O consolation ineffable ! Les morts sont des invisibles, ce ne sont pas des absents. Et les séparations de la terre ne sont que des rendez-vous pour l'éternité...

En tombant à votre poste, mon Colonel, simplement, fidèle à tous vos devoirs, vous aurez eu, vous aussi, comme le jeune héros de Noiseville, votre champ d'honneur !

Au revoir donc, et non pas adieu, au revoir dans un monde meilleur !

Mes chers Candidats,

M. le Commandant en second, portant hier à votre connaissance la perte que venait de faire le Prytanée, vous disait : « Merci à vous, au nom de tous vos camarades, d'avoir décidé spontanément et à l'unanimité que, malgré votre légitime désir de revoir vos parents après dix mois de rudes travaux, vous resteriez quarante-huit heures de plus, afin de pouvoir accompagner votre digne chef à sa dernière demeure. »

Et je vous ai vus l'arme au pied pour la suprême veillée... Et de grosses larmes coulaient de vos yeux !

C'est bien, amis, c'est très bien, et des Brutions je n'attendais pas une autre attitude. Mais cela faisant, vous n'avez été que justes, car cinq minutes avant d'expirer, le cher disparu me parlait encore de vous...

Que ce souvenir, touchant de si près à la tombe et à l'éternité, vous soit une bénédiction !

Notre colonel était soldat, vous l'êtes : déposez sur son cercueil que recouvre le drapeau cravaté de deuil, la fleur du souvenir. Notre colonel était croyant, vous l'êtes : faites monter pour le repos éternel de son âme une prière vers le Dieu qui juge les justices elles-mêmes.

N'oubliez pas non plus la noble et pieuse femme qui le pleure, mais dont la douleur s'adoucit par la foi en l'Éternel « au revoir » que les chrétiens se donnent en quittant une tombe qui vient de s'ouvrir, regardant non la terre qui n'emprisonne qu'une dépouille, mais le ciel radieux où l'âme, enfin libre, s'est pour toujours envolée !

SOCIÉTÉ DES VÉTÉRANS
DES ARMÉES DE TERRE ET DE MER

A MES CAMARADES DE LA 119ᵉ SECTION

MESSIEURS,

Jaloux de l'indépendance de la Patrie, ardemment dévoués à sa grandeur, désireux de relier entre elles les forces vives de la nation et persuadés que son relèvement est une idée commune aux généreux citoyens de tous les partis, des hommes d'initiative ont fait appel aux anciens soldats pour l'organisation d'une société fraternelle ayant pour but de développer partout et en tous l'esprit patriotique qui fait passionnément aimer la France; l'esprit militaire qui la fait servir patiemment et vaillamment; l'esprit national qui est la connaissance exacte et raisonnée des intérêts et des besoins de la nation entière, et qu'il ne faut laisser ni s'émietter à l'intérieur en esprit particulariste, ni se disperser au dehors en esprit humanitaire. Concentrons-nous, entr'aimons-nous et entr'aidons-nous. Soyons Français, bons Français, rien que Français. Quant à la fraternité des peuples, nous en parlerons le jour où Caïn nous aura rendu ce qu'il nous a pris...

Le but que nous avons à poursuivre, Messieurs, se présente à nos efforts sous un double aspect : il offre à la fois un caractère pratique d'humanité et un caractère plus élevé de patriotisme. (1)

Au point de vue humanitaire, la Société des Vétérans des Armées de terre et de mer se propose d'assurer, au moyen des cotisations de ses membres, des pensions de retraite aux anciens combattants dont la vieillesse et les infirmités diminuent les forces et les ressources.

A lui seul, un tel résultat devrait déjà mériter à notre œuvre les plus chaleureuses sympathies. La charité, dans ce cas, n'est plus seulement la première des vertus : c'est un acte de haute justice, car ces secours accordés aux défenseurs de la Patrie ne sont que la légitime récompense de leur dévouement, récompense que tous peuvent recevoir avec fierté.

Dans le but de perpétuer les services que rendra cette utile et patriotique fondation, les Vétérans adhérents auront le droit (dont ils tiendront à honneur d'user largement) d'inscrire à titre de pupilles de la Société leurs enfants, qui deviendront sociétaires dans les conditions prévues par les Statuts.

Certes, nous ne nous faisons pas d'illusions ; cette retraite sera maigre, mais encore nous permettra-t-elle d'ajouter à notre ordinaire une bouchée de pain qui nous paraîtra plus tendre, venant de l'affection de nos camarades...

A un point de vue plus élevé et plus général, la Société résume son rôle dans une bien noble et bien

(1) Voir notes explicatives, n° 15.

belle devise « *N'oublier jamais !* », c'est-à-dire qu'elle se donne pour tâche de maintenir et de développer le culte de la Patrie et du Drapeau, le respect des traditions séculaires que nous ont léguées nos aïeux.

En toutes choses, comme le dit un homme d'esprit et de cœur, (1) l'ingratitude est odieuse. Elle devient un crime lorsqu'il s'agit de services de guerre, do sang versé sur les champs de bataille. Si fécond qu'il soit en actes héroïques, un pays n'est jamais trop riche en gloire. Tous ceux qui aiment vraiment la France ont donc le devoir de se souvenir toujours, de n'oublier jamais, de veiller avec un soin jaloux à ce que l'esprit de parti ne dépouille le patrimoine national d'aucune de ses illustrations.

La devise de la Société des Vétérans des Armées de terre et de mer permet de réunir dans un même sentiment d'admiration et de reconnaissance tous les grands noms de notre histoire militaire, depuis les rudes chevaliers bardés de fer, qui, à l'époque mémorable des Croisades, sont allés porter si haut l'influence française en Orient, jusqu'aux héros épiques des grandes guerres de la Révolution et de l'Empire et à ces petits mobiles de 1870, soldats malheureux et improvisés, qui ont su, du moins, mourir avec résignation, sans désespérer des destinées du Pays.

J'ajoute qu'il est parfois des défaites réconfortantes. Sans les chercher au loin, il est impossible de ne pas

---

(1) M. Robert Triger, ancien officier de réserve, vice-président de la IIIᵉ section de la Société des Vétérans des Armées de terre et de mer, président de la Société historique et archéologique du Maine.

ressentir une douce impression de fierté et de
confiance, en parcourant certaines parties du champ
de bataille du Mans, et particulièrement ce célèbre
plateau d'Auvours, où, à l'heure du désastre suprême,
une poignée de jeunes camarades se sont fait tuer si
crânement à l'appel d'un général républicain, pour
Dieu et la Patrie. De tels exemples sont singulièrement salutaires. Ils contribuent, aussi bien que de
glorieuses victoires, à faire aimer le Drapeau, à exciter les courages et à entretenir les *aspirations nationales*. Par suite, quelles que soient les circonstances,
n'oublier jamais devient le meilleur des enseignements pour les générations nouvelles, la meilleure
garantie des succès de l'avenir.

A côté des services qu'on est en droit d'en attendre,
la Société des Vétérans des Armées de terre et de
mer a déjà par devers elle une assez jolie somme de
services présents. Parmi ceux-là, il n'en est pas de plus
réel que le développement de l'esprit d'association.
L'association est une corporation ouverte à tous ; la
corporation était une association fermée. La différence
est grande, et grand aussi le progrès qui en résulte.

Or, en France, être réunis, c'est bientôt être unis.
Faute de s'entendre est un vieux proverbe qui pourrait avoir pour complément : Faute de se connaître.

Il n'est pas de pire dissolvant que la politique ;
c'est pourquoi il n'est pas de lien meilleur ni plus
utile que les Sociétés d'où cette politique est exclue.

Sociétés de toutes sortes, d'éducation militaire
comme d'éducations artistiques : qu'elles soient

gymnastiques ou musicales, de tir ou de chant, littéraires ou commerciales, tous ces groupements constituent de vraies unions nationales. Ce sont les pierres diverses qui construisent un même édifice ; c'est, dans leur étymologie commune, la solidité de la Patrie faite de la solidarité des patriotes.

Voilà pourquoi nous nous intéressons si cordialement à toutes ces œuvres réparatrices, pourquoi aussi nous en estimons si fort les vaillants ouvriers.

*
* *

Les Sociétés dont je vous parle, Messieurs, sont une conséquence logique du service obligatoire pour tous les citoyens sans exception, dans une nation armée. Si, par hasard, il était besoin d'insister sur cette démonstration et d'invoquer des témoignages autorisés, nous n'aurions qu'à jeter les yeux à côté de nous et à regarder ce qui se passe en Allemagne.

Je le déclare : je suis peu partisan de ce genre d'argumentation. Il me déplaît de parler des Allemands et de les citer comme exemple. Pour exprimer toute ma pensée, je dirai même qu'on les a trop imités, en France, depuis 30 ans. Nous avons un génie national capable de fournir de puissants originaux, sans en être réduits à nous astreindre au métier de copistes. Nos grands capitaines ont renouvelé, à diverses époques de l'histoire, l'art de la guerre. Cette sève féconde n'est pas tarie dans notre pays. J'espère qu'on s'en apercevra, un jour ou l'autre.

Pourtant — il faut l'avouer avec courage — la

Prusse, après Iéna, puis, à sa suite, l'Allemagne
entière, s'étant appliquée à devenir une nation armée,
nous a fourni le modèle le plus complet de ce
régime auquel nos ennemis ont dû leurs succès et
que nous avons adopté à notre tour. Nous ne faisions
d'ailleurs ainsi que rendre permanent le mouvement
national de 1792 et revenir aux traditions de la première République, celle de Valmy, de Jemmapes,
de Wattignies, de Fleurus.

C'est au règne de Frédéric-Guillaume III, que
remonte l'origine des *Krieger-Vereine*, ou associations
amicales des anciens militaires allemands. Les
soldats qui avaient pris part aux guerres de l'indépendance, les vétérans des campagnes de 1813, 1814,
1815, voulurent d'abord perpétuer par des fêtes —
dites fêtes de volontaires ou de la landwehr, — la
mémoire de leurs luttes, contre les dernières armées
napoléoniennes, et de leurs victoires sur le géant
épuisé. Un de nos poètes a lancé à ces triomphateurs
in extremis cette apostrophe vengeresse :

Combien, au jour de la curée,
Étiez-vous de corbeaux contre l'aigle expirant ?

Mais c'est là un ordre de considération dont les
braves Teutons n'ont pas cure. Ils ont vaincu, trois
contre un, Napoléon à Leipzig ; ils l'ont achevé en
arrivant à point pour sauver leur allié anglais, le soir
de Waterloo. Cela leur suffit. Et les vieux compagnons
de Blucher se réunissaient, à partir de 1830, pour
célébrer, en vidant des chopes et en fumant des pipes,

les exploits de leur jeunesse. Bientôt les fêtes annuelles se transformèrent en associations permanentes, qui eurent un remarquable caractère de mutualité, et se proposèrent de secourir, dans leurs principaux besoins, les camarades pauvres ou infirmes. Ces associations eurent une sorte d'organisation militaire. Le roi Frédéric-Guillaume IV leur accorda de rendre militairement les honneurs à leurs camarades qui disparaissaient, non seulement à ceux qui avaient porté les armes devant l'ennemi, mais encore aux retraités et aux invalides ayant accompli douze années de service, ou s'étant distingués par leur zèle et leur dévouement dans la landwehr. Les membres des *Krieger-Vereine* eurent un uniforme pareil, sur toute l'étendue de la monarchie, avec le droit de l'endosser les jours de fête, l'autorisation de posséder des armes et de les porter en public.

Il n'est pas douteux que ces sociétés et le courant guerrier qu'elles entretenaient dans la nation n'aient été pour beaucoup dans la préparation de l'Allemagne aux prodigieux succès remportés de 1864 à 1870.

Ces succès eux-mêmes imprimèrent un nouvel élan aux associations de vétérans. L'une d'elles, la *Slesvigia*, formée après la guerre de Slésvig-Holstein, en 1864, a pour programme d'offrir à ses membres « un lieu de réunion où ils peuvent passer leurs soirées, qui suppléera avantageusement aux lieux de réunion publics et où se rafraîchiront sans cesse les souvenirs de la dernière campagne. »

Après 1870, le sol de la Prusse et de la plupart des
pays allemands fut couvert d'institutions de ce genre;
il y en eut dans chaque ville, dans chaque village.
Les glorieux souvenirs s'étaient multipliés, l'orgueil
patriotique coulait à pleins bords, les Allemands se
croyaient, par la force des armes, les maîtres de
l'Europe et du monde et ils ne songeaient qu'à perfec-
tionner leur instrument de domination.

Voici le premier chapitre des statuts de l'association des *Krieger-Vereine*, de Munich, fondée le 28
février 1872, qui indique le but de la Société :

1° Fortifier le principe monarchique, developper
les sentiments d'amour et de fidélité dûs au roi et à
la Patrie ;

2° Faire passer les sentiments de camaraderie,
l'esprit militaire, l'amour du métier, de l'âme des
vétérans dans celle des jeunes soldats, et développer
ces sentiments au milieu même de la vie civile ;

3° Faire dire, chaque année, un service religieux
solennel pour les associés morts et pour les soldats
tombés dans les combats des dernières guerres ;

4° Avoir, à certains jours de réunion, des entre-
tiens et des conférences militaires ;

5° Soutenir les vétérans âgés ou les anciens soldats
incapables de travailler pour vivre.

Vous le voyez, Messieurs, c'est un programme
complet d'entraînement militaire dans la vie civile.
Une foule de circonstances viennent encore en étendre
la portée, en activer le fonctionnement.

C'est, comme nous l'apprend le journal le *Soldaten-*

Freund, un usage constant, à chaque voyage entrepris par l'Empereur, soit pour assister aux manœuvres, soit pour chasser, soit pour tout autre motif, de réunir tous les *Krieger-Vereine* des environs, dans les gares où s'arrête le train impérial. Leurs membres sont alors présentés à l'Empereur et l'assurent de leur fidélité. Ils se réunissent en grand nombre aux revues de corps d'armée où, avec leurs musiques, leurs drapeaux, leurs masses imposantes bien alignées et leur allure martiale, ils produisent toujours une favorable impression.

En 1873, cent-vingt *Krieger-Vereine* allemands envoyèrent un délégué à Weissenfels, afin de poser les bases d'une fédération. Il s'agissait de partager le territoire de l'Allemagne en 33 cercles; à la tête de chaque cercle, le bureau central nommait un président destiné à être son organe et son représentant vis-à-vis ces sociétés particulières. Cette organisation d'ensemble voulait : 1º entretenir des liens de camaraderie entre les membres des diverses sociétés; 2º vivifier et renforcer le sentiment national; 3º fortifier l'attachement à l'Empire et à l'Empereur, et en faire preuve; 4º porter secours aux associés nécessiteux ou trop âgés pour travailler.

Le plan si vaste adopté par l'assemblée de Weissenfels ne fut qu'en partie réalisé. En effet, les associations de Bavière, du Rhin, des duchés de Saxe, de Westphalie, de Souabe, de Hesse, formèrent une fédération particulière, sur une base qui pût garantir l'indépendance de chaque société, et éviter toute unité d'administration. Mais le principe était toujours le même : développer l'esprit de camaraderie militaire, d'entretenir le sentiment de la gloire militaire de l'Allemagne, fortifier sans cesse l'amour de la Patrie et les sentiments de fidélité à la maison régnante. Toutes ces réunions de vétérans, diverses par leurs règlements intérieurs, souvent en rivalité entre elles, sont uniformes par leur esprit, par leur enseignement, par leur action. Toutes elles travaillent sans relâche à maintenir les traditions guerrières de la race germanique et elles y parviennent comme l'indique leur développement.

J'ai sous les yeux un recensement des *Krieger-Vereine* remontant à plusieurs années, et sans doute inférieur aux chiffres actuellement atteints. Il enregistre huit mille sociétés d'anciens soldats, fédérés en deux cents groupes principaux, et donnant un total de plus d'un million d'hommes.

L'Empereur et les souverains des États allemands ne laissent passer aucune occasion de manifester leur bienveillance aux *Krieger-Vereine*, qui reçoivent une foule de présents, des drapeaux, des insignes et des donations dont certaines sont assez importantes pour permettre à la société bénéficiaire de fonder un établissement ou une œuvre d'assistance pour ses membres et leurs familles.

Les gouvernants d'Outre-Rhin ont toute raison de veiller avec sollicitude sur une force aussi puissamment organisée, qui observe fidèlement le culte des gloires passées, souffle sans cesse la flamme du

patriotisme, et oppose à la propagande internationaliste et collectiviste la barrière la plus solide, la plus
infranchissable.

Grâce à ces grandes *Krieger-Vereine*, l'Allemagne
est confiante dans sa mobilisation générale. Le jour
où les réserves devront se joindre à l'armée active,
tout se passera avec rapidité, ordre et méthode,
chez ces vétérans tout remplis de l'esprit et des traditions du régiment; soldats, ils accourront à leur
poste de combat, sans surprise, sans trouble, pour
l'accomplissement naturel d'un devoir qu'ils n'auront
point perdu de vue dans la vie civile.

Alors que de semblables forces sont organisées et
fonctionnent, chaque jour grandissantes, auprès de
nous, contre nous, pourrions-nous, Messieurs, rester
indifférents et inactifs? Ne manquerions-nous pas aux
conseils élémentaires de la prudence, aux premiers
devoirs du patriotisme, en laissant à nos rivaux le
monopole d'un organisme qui leur donne tant de
confiance, d'orgueil et de réelle autorité?

Le jour où les sociétés régimentaires seront généra-
lisées en France, et où les anciens militaires, par centaines de mille, comme en Allemagne, resteront
fidèlement dans le rang, se considérant toujours
comme soldats, venant se retremper dans la fréquen-
tation des camarades attachés au culte du Drapeau,
ce jour-là, le problème de la mobilisation sera résolu,
la valeur des réserves décuplée, la sécurité nationale
assurée. — La France formera un bloc que rien ne
pourra plus entamer; type idéal de la nation

armée, elle aura enfin complètement mis en œuvre les ressources incomparables de la race, ces qualités militaires natives qui lui sont propres et qu'aucun autre peuple n'égale dans le monde.

. . . .

Nous traversons, Messieurs, des temps bien tristes où, pour la première fois, de misérables intrigues tentent de porter atteinte à l'honneur de notre Armée.

Il n'est pas d'injures dont on n'accable les officiers et d'ordures dont on ne les couvre ; on s'attaque plus spécialement aux chefs les plus respectés, de manière à briser les liens qui unissent de la base au sommet les divers échelons hiérarchiques et à enlever aux soldats la confiance qu'ils doivent avoir dans ceux qui les commandent. Il ne s'agit plus seulement de diminuer la valeur de l'Armée en réduisant le temps de service.

Nos ennemis, cosmopolites, internationalistes ou autres, ont démasqué leurs batteries : ils veulent la suppression des armées permanentes et leur remplacement par des Gardes nationales sédentaires; ils veulent tuer l'esprit militaire, ils veulent ce qu'ils appellent dans leur langue barbare la démilitarisation de la France.

Voilà où nous en sommes, trente ans après nos malheurs !

La nation a consenti les plus lourds sacrifices pour reconstituer sa puissance militaire et conserver son rang dans le monde ; toute l'Europe est en armes, nos

frontières peuvent être subitement menacées. Eh bien !
une infime minorité révolutionnaire, faisant litièrede
la Patrie, cherche à détruire la seule force qui, en
assurant l'indépendance nationale, soit capable de
s'opposer à la réalisation de ses rêves et de ses
utopies.

Il y a là, croyez-moi, un courant dangereux contre
lequel on ne saurait réagir trop énergiquement, d'autant plus que le courant est alimenté et grossi par
des appoints d'une allure plus calme, plus modérée,
plus timide, mais non moins pernicieuse.

Il existe, en effet, des hommes politiques qui, tout
en étant convaincus qu'une bonne armée est la sauvegarde d'un pays, et tout en se défendant de vouloir
l'affaiblir, cherchent à introduire dans son organisation des modifications ou des changements dont les
conséquences seraient funestes : elles diminueraient
sa cohésion, ébranleraient sa discipline et affecteraient son état d'âme. Avec une pareille tactique, on
ne renverse pas violemment l'édifice, mais on en
arrache peu à peu les pierres jusqu'à ce qu'il
s'ébranle.

L'Armée est une citadelle fermée au sein de la
nation; elle a sa vie propre à cause de sa mission
spéciale qui exige une éducation spéciale; elle n'a
pas à se transformer suivant les milieux politiques ni
à subir leurs influences, elle est *une*, ne relevant que
de ses chefs et du ministre de la Guerre.

Ce court résumé, qui demanderait plusieurs conférences pour être développé, suffit à vous montrer
les dangers qui menacent l'Armée et, par suite, à vous
indiquer les services que vous pouvez rendre.

En quittant vos régiments, vous avez voulu, par la
constitution de vos sociétés, garder intacts dans la
vie civile les principes d'ordre et de discipline que
vous y aviez puisés ; les sentiments de solidarité et de
camaraderie nés d'un contact fraternel ; les vertus
écloses à l'ombre du drapeau tricolore ; la foi dans les
destinées de la Patrie, en un mot, votre esprit
militaire et votre patriotisme.

J'ai dit un jour que vous étiez des foyers entrete-
nant le feu sacré et rayonnant une chaleur bienfaisante sur les âmes qui seraient tentées de s'amollir
dans la paix ou d'oublier les obligations austères
qu'impose la défense du sol natal. Le moment est
venu de mettre en pratique cette définition et de lutter
contre une invasion plus terrible et plus redoutable
que celle de 1870.

Il vous appartient, dans les milieux que vous fré-
quentez, de soutenir, en toute circonstance, les intérêts de l'Armée, de prouver que ces intérêts sont
intimement liés à ceux du pays, qu'une grande nation
comme la nôtre ne peut exister sans avoir une force
capable de défendre ses droits et son honneur, et
qu'une armée solide est la seule garantie de notre
intégrité territoriale et de notre indépendance. Vous
insisterez sur les conditions essentielles auxquelles il
y a lieu de satisfaire pour que l'Armée soit vraiment

une troupe et non un troupeau : durée du temps de service de trois années au minimum, suppression des permissions à jet continu, discipline sévère et juste, peines et récompenses entre les mains des chefs, etc.

Vous ferez connaître au jeunes gens la famille régimentaire, vous leur apprendez à aimer le métier des armes en leur disant que, s'il est parfois dur, il satisfait toujours le cœur et la conscience, que rien n'est plus noble que de servir sa Patrie jusqu'au sacrifice et que les nations chez lesquelles les soldats ne sont plus honorés sont destinées à périr. Vous détruirez les sophismes dont on abuse pour constater l'inutilité des armées permanentes en citant la triste expérience de 1870 que nous avons payée si cher! Malgré leur endurance, leur courage et leur dévouement, nos troupes formées à la hâte ont été constamment battues par les troupes régulières ennemies, et nous avons dû subir la loi du vainqueur. Non, ceux qui complotent la disparition de l'Armée oublient qu'ils sont citoyens français et sacrifient la Patrie à leurs appétits, à leurs passions, à leurs haines et à leurs théories révolutionnaires.

Voilà la vraie, l'unique raison de leur néfaste campagne; voilà pourquoi ils insultent les officiers et représentent l'Armée, tantôt comme un bagne, tantôt comme un foyer pestilentiel.

Vous êtes, Messieurs, la négation vivante de ces criminelles attaques : vous avez conservé un si bon souvenir de votre temps de service militaire que, de votre plein gré, vous le prolongez dans la vie civile.

N'est-ce pas la preuve évidente que les articulations produites sont aussi fausses qu'odieuses ? Et j'imagine que les cent mille membres de la Société des Vétérans valent bien les quelques publicistes qui prétendent convaincre l'opinion publique !

Les populations protestent à tout instant contre leur crime de lèse-patrie en acclamant nos troupes chaque fois que l'occasion leur en est offerte ; elles aiment leur Armée et sauront bien imposer silence à ceux qui la calomnient et essaient de la détruire.

Faites pénétrer dans les âmes cette conviction qui est vôtre : « L'Armée produit plus que toutes les machines de l'univers : elle produit *la sécurité publique et l'honneur national.* »

Faites voir que le dévouement du soldat, muet devant sa consigne, enfante ce que produisent les usines, les travaux publics, les ponts, les défrichements, le commerce, l'industrie. En effet, comme le dit justement le général Ambert : « Le soldat inspire la sécurité, et la sécurité donne naissance au travail. »

Le travail donne naissance au bien-être.

Au milieu de l'activité et de la prospérité générales, si vous dispersez l'Armée, qu'arrivera-t-il ? Partout l'alarme, partout les magasins se fermeront, les capitaux s'enfouiront en cave, les étrangers gagneront la frontière !

L'exportation de l'Armée sera vite suivie de l'importation de la misère...

Le soldat n'a qu'un sou dans sa poche, mais il est un gros capital : il met des milliers de francs dans les nôtres.

Il y eut une heure, heure néfaste, durant laquelle la France fut à peu près sans armée : la terreur se répandit dans les maisons et sous les toits de chaume, l'argent fut caché en terre profonde, personne ne chanta, le bon vin de France resta sous bonde, la crainte de l'ennemi extérieur et intérieur glaça tous les cœurs, et chacun de soupirer : *Quand donc les soldats reviendront-ils ?*

On respira quand ils revinrent, drapeau flottant au vent. Vive donc le soldat ! vive l'Armée ! car l'Armée, c'est la France... la France de l'indépendance et de la sécurité, la France glorieuse, forte et puissante !

Quand, au son de ses joyeuses fanfares, elle revient de campagne avec un peu de gloire au bout de son épée, l'Armée est grande, et je la salue. Quand elle se prépare, dans la paix et le monotone labeur de chaque jour, à la guerre du lendemain, peut-être est-elle plus grande encore, et je l'admire.

Et quand, succombant sous le nombre, elle revient des champs de bataille, écrasée, meurtrie, sanglante, elle a ce je ne sais quoi d'achevé que donne le malheur, et plus profondément encore je m'incline devant elle. Mais quand, méconnue, calomniée, bafouée, elle se tait et demeure calme sous l'insulte, l'Armée me paraît, par sa force d'âme, plus noble encore, — et je m'agenouille devant les

plaies que lui font des mains inconscientes ou criminelles, et je les baise, comme on fait des plaies d'une
mère, avec l'émotion profonde et le tendre respect
d'un fils.

A tous les détracteurs de notre magnifique Armée,
aux sans-patrie qui rêvent follement une France
heureuse et fière, dépourvue de soldats devant des
millions d'ennemis, répondons ce que répondit jadis
un vétéran couvert de blessures à un soldat novice.

Le vétéran avançait lentement sur la route, une
main appuyée sur le jeune homme. Ses yeux à jamais
fermés n'apercevaient plus le soleil qui scintillait
à travers les marronniers en fleurs; à la place du
bras droit se repliait une manche vide, et l'une des
cuisses posait sur une jambe de chêne dont le retentissement sur le pavé faisait retourner les passants.

A la vue de ce vieux débris de nos luttes patriotiques,
la plupart hochaient la tête avec une pitié affligée, et
faisaient entendre une plainte ou une malédiction
contre la guerre.

— Voilà donc à quoi sert la gloire! disait un gros
marchand, en détournant les yeux avec une sorte
d'horreur.

— Triste emploi d'une vie humaine! reprenait un
écolier qui portait sous le bras un volume de
philosophie.

— Le troupier aurait mieux fait de ne point quitter
sa charrue, ajoutait un paysan, d'un ton narquois.

— Pauvre vieux! murmurait une femme presque
attendrie.

Le vétéran avait entendu, et son front s'était plissé le conducteur aussi devenait pensif. Frappé de ce qui se répétait autour de lui, ce dernier répondait à peine aux questions du vieillard, et son regard, vaguement perdu dans l'espace, paraissait y chercher la solution de quelque problème.

Les moustaches grises du vétéran s'agitèrent ; il s'arrêta brusquement :

— Ils me plaignent tous, dit-il, parce qu'ils ne comprennent pas, mais si je voulais leur répondre !...

— Que leur diriez-vous, père ? demanda le jeune garçon avec curiosité.

— Je dirais d'abord à la femme qui s'afflige en me regardant, de donner ses larmes à d'autres malheurs, car chacune de mes blessures rappelle un effort tenté pour le Drapeau. On peut douter de certains dévouement, le mien est visible ; je porte sur moi des états de service écrits avec le plomb et le fer des ennemis ; me plaindre d'avoir fait mon devoir, c'est supposer qu'il eût mieux valu le trahir.

— Et que répondriez-vous au paysan, père ?

— Je lui répondrais que, pour conduire paisiblement la charrue, il faut d'abord garantir la frontière, et que, tant qu'il y aura des étrangers prêts à manger notre moisson, il faudra des bras pour la défendre.

— Mais l'écolier aussi a secoué la tête en déplorant un pareil emploi de la vie ?

— Parce qu'il ne sait pas ce que peuvent apprendre le sacrifice et la souffrance. Les livres qu'il étudie, nous les avons pratiqués, nous, sans les connaître, les principes qu'il applaudit, nous les avons défendus avec la poudre et la baïonnette.

— Et au prix de vos membres et de votre sang, père, car le bourgeois l'a dit : Voilà à quoi sert la gloire.

— Ne le crois pas, fils : la gloire est le pain du cœur ; c'est elle qui nourrit le dévouement, la patience, le courage. Le Maître de tout l'a donnée comme un lien de plus entre les hommes. Vouloir être remarqué par ses frères, n'est-ce point encore leur prouver notre estime et notre sympathie ? Le besoin d'admiration n'est qu'un des côtés de l'amour.

Non, non, la véritable gloire n'est jamais trop payée !

Ce qu'il faut déplorer, enfant, ce ne sont point les infirmités qui constatent un devoir accompli ; mais celles qu'ont appelées nos vices ou notre imprudence. Ah ! si je pouvais parler haut à ceux qui me jettent, en passant, un regard de pitié, je crierais à ce jeune homme dont les excès ont obscurci la vue avant l'âge : « Qu'as-tu fait de tes yeux ? » A l'oisif qui traîne avec effort sa masse énervée : « Qu'as-tu fait de tes pieds ? » Au vieillard que la goutte punit d'une vie d'intempérance : « Qu'as-tu fait de tes mains ? » A tous : « Qu'avez-vous fait des jours que Dieu vous avait accordés, des facultés que vous deviez employer au profit de vos frères ? Si vous ne pouvez répondre, ne plaignez plus le vieux soldat mutilé pour le pays ; car, lui, il peut montrer ses cicatrices sans rougir. »

Votre action, mes chers Camarades, dans cette résistance aux ennemis de la Patrie et dans leur mise en déroute, sera des plus puissantes et vous acquerrez ainsi de nouveaux titres à la reconnaissance de vos concitoyens et à la bienveillance des pouvoirs publics.

J'ajouterai que votre concours sera d'autant plus efficace qu'il sera désintéressé et s'exercera *en dehors de toute idée politique*.

Comme je l'ai déclaré plus haut : l'Union des Sociétés régimentaires est exclusivement militaire et patriotique et ne se permet aucune incursion sur le terrain politique. Les statuts, d'abord, le lui interdisent d'une façon absolue, et, dans les nombreuses réunions qui ont lieu journellement, je défie que l'on signale un fait pouvant étayer un pareil soupçon.

Dans les Sociétés régimentaires, comme dans les régiments, il n'y a que des soldats — ce titre vaut tout les autres — refoulant au fond de leur cœur leurs opinions, leurs sympathies, leurs espérances et n'ayant qu'un objectif, la gloire et la grandeur de la Patrie. Ici, nous ne sommes ni des politiciens, ni des hommes de parti, nous ne connaissons qu'un cri, un seul, celui de *Vive la France !*

Le marquis de Coriolis, officier de la garde royale, avait donné sa démission en 1830. En 1870, âgé de plus de soixante ans, il reprenait son épée. Ouvrant un tiroir de son bureau : « Je serre là mon opinion, dit-il, en souriant à l'ami qui m'a rapporté ces paroles, en ce moment je ne veux que servir la France ! »

Et, à quelques jours de là, le marquis de Coriolis était tué sous les murs de Paris.

Servir la France! C'est aussi notre unique ambition, à nous Vétérans !

Je ne sais, mes chers Camarades, ce que durera encore la crise aiguë dont souffre le pays. Nous en souffrons tous, et je vous assure, qu'en ce qui me concerne, il me faut toute ma force de volonté pour ne pas exhaler violemment ma douleur. Cependant nous ne devons perdre ni l'espoir, ni la confiance : la France, pendant sa longue existence de quatorze siècles, a connu de bien mauvais jours, mais, après la tempête, le ciel s'est toujours éclairci et le soleil a brillé.

Les misères de l'époque présente passeront à leur tour; travaillons chacun dans notre sphère pour le bien du pays et l'honneur du Drapeau.

Debout Vétérans, debout pupilles, et tous, chantons avec fierté :

> Salut, ô France des aïeux !
> O mère immortelle et féconde !
> Pour éclairer les pas du monde,
> Ton étoile rayonne aux cieux :
> A sa clarté marchons joyeux,
> L'espoir au cœur, la flamme aux yeux !
>
> Nous sommes encor les soldats,
> Ton ardeur encor nous anime,
> Guerrière qui nous tend les bras
> Du haut de son bûcher sublime.

Les morts suscitent les vivants,
Et, pour les fières épopées,
Leur cendre, éparse aux quatre vents,
Va germer en moissons d'épées !

Quand nous entrons dans les cités,
Etincelants sous notre armure,
On entend de tous les côtés
S'élever un joyeux murmure.
A l'appel roulant des tambours,
Les vieux dressent leur tête lasse,
Et les enfants des carrefours
Suivent le régiment qui passe !

La France est le soldat de Dieu.
C'est la justice qui se lève,
Quand nous faisons vers le ciel bleu
Briller l'éclair de notre glaive.
Vaincus, oubliez vos douleurs !
Opprimés, secouez vos chaines !
Voici palpiter nos couleurs
Au vent des victoires prochaines

Un jour, un jour que nous verrons,
L'olivier ceindra notre tête,
Et les lèvres d'or des clairons
N'auront plus que des chants de fête.
Mais, jusqu'à ce jour espéré,
Dans l'allégresse ou les alarmes,
On entendra, rythme sacré,
Sonner la cadence des armes ! (1)

———※———

(1) Auguste Dorchain.

NOTES EXPLICATIVES

NOTES EXPLICATIVES

N° 1

DISCOURS SUR LA PATRIE ET LE DRAPEAU

Page 37

Nombreux sont les écrivains qui ont rendu hommage à la Patrie, qui ont voulu faire comprendre la valeur de ce mot, montrer tout ce qu'il signifiait, tous les sentiments qu'il pouvait faire naître au cœur de l'homme.

Voici tout d'abord une belle page due à Chateaubriand :

Elle est intitulée l'*Amour de la Patrie.*

« L'instinct affecté à l'homme, le plus beau, le plus moral des instincts, c'est l'amour de la Patrie.

« Si cette loi n'était soutenue par un miracle toujours subsistant et auquel, comme à tant d'autres, nous ne faisons aucune attention, les hommes se précipiteraient dans les zones tempérées en laissant le reste du globe désert. On peut se figurer quelles calamités résulteraient de cette réunion du genre humain en un seul point de la terre. Afin d'éviter des

17..

malheurs, la Providence a, pour ainsi dire, attaché les pieds de chaque homme à son sol natal par un aimant invisible.

« Les glaces de l'Islande et les sables embrasés de l'Afrique ne manquent point d'habitants.

« Il est même digne de remarque que plus le sol d'un pays est ingrat, plus le climat en est rude, ou, ce qui revient au même, plus on a souffert de persécutions dans un pays, plus il a de charmes pour nous ; chose étrange et sublime qu'on s'attache par le malheur, et que l'homme qui n'a perdu qu'une chaumière soit celui-là même qui regrette davantage le toit paternel. La raison de ce phénomène, c'est que la prodigalité d'une terre trop fertile détruit, en nous enrichissant, la simplicité des biens naturels qui se forment de nos besoins ; quand on cesse d'aimer ses parents parce qu'ils ne nous sont plus nécessaires, on cesse, en effet, d'aimer sa patrie.

« Tout confirme la vérité de cette remarque. Un sauvage tient plus à sa hutte qu'un prince à son palais, et le montagnard trouve plus de charme à sa montagne que l'habitant de la plaine à son sillon. Demandez à un berger écossais s'il voudrait changer son sort contre le premier potentat de la terre. Loin de sa tribu chérie, il en garde partout le souvenir ; partout il redemande ses troupeaux, ses torrents, ses nuages. Il n'aspire qu'à manger du pain d'orge, à boire le lait de la chèvre, à chanter dans les vallées ces ballades que chantaient aussi ses aïeux. Il dépérit s'il ne retourne au lieu natal.

« C'est une plante de la montagne, il faut que sa racine soit dans le rocher ; elle ne peut prospérer si elle n'est battue des vents et des pluies ; la terre, les abris et le soleil de la plaine la font mourir...

« Pour peindre cette langueur d'âme qu'on éprouve hors de sa patrie, le peuple dit : *Cet homme a le mal du pays.* C'est véritablement un mal, et qui ne peut se guérir que par le retour. Mais, pour peu que l'absence ait été de quelques années, que retrouvera-t-on aux lieux qui nous ont vu naître ? Combien existe-t-il d'hommes de ceux que nous y avons laissés en pleine vie ? Là, sont des tombeaux ou des palais ; là, des palais ou des tombeaux ; le champ paternel est livré aux ronces ou à une charrue étrangère, et l'arbre sous lequel on fut est abattu.

« On dit qu'un Français, obligé de fuir pendant la Terreur, avait acheté, de quelques deniers qui lui restaient, une barque sur le Rhin ; il s'y était logé avec sa femme et ses deux enfants. N'ayant point d'argent, il n'y avait point pour lui d'hospitalité. Quand on le chassait d'un rivage, il passait sans se plaindre à l'autre bord ; souvent, poursuivi sur les deux rives, il était obligé de jeter l'ancre au milieu du fleuve. Il pêchait pour nourrir sa famille, mais les hommes lui disputaient encore les secours de la Providence. La nuit, il allait cueillir les herbes sèches pour faire un peu de feu, et sa femme demeurait dans de mortelles angoisses jusqu'à son retour. Obligée de se faire sauvage entre quatre nations civilisées, cette famille n'avait pas sur le globe un seul coin de terre où elle osât mettre le pied : toute sa consolation était, en errant dans le voisinage de la France, de respirer quelquefois un air qui avait passé sur son pays.

« Si l'on nous demandait quelles sont donc ces fortes attaches par lesquelles nous sommes enchaînés au lieu natal, nous aurions de la peine à répondre. C'est peut-être le sourire d'un père, d'une mère, d'une sœur ; c'est peut-être le souvenir du vieux précepteur qui nous éleva, des jeunes compagnons de notre enfance ; ce sont peut-être les soins que nous avons reçus d'une nourrice, d'un domestique âgé, partie si essentielle de la maison ; enfin ce sont les circonstances les plus simples, si l'on veut même, les plus triviales : un chien qui aboyait la nuit dans la campagne, un rossignol qui revenait tous les ans dans le verger, le nid de l'hirondelle à la fenêtre, le clocher de l'église qu'on voyait au-dessus des arbres, l'if du cimetière, le tombeau gothique : voilà tout. »

On ne saurait non plus trop rappeler la noble définition qu'a faite de la Patrie, Emile Souvestre, romancier de beaucoup de talent, injustement délaissé aujourd'hui. En ce temps de désespérant pessimisme où rien ne reste debout de ce qui fut notre foi, nos enthousiasmes et notre idéal, il est réconfortant de relire de pareilles choses :

« Tu n'as jamais pensé peut-être à ce qu'est la Patrie ? C'est tout ce qui t'entoure, tout ce qui t'a élevé et nourri, tout ce que tu as aimé. Cette campagne que tu vois, ces arbres, ces jeunes filles qui passent là en riant, c'est la Patrie! Les lois qui te protègent, la joie et la tristesse qui te viennent des hommes et des choses parmi lesquels tu vis, c'est la Patrie! La petite chambre où tu as vu autrefois la mère, les souvenirs qu'elle t'a laissés, la terre où elle repose, c'est la Patrie! Tu la vois, tu la respires partout! Figure-toi, mon fils, tes droits et tes devoirs, tes affections et tes besoins, tes souvenirs et ta reconnaissance, réunis tout cela en un seul nom, et ce nom sera la Patrie! »

La Patrie! — « Comment dire ce que c'est que la Patrie? — se demandait un jour Henri Perreyve; — comment enfermer dans quelques mots fugitifs ce trésor dont le nom seul emplit l'âme de je ne sais quel feu soudain, — mélange doux et terrible d'amour, de jalousie et de fierté?

« La Patrie! — c'est-à-dire les premières impressions de l'enfance; les souvenirs de l'aïeul et ses récits vénérés; le premier sourire échangé entre une vie qui s'éveille et la terre qui le reçoit; le doux murmure du langage maternel; les longues et chères contemplations des mêmes collines, des mêmes vallées et du même ciel!

« La Patrie! — c'est-à-dire les premiers tressaillements d'un cœur de douze ans sur une page d'histoire; les premiers serments du jeune homme à ce pays qu'il jure d'aimer; l'orgueil de le servir l'heure venue...!

« La Patrie! — c'est-à-dire l'église où vous avez

reçu le baptême et dont le cimetière garde les ossements de vos pères !

« La Patrie ! — c'est-à-dire le Drapeau national que, dans les détresses des batailles, cent mains défaillantes se transmettent à travers le feu et la mort !... »

Tout cela, — oui, tout cela, et plus encore, est dans ce seul mot *Patrie*! Mot magique et puissant, et qui renferme tout ce que Dieu a mis de plus cher et de plus sacré au cœur de l'homme.

Un autre écrivain de grand talent, un homme de rare courage, M. Ernest Judet, développe ainsi la même idée :

« La Patrie est loin d'être un principe qui s'écroule, un mot destiné à devenir vide de sens. Sa puissante signification s'accentue et son rôle commence seulement dans l'histoire du monde, au lieu de s'effacer et de disparaître. Le siècle qui a le premier défini les ressources infiniment fécondes de l'*association*, se donnerait à lui-même un étrange démenti s'il méconnaissait la vigueur des formidables associations qui se nomment des patries.

« Elles sont, elles seront de plus en plus et durant de longues années, le véhicule indispensable, le lien fondamental en dehors duquel il n'y aurait ni civilisation, ni humanité, rien que confusion et anarchie. C'est sous leurs divers drapeaux, encore bien vivants, que la concurrence admirable des plus vastes familles humaines s'exerce au bénéfice de l'espèce et de sa future unité. Ces fraternités fragmentaires sont l'avant-garde de la fraternité universelle, encore dans les limbes indécises d'un lointain avenir.

« Gardons nos patries, gardons notre Patrie avec un amour jaloux et une solidité intangible. Gardons ce qui la garde, l'armée, qui est nous-mêmes. Être un sans-patrie, ou agir comme un sans-patrie, c'est un attentat, mais c'est avant tout une manifestation de monstrueuse sottise.

« Demandez à l'Angleterre si elle n'a pas construit son empire en s'inspirant de cette pensée tonique plantée dans l'âme de tous ses concitoyens, que l'intérêt de l'Angleterre est l'intérêt du premier comme du dernier des Anglais. Demandez à l'Allemagne si son hégémonie n'est pas née de l'obstination farouche avec laquelle tout Allemand, durant ce siècle, a voulu ses frontières ; si son culte en apparence étroit n'a pas fait toute sa grandeur, si la conservation de sa supériorité redoutable n'est pas le fruit de cette permanente sagesse.

« Donc, jusqu'à nouvel ordre et surtout en face des menées qui nous enveloppent, qui tendent à nous diviser, restons fidèles à ce symbole d'union indissoluble. Ne versons pas sottement du côté des vains mirages et des ténébreuses subtilités ; ne soyons pas les adversaires de notre bien à la recherche d'un mieux prématuré, trompeur et absurde par l'impossibilité de le réaliser. Restons sur le terrain des larges compréhensions, de la bonne santé et de la bonne discipline nationale. »

Puisque je suis sur le chapitre de la Patrie, de

l'amour que la France inspire, je tiens beaucoup à
donner le récit de ce que M. Adolphe Brisson racontait tout dernièrement à mon savant ami F. Bournand, l'auteur de la *Patrie Française au XIXᵉ siècle*.

Ils causaient de la Lorraine, de cette Lorraine où
Bournand a passé quelques années de son enfance.
M. Brisson lui dit qu'il l'avait visitée, qu'on y aimait
toujours la France. Voici ses bien touchantes paroles :

« Il y a deux ans, comme je revenais des bords du
Rhin, je voulus visiter la ville de Metz que je n'avais
jamais vue. J'y arrivai à une heure avancée de la
nuit et j'eus toutes les peines du monde à trouver une
chambre dans un hôtel. Nous étions au fort de la belle
saison et les voyageurs affluaient.

« Je me heurtai d'abord à un portier rude et
malhonnête, qui me mit dehors avec ma malle sans
me donner aucun renseignement. J'en fus réduit à
vagabonder par les rues à la recherche d'un gîte. Je
réussis enfin à me loger dans une méchante auberge ;
je venais de m'endormir, écrasé de sommeil et de
fatigue, quand un bruit me réveilla. Des soldats, se
rendant à l'exercice, défilaient sous ma fenêtre. Le
rythme agile et robuste de leurs pas croissait peu à
peu, puis s'affaiblissait, puis s'évanouissait insensiblement. C'était un effet de théâtre. Je me rappelai
les mauvais vers de *Faust* :

> ... Le jour est levé,
> De leurs pieds sonores
> J'entends les chevaux frapper le pavé.

Cinq minutes ne s'étaient pas écoulées qu'une nouvelle troupe s'avançait. A dater de ce moment, il me fut impossible de fermer les yeux. De brefs commandements se succédaient et toujours le choc des talons de fer sur la chaussée... Ces hommes, que je n'apercevais pas, marchaient avec un ensemble merveilleux ; les jambes se levaient et s'abaissaient comme obéissant au signal d'un chef d'orchestre. Je résolus d'assister à leurs manœuvres. Je m'habillai à la hâte et je sortis.

« Il me sembla que je débouchais dans un vaste camp retranché ! La vieille cité, qui avait autrefois une physionomie cordiale et débonnaire, avec ses maisons aux toits pointus, ses rues étroites, ses enseignes pittoresques, disparaissait sous un appareil militaire formidable ; le flot des casques à pointe, des casquettes rondes et des pantalons de treillis la submergeait. On éprouvait, à contempler ce spectacle, une sensation infiniment pénible d'oppression, d'écrasement. J'eusse voulu m'y arracher, repartir sur l'heure. Et pourtant une invincible curiosité me retenait. J'avisai un fiacre qui passait à vide et demandai au cocher de me conduire aux endroits intéressants. — « Ça va, me dit-il. »

« Il mit dans ces simples mots une intonation joyeuse et familière dont je fus frappé. Je le regardai. Il avait cinquante ans environ, et son visage respirait la bonne humeur. Pendant la promenade, il ne fut pas pour moi un simple automédon, mais un guide, un conseiller, un ami, s'arrêtant, me prodiguant les

avis utiles, me contant des anecdotes, s'aventurant
sur le terrain de la statistique.

— Ah! monsieur, notre pauvre ville est bien
déchue de sa splendeur! A mesure que la population
militaire augmente, la population civile diminue.
Depuis dix ans, nous avons perdu quinze mille âmes.
La vie n'est pas plaisante ici, vous savez! »

« Il me mena au cimetière, où s'élève le monument
consacré aux soldats français morts pendant le siége.
Et, tandis que j'en déchiffrais l'inscription, des crépi-
tements de fusillade retentissaient aux alentours.
C'étaient les troupes de la garnison qui s'exerçaient à
la cible. Il y avait entre le sifflement meurtrier des
balles et le silence du champ du repos, un contraste
dont j'eus le cœur bouleversé. Mon cocher remarqua
l'émotion qui, sans doute, était peinte sur mes traits.
Il eut la discrétion de ne la plus troubler par ses
bavardages. Lorsque nous fûmes revenus à notre
point de départ, je le payai. Alors il s'approcha et
murmura à demi-voix :

— Voulez-vous me faire un grand plaisir?

— Certes, mon brave!

— Permettez-moi de vous serrer la main.

Et comme pour s'excuser de sa hardiesse, il ajouta :

— En 1870, je me suis battu... de votre côté...

« Vous m'en croirez si vous voulez, mais j'ai senti
une larme me picoter la paupière.

« Le lendemain, je me rendais aux environs de
Metz, chez le curé du village de X... (on comprendra
que je ne le désigne pas plus clairement). Je ne

connaissais pas cet honorable ecclésiastique, mais
j'avais en poche une lettre qui m'introduisait auprès
de lui. Je le trouvai dans son jardinet, devisant avec
un frère capucin, un jeune vicaire et un vieillard,
que je sus être depuis un dignitaire de l'Eglise et
qui revenait de Chine où il avait rang d'évêque.

« La glace fut vite rompue. Au bout d'un quart
d'heure, j'étais dans cette maison comme chez moi.
On m'interrogeait avidement sur les hommes et les
choses de Paris. Je répondais de mon mieux à ces
questions, où je devinais une ardente sympathie. Et
malgré ma résistance, M. le Curé me retint à déjeu-
ner. Il s'était absenté deux minutes, pour conférer
avec sa gouvernante, et je pensais bien que ce colloque
devait avoir pour cause ma soudaine arrivée.

« Je ne me trompais point. La bonne vieille avait
allumé ses fourneaux et nous avait cuisiné un repas
exquis. Tous les poulets de la basse-cour y avaient
passé ainsi que toutes les prunes du jardin. Enfin,
elle avait dévalisé l'épicier et le boulanger de la
commune. Elle était rouge comme braise quand elle
vint nous annoncer que le repas était servi. Des
fleurs ornaient la nappe ; leurs parfums se mêlaient
à de saines et appétissantes odeurs de thym, de
lavande et de pot au feu. M. le Curé alla quérir sur
la cheminée un flacon poudreux qu'il déposa avec
mille précautions devant nous.

— Ceci, nous dit-il, est un petit vin que j'ai récolté
ici même, avant la guerre. Ce n'est donc pas du vin
allemand.

« Il déboucha la bouteille et l'avança de mon côté.
Je lui fis signe de servir l'évêque que son âge et son
caractère désignaient à nos respects. Mais il repoussa
ma main.

— La France d'abord ! s'écria-t-il.

« Et la liqueur vermeille s'épanouit dans mon verre.

« Cette fois, la petite larme ne s'arrêta pas au bord
de ma paupière. Elle tomba. »

. . . .

On le voit, une fois qu'on s'est pris à l'aimer, la
France, on l'aime toujours !

. . . .
. . . .

LE PATRIOTISME THESSALIEN

J'ai autrefois parcouru les délicieuses vallées de la
Thessalie, à l'époque du printemps qui n'est point
menteur en Grèce. C'est avec raison que les poètes
de l'*Anthologie* l'ont à l'envi chanté dans leurs vers.

Je venais de visiter les Thermopyles, ou Portes-
Chaudes. J'avais eu quelque peine à reconnaître
l'héroïque défilé d'Hérodote dans ce vallon resserré
où l'arbe de Judée prodigue ses fleurs roses, où
l'anémone, la fleur grecque par excellence, émaille
la verdure, où la vigne sauvage enfin suspend ses
sarments flexibles aux arbres qui projettent leur
ombre sur la route.

Dans cet éden de verdure, où chantent les oiseaux

dans des bosquets touffus créés par la nature et qu'arrosent cent ruisseaux jaseurs qui vont se perdre dans les marais, comment retrouver le cadre de cette scène sanglante où s'immortalisèrent Léonidas et ses trois cents Spartiates?

Sur les flancs verdoyants des deux montagnes qui se rapprochent, où découvrir l'inscription fameuse :

« Passant, va dire à Sparte que nous sommes morts ici pour obéir à ses saintes lois ! »

L'épaisseur des ombrages me masquait les roches qui se jettent en avant pour resserrer le défilé, et les marais qui s'étendaient à ma gauche étaient cachés par l'exubérance des joncs et des roseaux dont ils sont couverts.

Mais au point où l'étroite chaussée qui sépare les marais de la montagne est le plus resserrée, le décor m'apparut, non dans la sauvage grandeur que lui prêtait mon imagination, car la nature vernale avait pris soin de l'égayer, mais disposé, comme le raconte le Père de l'Histoire, pour qu'une poignée de héros ait pu arrêter le Perse Hydarnès et ses hordes de barbares.

Là, le rocher, superbe encore de verdure exubérante, se termine brusquement au pied du chemin qui n'a plus que trois ou quatre mètres de largeur. D'un côté, ce mur formidable, de l'autre les marais qui s'étendent jusqu'au golfe de Lamia. Des poitrines d'hommes barraient le reste.

C'est un peu au delà qu'on trouve les sources d'eau chaude qui ont donné leur nom au défilé et vont se perdre dans les marais.

J'allais à Janina et, après avoir traversé les monts Othrys, j'entrai dans cette malheureuse Thessalie que les Turcs viennent de ravager, comme jadis les troupes du Roi des rois.

Après Domokos, on rencontrait de nombreux et riants villages qui ne sont plus aujourd'hui que des ruines. Des maisons il ne reste plus que les murs noircis par le feu de l'incendie : les portes, les fenêtres, les humbles mobiliers, tout a été pillé ou incendié. Il n'est pas jusqu'aux belles forêts de Thessalie qui n'aient été, elles aussi, ravagées comme les fermes, les plantations.

J'ai dû passer non loin de ce malheureux village de Koutzouphlianis, que la commission de délimitation vient d'enlever à la Grèce pour le donner à la Turquie, faisant ainsi une trouée dans cette frontière septentrionale de la Grèce, si facilement défendable contre l'invasion.

Rien de plus tragique en sa navrante simplicité que l'exode des habitants de cette bourgade, qui, pour conserver leur nationalité, ont abandonné en masse le sol qui les avait vu naître et qui avait vu mourir leurs parents.

Dès que la sentence de la commission internationale de délimitation de la frontière gréco-turque leur eût été officiellement transmise par le *parèdre*, qui répond à notre maire, les plus anciens du *khonio* ou village, se réunirent sur la place.

La discussion ne fut ni longue ni animée; une sorte de gravité, qui peignait leur douleur et leur consternation, remplaçait l'exubérance habituelle de leurs conseils villageois.

Il fut décidé, à l'unanimité des habitants, que l'on s'expatrierait. On emporterait sur les chariots, où se jucheraient les femmes et les enfants, tout ce qui avait échappé à la rapacité des Turcs, et l'on irait, en deçà de la nouvelle frontière, fonder un nouveau Koutzouphlianis.

« Mais, objecta l'un des assistants, laisserons-nous ainsi fouler par les musulmans le sol sacré qui renferme les ossements de nos pères? Abandonnerons-nous à leurs insultes les restes vénérés de ceux à qui nous devons le jour?

— Non, non, s'écrièrent des centaines de voix, il faut les emporter.

Le pope, consulté, approuva leur résolution et leur donna rendez-vous pour le lendemain dans l'église consacrée à saint Georges.

Pas un habitant ne manqua à cette émouvante réunion. Le pope, en un langage ému, empreint d'une solennité qui se doublait du sentiment religieux, les exhorta à le suivre au cimetière où, pendant qu'il réciterait des prières pour le repos des âmes de leurs ancêtres, ils reprendraient à la terre ce qui lui avait été confié.

Chacun s'arma de pioches, de pelles; les femmes se munirent des sacs, hélas vides, qui servaient à conserver les provisions de céréales, et tous les habitants se dirigèrent vers l'humble cimetière qui confine au village.

18

Cette sainte violation des sépultures dura plusieurs heures, et l'on recueillit jusqu'à la poussière des plus anciens décédés. Puis, cette exhumation générale terminée au milieu des larmes et des gémissements, les malheureux Thessaliens retournèrent au khonio faire le déménagement de leurs maisons.

Les pauvres meubles, les hardes, furent chargés sur des bêtes de somme ou des chariots, avec les ossements deux fois sacrés des ancêtres. Le parèdre et le pope se placèrent en avant de la colonne des expatriés.

Mais avant de donner le signal du départ, des jeunes gens coururent au bois de pins qui avoisine Koutzouphlianis, cassèrent des branches résineuses, les allumèrent aux foyers désertés et, pour que leurs chaumières, plus précieuses pour eux que les palais du roi de Grèce, les humbles maisons où ils avaient aimé et souffert, ne tombassent point au pouvoir du Turc abhorré, ils les incendièrent.

Massés à quelques pas du village, ils contemplèrent, le cœur serré, mais l'œil sec, le feu qui accomplissait son œuvre. Les flammes léchèrent les charpentes qui brûlèrent en pétillant, les chaumes s'abîmèrent dans les brasiers, et, quand tout fut consumé, quand il ne resta plus sur le sol que les débris fumants de leurs cabanes, un long cri de malédiction s'éleva contre les Turcs et la caravane se mit en marche sur la route de la Grèce.

A peu de distance de la nouvelle frontière, à mi-côte, sur une colline exposée au soleil levant, et qu'arrose un limpide cours d'eau, les voyageurs s'arrêtèrent. On forma un campement et l'on songea à prendre le premier repas sur le territoire où s'élèverait le nouveau Koutzouphlianis.

Le soir, après la prière dite par le pope devant les fidèles assemblés, chacun s'arrangea du mieux qu'il put pour se livrer au sommeil sous la voûte étoilée, non sans regretter le village abandonné, mais avec la patriotique satisfaction de savoir que l'on dormirait sur le territoire de l'Hellade. Le lendemain, on ferait auprès du dimarque, chef du canton, les démarches nécessaires pour obtenir l'autorisation de jeter en ce lieu les fondations du Néo-Koutzouphlianis.

En Grèce, comme autre part, l'administration est formaliste. La requête monta à l'éparque, puis au monarque ou préfet, qui en référa au gouvernement central à Athènes. Pendant ce temps, nos expatriés couchaient à la belle étoile, épuisant leurs maigres provisions.

Enfin, le bruit de cet exode unique arriva jusqu'au roi. Celui-ci, profondément ému du sublime sacrifice de ces pauvres gens, envoya, sur le champ, l'autorisation nécessaire, avec des secours en nature pour parer aux premiers besoins. Puis, en attendant que s'élevassent des constructions du nouveau khonio pour lesquelles une souscription s'ouvrit à Athènes, l'ordre fut donné de construire des baraquements provisoires, afin d'abriter ces Hellènes, qui ont préféré quitter leur pays natal plutôt que de subir la domination turque.

DISCOURS SUR LA PATRIE ET LE DRAPEAU

Page 43

Un Nouveau Catéchisme

Le patriotisme est la dernière vertu de ceux qui ont perdu les autres. C'est de nos jours le seul sentiment qui, de l'extrême droite à l'extrême gauche, devrait unir tous les Français.

Il n'en est pas ainsi, malheureusement.

Dans un livre publié sous ce titre : *Catéchisme du soldat*, nous lisons, à la première page, les lignes suivantes :

« D. Qu'est-ce que la patrie ?

« R. C'est une idée fausse et un mensonge.

« C'est un mot dont se servent les candidats à la députation et les journalistes. Elle est représentée plus particulièrement par le percepteur et le gendarme, qu'on paye avec une partie de l'argent extorqué aux ouvriers et aux cultivateurs. Le reste de cet argent s'en va dans de grandes villes que nous ne verrons jamais, où des ministres, des députés et des fonctionnaires font la noce pendant que nous travaillons.

« La patrie, c'est le hideux impôt, c'est la loi qui commande, ce maître impersonnel qui nous enlève peu à peu chacune de nos libertés; la patrie, c'est tout ce qui nous opprime, tout ce que nous devons haïr. »

Après la Patrie, l'Armée

« D. Qu'est-ce que l'armée ?

« R. L'armée est une classe à part dans la nation ; on reconnaît les militaires à leur costume bizarre et ridicule...

« D. Qu'entend-on par l'exercice ?

« R. L'exercice consiste à remuer les bras et les jambes comme un pantin, pendant des heures entières. Après l'exercice, on reprend l'astiquage des cuirs ; puis on retourne à l'exercice, et ainsi de suite pendant trois ans. C'est le service militaire.

« Il y a aussi les revues. On place les soldats par milliers, en rangs d'oignons, pour s'assurer qu'ils ont les cheveux courts et qu'ils portent des bretelles ; lorsqu'ils sont restés longtemps droits et raides comme des piquets et que leurs membres sont ankylosés, on fait caracoler devant eux des messieurs vêtus en écuyers de cirque, qu'on appelle des généraux. »

Autres réponses :

« D. Le criminel est-il plus malheureux que le soldat ?

« R. Il est moins malheureux, car il peut refuser d'obéir sans que sa peine augmente d'un seul jour.

« D. Qu'est-ce que l'honneur militaire ?

« R. C'est la haine du citoyen et l'amour de la

guerre ; l'honneur militaire consiste à commettre toutes les horreurs que la férocité, la peur et l'esprit de vengeance peuvent suggérer à des bêtes fauves. »

« Chaque année à l'automne, plus de deux cent mille jeunes Français, conscrits ou engagés volontaires, endossent l'uniforme. La caserne va les moraliser.

« Si l'atroce Vacher avait égorgé, mutilé, violé cinq cent mille créatures humaines, il serait un héros, l'objet du culte populaire. S'il en avait tué cinquante mille, on le glorifierait encore comme un grand général ou comme un grand ministre. S'il n'en avait tué qu'une on lui couperait le cou. Parce qu'il en a tué dix-neuf, on l'enfermera dans un asile d'aliénés. Mais s'il lui manqua une armée pour être Alexandre ou Napoléon, il a, du moins, commandé une demi-section ; au témoignage de son ancien colonel du 60e de ligne, il a été un excellent sous-officier. La caserne l'avait moralisé. . . . .

. . . .

« La caserne est seulement l'école de tous les vices crapuleux : de la fainéantise, du mensonge, de la délation, de l'impudeur, de la débauche sale, de la lâcheté morale et de l'ivrognerie. . . . .

. . . . »

(Extraits du livre l'Armée contre la Nation.)

Après l'Armée, ses Chefs

Le général Gallieni et le commandant Marchand vont rentrer en France; nous devons au premier la pacification et l'organisation de Madagascar, au second un admirable chapitre qui s'ajoutera glorieusement à notre épopée militaire. Quand l'un et l'autre mettront le pied sur le sol de la Patrie, ils pourront lire, dans l'*Aurore*, des paroles de bienvenue dans le genre de celles-ci :

« Deux nouveaux sujets sont annoncés, autour desquels la bande des tristes coquins de notre glorieux état-major se prépare à de prochains attentats : M. Gallieni et M. Marchand. »

Suit un parallèle entre ces deux officiers supérieurs :

« M. Gallieni, naguère, tenait la corde. Il est général; il a pour lui le prestige des plumes d'autruche; contre lui, le gatisme inhérent au grade. Quand on apprit de quelle façon il avait fait assassiner par un conseil de guerre, jugeant sur ordre exprès, deux notables hovas, il y eut parmi nos cannibales parisiens une explosion d'enthousiasme; on acclamait d'ailleurs, en ce fusilleur émérite, l'auteur de la future saignée populaire. »

Mais le général Gallieni est paraît-il, pour le moment, « en baisse ». Il va seulement « prendre, sur la sellette, la place qu'auront laissée vacante les généraux transférés au bagne. » Un dossier s'élabore

« quelque part » (*sic*) contre lui, et de ce dossier ressortira l'enseignement suivant :

« Depuis une année, nous voyons les fruits du militarisme à l'intérieur, en temps de paix : trahisons, faux, parjures, concussions, vols, chantages, assassinats, pitreries burlesques et crimes infâmes. Dans l'affaire Gallieni, on verra l'œuvre du militarisme à l'extérieur, en pays conquis : encore des faux et des mensonges, encore toutes les formes de la plus basse déloyauté, avec des forfaits atroces : massacres de populations paisibles pour justifier des rapports pompeux, des propositions de croix et d'avancement ; fusillades d'innocents, tortures de prisonniers à la mode des Peaux-Rouges, viols continuels de femmes et de jeunes filles, suppression violente de tous les malheureux indigènes dont la femme ou la maison ou la terre est désirée par un des envahisseurs. »

Le compte du général Gallieni étant ainsi réglé, nous passons au commandant Marchand. — Celui-ci a « pris sa place parmi les insulteurs de la justice et de la vérité » ; en outre, « il abandonna son poste et ses soldats pour venir au Caire. » C'est un simple déserteur.

« Si les conseils de guerre existent encore en France à son arrivée, le gouvernement voudra certainement élucider et sanctionner cet acte prévu par les lois militaires, et commis au moment même où la guerre pouvait éclater. »

Marchand passera donc en conseil de guerre, et il sera dégradé. Si pourtant le gouvernement avait la

faiblesse de ne pas envoyer au bagne le héros de
Fachoda, et si les Français étaient assez insensés
pour applaudir à ses exploits, on devrait penser à
l'avenir :

« Les Français doivent comprendre qu'ils ratifie-
raient leur propre égorgement, l'incendie de leurs
villes, le viol de leurs filles et de leurs femmes...
Nous avons assisté à l'apoth   du faux et de la
trahison; nous allons assister à l'apothéose du
meurtre, du viol et de l'incendie. Mais pourquoi
Vacher voulait-il se faire passer pour un fou mys-
tique? On l'a guillotiné. S'il s'était donné pour explo-
rateur, il serait peut-être à l'Elysée. »

Ce rapprochement entre Marchand et Vacher termine l'article de l'*Aurore*. Nous n'y ajoutons aucun
commentaire.

*
* *

D'autre part, nous lisons dans la *Petite République* :
« Quand Marchand, ce cabotin insipide et ambitieux, est arrivé en France, venant de Fachoda où il
avait mangé les salades et bu le champagne que lui
offraient les Anglais, toute la France officielle, cléri-
cale, militaire et femelière, se précipita sur lui et sur
ses nègres comme sur une châsse de saint guéris-
seur.

« Le gouvernement le nomma commandeur, quoi
qu'il eût risqué, par sa sottise, de nous engager
dans une aventure meurtrière où de nombreux
Français eussent péri, sans aucun profit pour la

France. Mais on craignait qu'il ne se mît au service des ennemis de la République. »

Allez en Afrique, traversez des marais infects, travaillez et souffrez pour la Patrie pendant des années!

Et puis vous ne serez qu'un « cabotin », au retour!

*
**

Les anarchistes qui écrivent que le « métier militaire est avant tout une école de lâcheté », prodiguent en même temps l'attaque contre les prétendues barbaries de nos campagnes asiatiques ou africaines.

Heureusement, une voix autorisée vient de temps en temps, des lieux mêmes où la générosité du caractère français s'est noblement exercée, pour rétablir la vérité travestie et mettre à néant les diffamations dictées par les haines d'une politique antinationale. La lettre suivante, adressée au commandant Marchand par le ras Makonnen, lieutenant fidèle et successeur probable de Ménélik, emprunte, outre son intérêt sérieux, un caractère de saisissante actualité aux polémiques dont la France est la première victime :

« Adoua, le 4 Nahassié 1891.

« De la part du Ras Makonnen, gouverneur du Harar et du Tigré, à Monsieur le commandant Marchand.

« Monsieur le Commandant,

« Comment allez-vous? Par la grâce de Dieu je vais bien, et je demande au Seigneur qu'il en soit ainsi pour vous,

« J'ai été très sensible aux si aimables salutations que vous m'avez fait l'honneur de m'envoyer à Adoua, lors de votre passage à Addis-Ababa.

« Combien j'aurais été heureux de serrer la main à un brave comme vous, à un sincère ami de mon pays !

« Espérons que Dieu me donnera bientôt cette très intime satisfaction.

« En attendant la réalisation de mes vœux, veuillez, mon commandant, agréer l'admiration que j'éprouve à l'égard du grand courage et de la noble humanité que vous avez si généreusement déployés à travers notre sol africain.

« Ras MAKONNEN,
« Gouverneur du Harar et du Tigré. »

Nous n'avions pas besoin de ce témoignage non suspect pour admirer une fois de plus les rares qualités que le chef de l'expédition Congo-Nil a su déployer dans sa longue et périlleuse expédition ; aux prises avec des ennemis acharnés, avec les obstacles les plus déconcertants, il ne s'est jamais départi du respect des indigènes qui contraste avec la méthode des troupes belges au Congo et des Anglais au Soudan.

Un Logicien...

Au mois de septembre 1898, à Lille, un officier du 19e chasseurs à cheval, le capitaine Delabie, sortait du quartier de cavalerie en compagnie d'un de ses camarades, le capitaine Blory, du 1er bataillon d'artillerie de forteresse. Après avoir fait quelques pas ensemble, ces deux officiers se séparèrent. Le capitaine Delabie se trouvait alors seul, lorsqu'un individu surgissant tout à coup, s'élançait vers lui et lui déchargeait, à trois pas, six coups de revolver. Malgré trois blessures reçues au cou, à la poitrine et à la jambe, le capitaine Delabie saisissant le meurtrier à la gorge s'écria :

— Misérable, pourquoi avez-vous voulu me tuer ?

— Je n'aime pas l'armée, répondit l'inconnu.

— Me connaissez-vous ? ajouta le capitaine.

— Non.

Toute la moralité de ce triste incident est contenu dans ce court dialogue : *Je n'aime pas l'armée !* Avec les injures, les sottises, les calomnies qui s'étalent depuis plus d'un an dans une certaine presse, avide de désordres et de scandale, on est arrivé à cet effroyable résultat de faire haïr jusqu'au crime cette institution si belle, si grande, qui a rendu à notre pays tant d'admirables services et inscrit dans son histoire tant de sublimes pages. — *Je n'aime pas l'armée !* — tel est le raisonnement de la brute qui essaya de tuer le capitaine Delabie, tel fut le raisonnement analogue qui conduisit le stylet de Caserio dans la poitrine du malheureux Carnot, et le tiers-point de Luccheni dans le sein de l'impératrice Elisabeth.

C'est en démoralisant, en aveulissant, en salissant tout ce qui reste de noble, de pur, de sincère, de dévoué dans une nation qu'on réussit à recruter l'armée du crime qui, ne discutant plus avec la raison et le cœur, en arrive aux brutalités, aux morsures, à la soif du sang, et tue, assassine, comme le fauve.

Il n'aimait pas l'armée, sûrement, cet être déclassé, alcoolique, dégradé ; par contre, comme il devait se délecter des crimes abominables de ses devanciers en anarchie !

✻

Nous constatons avec plaisir que de pareils attentats sont jugés monstrueux même par ceux qui attaquent chaque jour la religion, la famille et la propriété.

C'est fort bien. Cela prouve qu'il reste toujours un fond de conscience et de pudeur dans l'âme humaine, fût-elle fanatisée ou gâtée. Mais à qui la faute, si tant d'idées malsaines ou criminelles ont l'audace de paraître au jour ? Les indignés n'ont-ils pas dans leurs rangs bien des coupables ? Comment faire indéfiniment surnager la notion et l'amour de la patrie, quand on laisse s'engloutir ou qu'on travaille à couler bas tout ce qui attache l'homme à cette patrie : le clocher, le domaine, le foyer ?

L'amour de la patrie est l'amour du sol que l'on féconde, de la famille que l'on élève librement, des croyances traditionnelles que nous ont transmises une honorable série d'ancêtres. Sapez tout cela, que reste-t-il ? C'est alors que le patriotisme, à la longue, risque fort de ne devenir qu'une abstraction à l'usage des politiciens.

Le seul moyen d'empêcher un jour le triomphe du catéchisme internationaliste, c'est donc de revenir, tout simplement, au catéchisme chrétien.

DISCOURS SUR LA PATRIE ET LE DRAPEAU

Page 46

———

Le général Dragomirov, dans une étude remarquable de la « Guerre et la Paix » de Tolstoï, cite la phrase suivante de l'écrivain russe :

« La victoire avait été gagnée à Borodino, par les Russes, non pas cette victoire qui s'évalue par *les morceaux d'étoffes fixés à des bâtons* qu'on appelle drapeaux, mais... » et la critique en ces termes :

« Quel sentiment s'emparerait de vous si un inconnu s'approchait de vous et, saisissant, par exemple, votre boîte à cigarettes, placée près de vous, la jetait par terre ?

« Cet homme vous offense ainsi et, cependant, en réalité, il n'a fait que quelque chose de très innocent : il a jeté par terre un objet sans valeur. Il s'ensuit que la chose la plus insignifiante, dès qu'elle appartient à un homme, devient en quelque sorte une partie de lui-même, à tel point qu'un procédé grossier à son égard est regardé par vous comme une atteinte à votre propre dignité.

« Ce qui est vrai par rapport aux personnalités isolées, l'est encore plus par rapport à ces grandes personnalités composées, qu'on appelle bataillons, régiments. Comme ils n'ont pas l'apparence d'un seul être, ils ont besoin de symbole, de signes matériels, qui ne sont pas nécessaires aux individualités isolées et qui servent de témoignage tangible qu'il existe dans le cœur des gens qui composent une certaine fraction, une véritable union morale. Le drapeau est précisément ce symbole. Dans un corps qui se respecte, tout peut mourir, tout peut cesser d'exister pour l'armée; une seule chose reste immuable et éternelle, autant du moins que sont éternelles les œuvres humaines : c'est l'esprit militaire et le drapeau, emblème sacré de la Patrie.

« Le corps qui a sauvé son drapeau, a gardé son honneur intact, quelle que soit la position pénible, parfois funeste, dans laquelle il s'est trouvé; le corps qui a perdu son drapeau, est comme un homme déshonoré qui n'a pu encore racheter sa honte. Si l'on tient compte de ces considérations, on avouera qu'un morceau d'étoffe qui réunit autour de lui des milliers d'hommes, qui a coûté pour sa défense des centaines et peut-être des milliers de vies de gens qui ont fait partie du régiment pendant son existence séculaire; on avouera, dis-je, que ce morceau d'étoffe est non une relique militaire de convention, mais une relique dans le sens le plus vrai et le plus strict de ce mot, et que de tous les trophées, c'est précisément celui qui témoigne avant tout de la victoire morale remportée sur l'ennemi.

« DRAGOMIROV. »

Est-il besoin d'ajouter de longs commentaires à cet exposé magistral du culte du drapeau? Nous ne le pensons pas. Il nous prouve une fois de plus combien le cœur russe bat à l'unisson du cœur français. En lisant ces phrases vibrantes sorties de la plume du héros du passage du Danube, le souvenir vient à l'esprit, souvenir héroïque et poignant, d'un autre général, un Français, celui-là, qui, à la lueur d'un feu de bivouac, prononçait naguère ces paroles que l'histoire a conservées : « La brigade Lapasset ne rend pas ses drapeaux ; et elle ne confie à personne le soin de les brûler. »

DISCOURS SUR LA PATRIE ET LE DRAPEAU

Page 61

LE DRAPEAU DES ZOUAVES

Dans le *Figaro* du 29 mars 1898, M. Jules Claretie a raconté comment les zouaves de nos quatre régiments sauvèrent leurs glorieux drapeaux et s'épargnèrent la douleur de voir ces loques sublimes, noircies par le feu de cent combats, déchiquetées par la mitraille de vingt batailles, s'en aller décorer les arsenaux de Postdam et de Berlin.

En ce qui concerne les aigles des 1er, 2e et 3e régiments, le récit de l'éminent académicien est de tous points exact. Quant à celui qui a trait au drapeau des zouaves de la Garde, dont les fragments reconstitués figurent actuellement à la salle d'honneur du 4e régiment, à Tunis, il n'est pas tout à fait conforme à la réalité. M. Louis Yvert, rédacteur au *Soldat*, a reçu du capitaine Ziéger, qui était son lieutenant aux zouaves de la Garde pendant la campagne sous Metz et qui, en homme ayant vécu la chose, lui envoie, afin de les reproduire dans leur sincérité, les détails qui accompagnèrent la destruction de l'aigle des zouaves de la Garde. Ils diffèrent sous plus d'un point du récit donné par le *Figaro*.

« Paris, 30 mars 1898.

« Mon brave Yvert et ancien compagnon d'armes,

« L'article du *Figaro* d'hier, n° 88 du 29 courant, ne raconte pas exactement le fait du drapeau des zouaves de la Garde. Vous devriez bien rétablir la vérité en racontant dans le *Soldat* comment les choses se sont passées.

« Rendons à César ce qui appartient à César.

« Vous ne devez pas avoir oublié qu'après la communication officielle de l'ordre de Bazaine d'avoir à remettre les drapeaux à l'arsenal de Metz, où, disaient-ils, ils seraient brûlés, ce fut notre général de brigade Jeanningros qui prit l'initiative de réunir sur le front de bandière tous les officiers de la brigade et que là, entouré d'eux tous, zouaves et grenadiers, il commenta avec son âme de soldat l'ordre infâme et perfide du maréchal. Il termina sa courte harangue par cette demande :

« — Voulez-vous livrer vos drapeaux ?...

« — Non ! Non ! exclamèrent d'un cri unanime les officiers des deux régiments.

« Alors les porte-drapeaux coururent chercher nos drapeaux qu'ils rapportèrent au milieu du cercle. Les aigles en furent dévissées, la soie déchirée et partagée en autant de précieux morceaux qu'il y avait d'officiers présents.

« Voilà l'exacte vérité que je signe la main tremblant encore à ce cruel et douloureux souvenir.

« Charles ZIÉGER,

« Votre ex-lieutenant aux zouaves de la Garde. »

19..

Comme ce brave et sympathique officier, j'assistai à cette navrante opération, et comme lui, elle m'a laissé dans le cœur un profond, un inoubliable souvenir. Je m'empresse donc de déclarer que ce qu'il m'écrit est d'une scrupuleuse exactitude. Tous, zouaves et grenadiers, nous assistions à vingt mètres de là, à cette scène poignante, tremblants d'émotion et de colère en voyant déchiqueter, morceau par morceau, ces deux drapeaux qui avaient si fièrement flotté à la gorge de Malakoff, au Ponte Nuovo di Magenta, au champ des Cyprès de Solférino et tout récemment encore dans la plaine de Rezonville.

Aussi, lorsque nos officiers, rompant le cercle, revinrent de notre côté, nous courûmes vers eux... alors dans un geste de douloureuse impuissance, serrant les centaines de mains qui les étreignaient, tous nous dirent la même parole : « Ah ! mes pauvres amis, tout est fini, bien fini !... »

Et nous entrevîmes, dans le ciel gris et bas qui roulait ses nuages humides, l'ombre sinistre de Bazaine. Vers l'est, elle étendait son bras, nous indiquant la route de l'exil et de la captivité, la route maudite où allaient s'annihiler et s'effondrer tant de forces si vivaces encore de courage, de discipline et d'abnégation, qui eussent pu sauver la France si elles avaient eu un autre chef pour les diriger.

Ah ! mon brave capitaine, à vingt-huit ans de distance, votre main a tremblé en traçant les lignes que vous m'avez écrites, ne vous étonnez pas qu'en retraçant ce poignant épisode, la mienne tremble égale-

ment. — Il y a des souvenirs qui ne s'oublient jamais.
— Celui du 27 octobre 1870 est de ceux-là, il est resté
à jamais gravé dans tous les cœurs de vos dévoués
soldats de l'armée de Metz.

Aujourd'hui notre drapeau est à peu près reconstitué, grâce aux persévérants efforts du commandant
Driant qui, lorsqu'il était capitaine au 4ᵉ zouaves, fit
appel à tous les anciens officiers du régiment de
zouaves de la Garde dont le 4ᵉ zouaves était devenu la
prolonge, pour obtenir qu'ils se dessaisissent de leurs
chères reliques. Il parvint ainsi à réunir *vingt-six*
fragments, et à les assembler d'une façon assez complète pour qu'on puisse y distinguer très nettement
les mots : *Zouaves de la Garde, Sébastopol, Magenta*
et *Solférino.*

Quant aux drapeaux des trois autres régiments, mis
également hors d'atteinte des Prussiens, ils ont subi
des sorts divers. Celui du 1ᵉʳ zouaves, sauvé par un
commerçant de Sedan, M. Bacot, qui le cacha dans
sa maison, fut repris par le colonel Barrachin, après
la guerre, et rendu au corps qui l'a installé au centre
de sa salle d'honneur. Il est intact, si toutefois on
peut appeler intact un assemblage de loques noircies,
effilochées, sans couleur appréciable, mais enfin il
est tel qu'il figurait à Frœschwiller et à Illy.

Ce drapeau qui m'a également abrité, je le vois
encore à une certaine revue de mai 1869, revue passée
sur la plage de Mustapha par le maréchal de Mac-Mahon
aux troupes de la garnison d'Alger, en l'honneur des
grands-ducs de Russie Alexis et Constantin.

J'étais alors fourrier et en serre-file, à la droite de la compagnie qui encadrait le drapeau. Ce n'était, comme aujourd'hui, qu'un haillon; seul l'aigle était intact, mais il n'y avait pas trois centimètres d'étoffe qui tenaient ensemble. Le maréchal de Mac-Mahon accompagnait les deux grands-ducs de Russie et, tous trois, suivis d'un nombreux et brillant état-major, passaient lentement devant le régiment. Au premier rang, on avait soigneusement mis tous les zouaves pourvus de décorations, tous ceux aussi dont les barbes de fleuves, les teints encore jaunis du hâle mexicain, les physionomies rudes, la tournure martiale, pouvaient à bon droit impressionner nos hôtes impériaux.

L'effet, d'ailleurs, ne fut pas manqué, et les deux grands-ducs ne tarissaient pas d'éloge pour cette belle troupe dont les deux tiers devaient, un an plus tard, trouver la mort sur les pentes du Niederwald. Arrivés devant le drapeau, l'officier qui le portait l'inclina et les princes se découvrirent.

— Oh ! le magnifique drapeau ! s'écria le grand-duc Alexis, comme il est abîmé !

— C'est celui qui flotta le 8 septembre 1855, au sommet de Malakoff, de midi à cinq heures du soir, et ce sont vos vaillants soldats, Monseigneur, qui l'arrangèrent ainsi !

— Assurément, répartit le grand-duc, pour avoir subi un tel dommage, que de braves ont dû être tués à ses côtés ! et je tiens à toucher la main de l'officier qui porte un aussi fier emblème. — Aussitôt le grand-duc Alexis, s'avançant vers le porte-drapeau, le sous-lieutenant Prévot, échangea avec lui une chaude étreinte.

Le soir, cet officier fut même, sur la demande des deux princes, invité au dîner de gala donné en leur honneur, au palais Mustapha, par le maréchal de Mac-Mahon, et, quelque temps plus tard, il était nommé chevalier de Sainte-Anne. C'était, comme on le voit, de la bonne et franche alliance franco-russe, avant la lettre. Cet épisode est peu connu ; je m'étonne cependant que les officiers du 1er zouaves, l'aient ignoré au point qu'aucun d'eux n'ait songé à le relater dans l'historique du corps. A coup sûr, cet incident était digne d'être mentionné.

Quant au drapeau du 2e zouaves, il fut enterré le soir de la bataille de Sedan, dans un jardin proche des remparts de cette ville. Seuls l'aigle et la croix d'honneur, gagnée à Magenta, furent emportés et rapportés après la paix au régiment qui a installé en bonne place, dans sa salle d'honneur, ces deux glorieux souvenirs.

Le drapeau du 3e zouaves échappa également aux Allemands. Il se trouvait dans la fraction de ce régiment qui, à Sedan, ayant opéré sa trouée à travers les lignes ennemies, parvint à rejoindre Paris. Le drapeau fut alors, par ordre du général Trochu, déposé au Musée d'artillerie où il est encore actuellement.

Les zouaves du passé comme ceux du présent ont donc la précieuse consolation de savoir que leurs brillants emblèmes, qui avaient si glorieusement claqué au souffle de la victoire, n'ont pas eu, comme tant d'autres, à subir les affronts d'un vainqueur qui, ne pouvant les prendre sur les champs de bataille, ne sut les conquérir que par la duplicité et la trahison.

Plus heureux et grâce à l'inspiration de soldats mieux avisés, les drapeaux de nos quatre régiments de zouaves échappèrent à cette douloureuse alternative, et, s'ils ne flottent plus dans les rangs des zouaves d'aujourd'hui, ceux-ci peuvent en saluer les glorieuses épaves dans les salles d'honneur de leur régiment. En les contemplant, ils prendront une fière leçon du passé, ils y puiseront surtout un précieux enseignement pour l'avenir.

*
**

A propos du drapeau du 2ᵉ zouaves, je me souviens que, parmi les œuvres exposées au salon de 1898, je crois, on remarquait un tableau militaire très réussi, *Le Baptème du Feu*, dont l'auteur, M. Monge, mettait en scène un épisode tiré de l'*Historique de ce Régiment* :

« Le 2ᵉ zouaves partait pour la très périlleuse expédition de Milianah. A la première étape, au sortir de Blidah, le gouverneur fit arrêter la colonne et, faisant former le carré, remit à son chef, le lieutenant-colonel Cavaignac, le drapeau du régiment. Le carré fut ensuite rompu et le drapeau remis au sous-lieutenant Rosier de Linage, premier porte-drapeau des

zouaves ; sept jours après, le 3 mai 1841, les zouaves
étaient engagés devant Milianah avec les réguliers
d'Abd-el-Kader. La lutte était terrible, et, depuis
plusieurs heures, la fusillade faisait rage. « Cessez le
feu ! » cria tout à coup le colonel. Les zouaves
étonnés redressèrent leurs armes et se retournèrent
vers leurs chefs. Les Kabiles tiraillaient toujours.
« Ouvrez le ban ! » Les clairons et tambours se
mirent à sonner et à battre. « Au drapeau ! » La
mâle et émouvante sonnerie retentit. Les Arabes,
surpris eux-mêmes, arrêtèrent un instant la fusillade.
Le sous-lieutenant Rosier de Linage sortit alors le
drapeau de son étui, et, pour la première fois, la
soie aux trois couleurs flotta au vent de la bataille.
Puis, s'avançant fièrement de vingt pas sur la ligne
arabe, le porte-drapeau leva en l'air l'emblème de la
patrie et attendit, immobile, en face de l'ennemi. Un
hourra prolongé sortit des poitrines des zouaves
auquel répondit, du côté de l'adversaire, une salve
furieuse. La grêle des balles vint s'abattre autour du
jeune officier qui, par miracle, ne fut pas touché ;
mais le drapeau fut troué en vingt endroits. Après
cela, lentement, le porte-drapeau reprit sa place dans la
ligne de combat. C'est ainsi que le drapeau des
zouaves reçut le baptême du feu. »

DISCOURS SUR LA PATRIE, ET LE DRAPEAU

Page 65

Le Drapeau doit-il saluer ?

Je ne puis assister à une parade militaire, comme la revue du 14 Juillet, sans éprouver une impression désagréable, presque douloureuse. Il me peine de voir au défilé, drapeaux et étendards s'incliner pour rendre le salut.

C'est une de ces impressions qu'on n'ose guère communiquer, car on craint toujours qu'elles ne soient trop particulières, ou un peu outrées. En ce cas, elles risquent de surprendre, ou même de contrister inutilement d'excellentes gens, qui ne les ressentent point. Pour qu'on se décide à parler, il faut quelque circonstance spéciale, quelque encouragement, venu d'ailleurs.

Or, en lisant l'autre jour le récit de la revue de Krasnoté-Selo, dans les notes d'un journaliste de ma connaissance qui y avait assisté, j'ai appris avec une satisfaction bien explicable que si le tsar salue chaque drapeau, le drapeau ne rend pas au tsar son salut. Notre camarade, en relatant le fait, ajoutait une

remarque recueillie sur les lèvres de nos amis de
là-bas : « Chez nous, on salue le drapeau, mais on
pense que le drapeau ne doit saluer personne. » Et je
me suis senti aussitôt le courage nécessaire pour dire
ici tout haut ce que je pense depuis si longtemps.

Certes, si le premier magistrat de la République
était seul à recevoir le salut du drapeau, je m'en
offenserais moins. Mais à une revue, il y a la foule,
la foule bariolée, cosmopolite, en partie indifférente
ou sceptique, qui peut s'attribuer une part, dans ce
salut rendu par le drapeau. Puis, je me dis que du
moment qu'il est admis que le drapeau salue, le
drapeau est exposé à saluer, dans bien des cas où il
vaudrait autant qu'il s'abstînt. Que quelque roitelet
africain ou asiatique, quelque principicule rasta-
quouère, soit, de par les usages internationaux, reçu
en pompe par le président de la République, il y
aura, toujours en vertu des usages, un bataillon avec
drapeau, dans la cour de l'Elysée, et le drapeau
saluera. Combien la coutume russe est préférable ! Si
elle existait chez nous, l'exotique saluerait et le drapeau de la France demeurerait immobile en face de
lui, comme s'il avait la ferme et lucide conscience
de sa dignité supérieure.

Il est bien probable que l'habitude d'incliner le
drapeau devant le chef de l'Etat ou ses représentants,
ou les hôtes qu'on veut honorer, nous vient en droite
ligne de Rome. Elle s'adapte à merveille au césa-
risme. Et j'imagine qu'à supposer qu'elle se fût
perdue, dans l'intervalle, Napoléon, héritier et imi-

lateur de César, l'eût rétablie. Il flotte ainsi, dans l'atmosphère où vit la démocratie française, une multitude de germes, émanés d'un passé suspect à tous égards. Il faudrait assainir cette atmosphère. Qu'un souffle vienne donc du steppe russe et emporte la tradition du drapeau qui salue.

Dira-t-on que, si le président de la République salue l'armée, sans que l'armée le salue, l'armée aura l'air d'être au-dessus de la puissance civile? Mais l'armée continuera de saluer le président, par l'épée ou le sabre de tous ses officiers, de tous ses généraux. Le drapeau symbolise quelque chose de plus que l'armée, il symbolise la patrie, la nation elle-même. Et la nation saluant le premier magistrat de la République, c'est un pléonasme : c'est la nation se saluant elle-même.

Ce vœu timide d'un spéculatif a-t-il des chances d'être entendu? Je ne sais. Mais j'espère pourtant qu'il se trouvera d'autres Français pour penser que les choses n'en iraient pas plus mal si le drapeau, salué par tous, ne rendait le salut à personne.

DISCOURS SUR LES ESPÉRANCES DE LA FRANCE

Page 97

Les Croisades. — Leurs Résultats

En 1895, la ville de Clermont célébrait magnifiquement l'anniversaire huit fois séculaire de la première croisade; elle en avait le droit. Sans doute, il n'est pas né dans Clermont, ce courant qui, depuis de longues années déjà, traversait les esprits et les cœurs et tournait les regards de la chrétienté vers Jérusalem, vers la cité sainte outragée par les musulmans. Sans doute aussi, quand fut résolue la croisade, on se leva dans l'Europe entière, à la voix du Souverain Pontife, et de tous les pays du monde catholique et de tous les coins de la France, on vit monter ce flot de guerriers et de pèlerins qui devait emporter les armées sarrasines! Mais c'est Clermont que le Pape Urbain II choisit pour y décider l'expédition de Terre-Sainte; à Clermont se tint le concile; à Clermont s'étaient réunis non seulement les prélats qui délibéraient sous la présidence d'Urbain, mais aussi la foule des seigneurs, des bourgeois et des manants animés d'une pareille ardeur et confondus dans un même désir ; c'est sous les murs de Clermont que le Pape jeta son vibrant appel aux milliers d'hommes assemblés devant lui ; c'est à Clermont que s'éleva d'abord le cri puissant dont l'écho traverse les âges : « Dieu le veut ! Dieu le veut ! » ; c'est à Clermont enfin que la croix fut imposée, par les mains du Pape lui-même, aux premiers croisés.

On peut voir, dans l'enthousiasme qui partout s'échauffe à glorifier les croisades et dans cet élan d'admiration qui transporte les cœurs en l'année de leur centenaire, une sorte de compensation ou plutôt de revanche en faveur de la merveilleuse et chrétienne épopée. Naguère, on méprisait les croisades ; on y trouvait l'incroyable folie d'un âge barbare. Au souffle impur et desséchant du XVIIIᵉ siècle, l'héroïsme et le dévouement, la sublimité de la foi, l'ardent amour des lieux où Jésus nous sauva, tous les plus nobles sentiments en un mot, devenaient des absurdités. Le rire impie de Voltaire allait souiller les plus grands souvenirs de notre histoire. A peine quelques timides chrétiens essayaient de montrer ce qu'il pouvait y avoir de beau dans ces folles entre- prises dont ils confessaient, d'ailleurs, les tristes résultats ! — Or, aujourd'hui, c'est devenu un lieu commun de chanter les croisades, qui, au dire de M. Henri Martin, ont été le plus grand événement de l'ère chrétienne, de célébrer la noble et pure inspira- tion qui les a fait naître et de démontrer leurs mer- veilleux effets. Eux-mêmes, les détracteurs de ces expéditions, si fécondes en même temps que si glorieuses, n'osant plus contester l'irréfutable histoire, en sont réduits aux plus mesquines, aux plus pauvres objections. Les uns soutiennent que les progrès enfantés par les croisades seraient, à leur défaut, sortis, au cours du temps, de la force des choses : affirmation erronée, attendu qu'on ne voit pas ce qui, dans cette hypothèse, eût arrêté l'Islam aux portes de l'Europe; en outre, argument ridicule et qui déprécierait, s'il était fondé, tous les grands mouvements dont fut marquée l'évolution du monde. Les autres, parmi eux un écrivain protestant, affirment que les croisés, n'ayant certainement pas prévu le long retentissement de leur entreprise à travers les siècles, ne sauraient être loués du bien qu'ils ont produit : objection plaisante, avec laquelle on pourrait aisément renverser de leur piédestal les plus illustres inventeurs et les « découvreurs » les plus connus, à commencer par Christophe Colomb lui-même — lequel, assurément, n'aperçut jamais au lointain de l'avenir, la prospérité des États-Unis ! En tous cas, les auteurs de ces puérils arguments, s'ils veulent arracher leur mérite aux croisades, ne songent plus à en nier les résultats.

***

Nous voici donc en l'an 1095, dans la plaine de Jande, près de Clermont, la vieille cité des Arvernes, où va se passer un événement de la plus haute importance. Il s'agit d'organiser une expédition militaire pour la délivrance des Lieux Saints.

Une foule innombrable, bigarrée, houleuse, accourue de toutes les provinces de France, est là, qui écoute un moine, Pierre l'Ermite, dénoncer les atrocités commises à Jérusalem, les spoliations sacrilèges des musulmans et les souffrances inouïes des chrétiens. La voix de l'ardent Jérémie, pleine de larmes, traduit en paroles déchirantes les gémissements mêmes de la pierre outragée du divin tombeau.

Sur l'estrade dominant l'auguste assemblée, est le vicaire de Jésus-Christ, l'illustre Urbain II, personnification de ces Papes qui jugent le présent et sondent l'avenir : hommes admirables, aux initiatives puissantes par lesquelles les peuples sont orientés et sauvés. Un contemporain du Pontife, l'historien Ordéric Vital, nous le peint en ces termes :

« Il était Français d'origine et d'une famille noble; sa mansuétude était rayonnante, sa taille était majestueuse, son humilité profonde, sa religion vraiment souveraine, sa sagesse et son éloquence très remarquables. On le considérait comme une tour inexpugnable dressée contre Damas (1). »

Ce type auguste où l'humanité, régénérée par le christianisme, brille de toute sa splendeur primordiale, rappelle ce mot glorieux de la Bible : « Dieu créa l'homme à son image et à sa ressemblance. »

---

(1) « Hic erat natione Gallus, nobilitate et mansuetudine clarus, civis Remensis... corpore magnus, modestia discretus, religione maximus, sapientia et eloquentia præcipuus... Hic erat cui Dominus turrem David, cum propugnaculis contra faciem Damasci, committeret. »

(ORDÉRIC VITAL, liv. III.)

Quatre cents évêques, abbés ou cardinaux, appuyés sur leurs crosses, forment le premier rang de l'auditoire présidé par Urbain II. Les curieux se montrent le cardinal Grégoire ; l'archevêque de Lyon, Hugues de Bourgogne ; Amat, archevêque de Bordeaux, l'ami personnel d'Urbain II ; Adhémar de Monteil, le saint évêque du Puy, l'auteur du *Salve Regina* ; Guillaume de Baïll, évêque de Clermont ; l'archevêque Bernard de Tolède ; les évêques de Bayeux et de Séez ; Fulbert, archidiacre de Rouen, la « gloire de la Normandie » ; Goulard, abbé de Jumièges ; l'évêque Gislebert d'Evreux ; Bernard de Provenchières, évêque de Lodève, etc.

Raymond de Saint-Gilles, comte de Toulouse, est présent : il amène le midi qui s'est enfin levé ; Gaston de Béarn conduit les gens des Pyrénées ; Lusignan, les généreux Poitevins ; Polignac, les rudes Cévenols ; Albret, les aventureux Gascons ; Orange de Sabran, les gars provençaux ; Isoard de Die et Sassenage, les montagnards du Dauphiné.

On remarque encore Geoffroy de Saint-Savin, Guy III, sire de Laval ; Arnaud de Chastellux, Gérard de Bournonville, avec tous leurs fils.

Les femmes de France ne voulant pas rester en arrière, vont prendre la croix et partir seules, comme Emmeline de Flandre, comme Adélaïde, femme de Pierre Bérenger, ou suivre leurs vaillants époux, fils ou frères, comme Marie de Vorges et Alix de Chambray...

Ce serait se montrer injuste envers notre race que

20

d'adjuger exclusivement au patriciat français l'honneur d'avoir tiré l'épée pour la conquête du tombeau du Rédempteur. Une charte de Thibaut, comte de Blois, se termine ainsi : « Fait à Rosnay en l'année où avec une multitude de nobles et de plébéiens, *cum multo baronum et plebis comitatu,* nous avons pris la croix. » Les croisades furent de grandes guerres nationales. Aussi l'érudit historien, Vallet de Viriville, pouvait-il s'écrier : « Nous sommes tous fils des croisés, tous ! Tout Français a eu un ancêtre à la Croisade; quelques-uns peuvent l'établir; les autres ne le peuvent point : voilà la seule différence. »

Au milieu du recueillement général, le bienheureux Urbain, la tiare au front, s'avance au bord de l'estrade et commence son discours. Sa voix grave, vibrante et musicale, remplit au loin l'espace. Français, il emploie notre vocabulaire; pontife suprême, il sollicite la pitié des chrétiens en faveur de « Jérusalem captive », il adjure les chevaliers de France de ceindre l'épée pour la guerre sainte et d'aller par-delà les mers rendre vraie la parole du prophète : *Son sépulcre sera glorieux.*

L'analyse seule de ce discours est parvenue jusqu'à nous, travestie par la rhétorique latine des chroniqueurs. A chaque peuple, Urbain II rappelle successivement les humiliations infligées par les incursions des infidèles abhorrés, et chaque délégation répond, en son idiome, par un immense cri de réprobation et de vengeance. Aux chevaliers, il dépeint le danger qui menace leur inertie : « Encore quelques mois de cette indifférence, et vous verrez le glaive du musulman sur vos têtes. Vos épouses, vos mères, vos filles et vos fils arrachés à vos bras, iront réjouir de leur servitude la férocité des Turcs et des Sarrasins. Vous souvient-il d'un Empereur qui se nommait Charlemagne? Germains, il fut vôtre, par l'antique origine de ses aïeux ; Français, il fut vôtre, et son nom est pour vous un titre de gloire immortelle ! Le bras de Charlemagne faucha par milliers les Sarrassins, etc. Réveillez-vous donc ; debout, preux chevaliers ! L'univers chrétien se précipitera sur vos pas !... »

Aux membres de son Eglise, il crie : « Vous, mes frères et co-évêques, vous prêtres, mes frères dans le sacerdoce et les cohéritiers du Christ, annoncez la grande nouvelle dans vos églises, prêchez virilement, de toute la puissance de vos lèvres sacrées, le voyage à Jérusalem !... »

Voici la conclusion de ce mémorable discours : « Notre arme, à nous, sera la prière ; votre épée, à vous, sera la terreur des Amalécites! Comme Moïse, nous tiendrons nos mains sans cesse élevées vers le Ciel; allez donc dans votre force invincible ; soldats du Christ, tirez le glaive et frappez intrépidement les ennemis de Jérusalem. Dieu le veut ! »

Cent mille poitrines répètent cette dernière exclamation : *Do lo rolt !* en langue d'oc; *Diex li rolt !* en langue d'oïl. Les chevaliers agitent leurs épées ; les gens du peuple pleurent et s'embrassent. Toutes ces énergies ne forment qu'une âme à cet appel d'union :

20..

il semble à chacun que le sol trépide sous ses pas.

Alors, Urbain impose aux croisés le signe de la Croix, sur l'épaule ou le casque, à l'aller, et, au retour, entre les deux épaules. Et aux assistants qui tendent les mains, il fait distribuer des morceaux d'étoffe découpés en croix et qu'il avait bénis. Il accorde rémission des péchés aux partants et met les biens et les familles des pèlerins sous la protection de l'Église. Il fixe à l'expédition une durée de trois ans, à partir du 15 août 1096. Ensuite, le cardinal Grégoire Papareschi (plus tard Innocent II) entonne le *Confiteor*, le Pape donne l'absoute générale et bénit la foule. Le concile était clos.

Le lendemain, les Pères du concile élirent l'évêque du Puy, Adhémar de Monteil, comme chef spirituel de l'armée chrétienne. On sait avec quel dévouement il a rempli plus tard sa mission.

Mais le chef militaire de l'expédition restait à trouver. On s'adressa d'abord au roi de France, absorbé par ses plaisirs; au roi d'Angleterre, un usurier couronné; à l'empereur d'Allemagne, trop occupé à raffermir son autorité sur un empire chancelant; au roi de Hongrie, Ladislas, qui accepte, mais meurt quelques mois après. Enfin, Godefroy de Bouillon fut investi de ce commandement.

Ce dernier, je le sais, est revendiqué par la libre et fière Belgique. A quoi bon contester? Ils revendiquent bien Charlemagne! Et pourquoi non? Que les Belges seulement consentent à ne pas oublier qu'entre eux et nous il n'y a pas de Pyrénées, pas d'Alpes, pas même de Rhin, et que, dans les temps héroïques du moyen âge, ils furent Français, comme ils étaient Gaulois à l'époque où César écrivait : *Gallorum fortissimi Belgæ*.

Après Godefroy de Bouillon, voici Louis le Jeune, Philippe Auguste, ce brave Richard Cœur-de-Lion, qui n'eut de l'Anglais que la couronne et le vaillant Jean de Brienne. Mais quand on parle des croisades, il est un nom qui, aussitôt, revient à la mémoire ; il est une figure, calme et résolue, qui tout d'abord se présente à l'imagination. Quand je me rappelle la guerre sainte, je songe à Louis IX ; je le vois devant Damiette, s'élancer le premier dans les flots ; je le vois, dans les fers, plus libre que sur son coursier de bataille et plus grand que sur le trône ; je le vois expirant sur la rive musulmane, en face de Tunis, et je vénère dans sa personne le héros deux fois martyr de la croix.

La Germanie réclame sa part en Charlemagne parce que, avec ses Francs originaires des bords du Rhin, et avec ses Gaulois, Charles acheva de soumettre les races allemandes à l'Empire et à l'Eglise ; mais nul n'oserait nous disputer notre saint Louis, quoique par ses frères et par ses descendants, il ait donné des rois à presque tous les trônes de l'Europe.

***

L'ère des grandes croisades dans lesquelles tous les peuples chrétiens avaient uni leur épée et versé leur sang pour combattre l'ennemi commun, était close, et chacun d'eux, se renfermant dans le cercle de ses intérêts nationaux, ne songeait plus guère qu'à son bien-être intérieur, au succès de ses ambitions, ou à la défense de ses frontières.

La France, envahie par l'Angleterre qui menaçait à la fois son indépendance et son trône, avait perdu sur les deux funèbres champs de bataille de Crécy et de Poitiers, presque toute la fleur de sa chevalerie.

Une trêve s'impose enfin aux combattants épuisés par tant d'années de lutte, et il semble que les survivants de ces sanglantes hécatombes vont enfin rentrer dans leurs châteaux, pour y jouir d'un peu de repos, panser leurs blessures et pleurer leurs morts. Mais si la Patrie n'est plus en danger immédiat, la Chrétienté est plus que jamais en péril.

Tout à coup, un cri de détresse part du bord du Danube et du fond des Balkans. Les hordes ottomanes, non contentes d'avoir asservi et dévasté Jérusalem, se ruaient sur les tristes débris de l'empire de Constantin le Grand. Constantinople abritait encore le trône chancelant des derniers empereurs grecs. Mais l'invasion turque enveloppait cette malheureuse capitale condamnée d'avance à une chute prochaine.

Le sultan Bajazet venait d'écrire à Sigismond de Luxembourg, alors roi de Hongrie et futur empereur d'Allemagne : *qu'il allait s'emparer de ses États et que, après l'avoir chargé de fers, il irait à Rome, traînant à sa suite, comme de vils esclaves, l'empereur de Constantinople avec les princes chrétiens de son entourage;*

puis qu'il déposerait au Capitole toutes les couronnes qu'il aurait conquises et qu'il ferait manger l'avoine à son cheval sur l'autel de saint Pierre.

Devant ces menaces, le cœur de la France a bondi et des milliers d'épées s'offrent pour aller défendre les lointaines frontières de la grande patrie chrétienne. Le malheureux Charles VI, quoique frappé de démence, retrouve une heure de lucidité pour signer l'*exequatur* de cette nouvelle croisade.

Des princes de la Maison de France marchent à sa tête : Jean de Bourgogne, le futur duc Jean-sans-Peur, alors comte de Nevers, le connétable Philippe d'Artois, comte d'Eu, Jacques de Bourbon, comte de Lamarche, puis, à côté des princes du sang, ceux qui touchaient le plus près à la famille royale : Henry de Bar, fils aîné du duc régnant et de Marie de France, et son frère, Philippe de Bar, tous cousins germains de Charles VI et armés chevaliers de sa main, tous deux petits-fils du roi Jean et destinés à mourir, comme lui, victimes de leur héroïsme.

Enfin, derrière eux, presque tous les grands noms militaires qui restaient à la France après tant de désastres : l'illustre Enguerrand, le dernier des sires de Coucy, le maréchal de Boucicault, l'amiral de Vienne, Gauthier de Bauffremont, Guy de la Trémouille, Thibaut de Neufchâtel, comte de Reynel, et deux mille chevaliers, suivis de huit mille hommes de toutes classes.

Or, cette petite troupe, après avoir traversé presque toute l'Europe et marqué chacune de ses étapes par de nombreux exploits, arrive en Bulgarie, sous les murs de Nicopolis, et se trouve en face de deux cent mille Turcs commandés par Bajazet en personne. Nous n'entreprendrons pas de décrire cette lutte dramatique et poignante : deux cent mille, d'un côté... et dix mille, de l'autre. Le résultat ne pouvait être douteux.

Malgré des prodiges de bravoure, nos Français, presque tous, au bout d'une heure, gisaient sans vie sur le champ de bataille, et les trois cents qui respiraient encore, étaient prisonniers des Turcs.

Le lendemain, dépouillés et chargés de chaînes, ils furent amenés devant le sultan assis sous un splendide pavillon, au milieu d'une vaste plaine, et entouré d'une garde formidable. Bajazet se fit présenter les trois princes de la Maison de France, avec le prince Henry de Bar, le maréchal de Boucicault et le sire de Coucy, leur déclarant qu'il leur accordait la vie moyennant une rançon de deux cent mille ducats chacun ; puis il fit décapiter, sous leurs yeux, tous leurs vaillants compagnons d'armes.

Un éloquent historien a résumé ainsi le tableau de cette poignée de croisés pendant ces deux scènes de carnage : *héros incomparables dans le combat, martyrs sublimes après le combat.*

Voilà ce que l'âme chevaleresque de la France accomplissait, à huit cents lieues de ses frontières, au lendemain de Crécy et de Poitiers, à la veille d'Azincourt !

Et ce n'était pas seulement leur propre vie que ces

héros sacrifiaient pour défendre l'Europe de l'invasion musulmane, c'était l'existence de leur famille tout entière, d'une dynastie de plusieurs siècles.

Ces simples souvenirs, empruntés à quelques-uns des jours les plus douloureux de notre histoire, suffiraient, semble-t-il, pour répondre aux tapageuses fanfaronnades des prétendus éclaireurs du peuple, qui croient se grandir en insultant le passé et ne craignent pas d'escalader toutes les tribunes pour affirmer que la vaillance française date seulement des volontaires de 92. Dieu nous garde de tomber dans le paradoxe contraire et de dire qu'on ne retrouve plus aujourd'hui, dans les cœurs français, le chevaleresque héroïsme des anciens jours! Si nous pouvions le penser, et si nous osions l'écrire, des milliers d'exemples nous donneraient un éclatant démenti.

On pourrait très légitimement affirmer que les doctrines dont un parti puissant cherche, par tous les moyens imaginables, à assurer le triomphe en France, amèneraient indubitablement la destruction de tout esprit de dévouement et le remplaceraient par le règne du plus lâche égoïsme. Mais heureusement nous n'en sommes point encore arrivés là. Notre siècle n'a pas renoncé à faire de nouvelles croisades. Il s'honore même d'avoir repris le chemin de celles que nos aïeux avaient été contraints de laisser inachevées.

La glorieuse victoire de Navarin, où nous avons si noblement uni notre sang et nos armes aux armes et au sang de la Russie pour délivrer la Grèce de l'odieux joug de l'Islamisme, n'était-elle pas une croisade comme cette conquête de l'Algérie, qui a commencé et s'est poursuivie à travers tant d'obstacles? Ne combattions-nous pas pour la plus sainte des causes quand nous avons transformé en terre chrétienne et française ce sol sacré sur lequel était mort saint Louis et dont l'étendard du Prophète avait fait un nid de forbans?

Consolons-nous en songeant que, dans nos temps si troublés et si sombres, nous sommes toujours les fils des croisés, et que, malgré des malheurs sans nombre et d'effroyables défaites, nous savons encore applaudir nos soldats lorsqu'ils reviennent du Dahomey ou de Madagascar, apôtres et vengeurs de la civilisation et de la foi !

∗∗∗

Quant aux résultats *pratiques* des croisades, ils sont merveilleux ; pour finir, résumons-les brièvement :

1° Les papes, en provoquant les croisades, ont mis fin aux guerres intestines de nation à nation, de château à château. Ils ont dompté l'énergie de ces peuples à demi sauvages. Par la fusion de la communauté des vues, ils ont donné à l'Europe l'unité politique. Ils ont resserré des millions de cœurs dans un moral embrassement et composé une immense famille avec des éléments diamétralement opposés.

2° Les croisades, nous l'avons vu, ont arrêté par le fait les invasions musulmanes et grâce aux résislances énergiques et aux élans passionnés qu'elles provoquaient, mirent pour longtemps les Turcs dans l'impossibilité de franchir le Bosphore. Après avoir fondé cet empire dont le siège est à Constantinople, le Croissant faillit mourir des suites de son enfantement laborieux. La bataille de Vienne, le gouffre de Lépante n'étaient pas faits pour ranimer son courage. Quoi qu'il en soit, la civilisation chrétienne fut sauvée, les nationalités de l'Europe occidentale préservées et volontiers je répète le mot du comte de Maistre : « Sans doute, aucune croisade ne réussit, mais toutes ont réussi. »

3° Ces guerres à grande distance portèrent les premiers coups à la féodalité du moyen âge. Le seigneur qui, à tort ou à raison, avait l'habitude de lancer ses vassaux sur les vassaux de son voisin, se vit obligé de mettre un frein à ses sanglantes fantaisies. Ce qu'il perdit en influence, c'est l'autorité royale qui le gagna. « On connaît, dit Michaud, toutes les plaintes qui s'élevèrent contre la seconde croisade. Mais on y admira un roi de France commandant une armée hors de son territoire, ce qui ne s'était pas vu depuis Charlemagne et rien n'était plus capable de seconder les progrès de la monarchie... L'intérêt même qu'on portait à de grands malheurs, les sacrifices faits à une cause qui était celle de tout le peuple, l'habitude de voir les rois à la tête de la milice française, effaçaient peu à peu le principe de la féodalité ou plutôt le faisaient tourner au profit de la monarchie. »

4° Avec l'autorité royale s'accrut la liberté du peuple. Avant le départ, les seigneurs, dont les finances laissaient à désirer, affranchissaient les serfs et recevaient en échange les frais de l'expédition. D'autres, sauvés miraculeusement sur le champ de bataille, accordaient la même faveur en signe de reconnaissance, quand ils rentraient dans leur manoir. D'autre part, pendant que les hommes valides guerroyaient en Terre Sainte, les demeurants, que nous appellerions aujourd'hui les *soldats de l'armée territoriale*, veillaient à l'ordre public, défendaient les familles contre les malfaiteurs et gouvernaient avec d'autant plus de sagesse que leur pouvoir n'était que provisoire. C'est ainsi, qu'en plein moyen âge, le peuple se mêla aux affaires publiques et, par de timides essais, inaugura le régime du suffrage universel...

5° Le commerce et l'industrie prirent un essor vigoureux. Des communications furent ouvertes entre l'Orient et l'Occident pour l'échange réciproque des produits. Sur terre, on pratiqua des routes là où régnaient à peine des sentiers ; sur mer, on étudia, on développa l'art si fécond de la navigation et, si je ne me trompe, c'est aux croisades que nous devons la *boussole*, cet instrument inappréciable dans la main des navigateurs.

6° Au point de vue des arts, l'architecture *à ogives* fut une conquête des croisades de Philippe-Auguste et de saint Louis. A la colonne écourtée et massive, aux gros piliers à chapiteaux, succédèrent les

minces colonnettes en faisceaux, fuyantes comme des
fusées, coquettement ramifiées au sommet et proje-
tant dans tous les sens leurs nervures aériennes,
mais assez solides, assez fortes pour soutenir la
charpente de l'édifice.

Les arabesques, les volutes, les enroulements, les
astragales trahissent leur origine et leur date par le
nom même qu'ils portent. En imitant les constructions sarrasines, les architectes chrétiens leur
donnèrent plus de hardiesse et d'ampleur. Ils élevèrent mosquée sur mosquée, colonne sur colonne,
galerie sur galerie. Ils attachèrent des ailes aux flancs
du monument. La toiture s'ouvrit de bas en haut
comme l'arête vive d'un cercueil et, par-dessus, les
voûtes audacieuses des flèches s'élancèrent pour s'en
aller percer les nues...

7° Les sciences et les lettres reçurent un élan
encore plus accentué dans cette entrevue à main
armée entre les deux mondes. Les exploits des
guerriers francs surtout retentirent au loin. La prise
de Jérusalem frappa les imaginations. Les bardes de
l'Orient chantaient en pleurant ou pleuraient en
chantant, mais ils reconnurent la vaillance et
souvent la piété de ces héros que la lyre mélodieuse
de Tasse a rendus immortels. En Occident, plus vive,
plus complète et plus brillante, fut l'influence des
croisades au point de vue littéraire. Dans l'espoir de
convertir les musulmans au christianisme, on ouvrit
des écoles pour l'enseignement de l'arabe et des

langues orientales, à Rome, à Paris, à Oxford, à Bologne, à Salamanque.

Le génie des croisés prit une teinte plus colorée et plus chaude. L'horizon intellectuel s'élargit avec la révélation de ce monde inconnu. Le palmier solitaire, les déserts immenses, les oasis ravissantes, les hauteurs boisées, les plaines onduleuses, le soleil éclatant, le ciel radieux et pur, les tentes dressées et levées... l'Orient était là tout entier avec ses souvenirs bibliques, avec ses patriarches et ses prophètes, avec ses rois et ses juges, avec ses légendes, son style imagé, sa langue harmonieuse et riche.

Tous ces tableaux gracieux, unis au prestige d'un passé sans rival, éveillèrent la muse dans l'âme des croisés. Les guerriers les plus froids se sentirent séduits par les attraits du merveilleux, et chaque soldat du Christ, rentré dans sa famille, se retrouva poète. Longtemps, bien longtemps après, le soir, auprès du foyer, en présence d'un cercle d'auditeurs attentifs, le vieux guerrier de la Terre Sainte empruntait au langage de l'Arabe ses images, ses comparaisons, ses prosopopées pour redire les scènes intéressantes de sa carrière aventureuse...

Voilà, résumés en quelques lignes, les résultats des croisades. S'ils ne sont pas à tous égards parfaits, avec un historien célèbre qui ne fut pas un croyant, M. Henri Martin, je les tiens pour extrêmement précieux. Il ne m'en coûte nullement d'ajouter que dans ces entreprises lointaines, tout n'est pas irré-

prochable. Il suffit de constater la présence de l'homme
pour signaler aussi les traces de sa faiblesse.

Quand les adversaires des croisades auront perfec-
tionné la nature humaine par un procédé nouveau, je
m'engage à m'inscrire parmi les premiers souscrip-
teurs.

DISCOURS SUR L'HONNEUR

Page 108

Dans la rue Saint-Antoine, demeurait depuis longtemps un ouvrier menuisier nommé Marchis, connu dans les ateliers sous le nom du *pompier*.

Il n'était plus jeune, ayant fait deux congés de sept ans dans l'armée. Le dernier congé avait été terminé dans les sapeurs-pompiers de Paris, d'où lui venait son surnom.

Bon ouvrier, laborieux, intelligent, sobre, économe, le pompier avait amassé un petit capital pour ses vieux jours. Il était veuf et père d'un fils âgé de dix-sept ans. Celui-ci, fuyant la surveillance paternelle, avait débuté par être le gamin, trop vanté, de Paris, pour devenir une sorte de vagabond.

Retenu au travail pendant toute la durée du jour, l'ouvrier en général ne peut surveiller sa jeune famille; aussi le pompier comptait-il sur le service militaire pour ramener son fils au bien. Il lui répétait souvent :

« Dans un an, tu partiras pour l'Afrique. »

Le jeune homme paraissait peu à l'atelier et rarement à la maison où son père le nourrissait. Nul ne

connaissait la vie qu'il menait, et le pompier cherchait en vain à le ramener au logis.

Lorsque les armées allemandes entourèrent Paris,
les absences du jeune homme devinrent plus longues
et plus fréquentes. Il rentrait le soir, apportant des
pommes de terre arrachées par lui dans les environs
de Paris. Tel était, disait-il, l'emploi de ses journées.

Le père désapprouvait ce qu'il considérait comme
un vol, mais son autorité s'affaiblissait, et, malgré ses
défenses, le fils s'échappait de nouveau.

Lorsqu'il servait dans les sapeurs-pompiers de Paris,
Marchis avait rencontré un bon camarade, nommé
Charles X..., qui était devenu son ami fidèle et dévoué.

Charles X..., après avoir quitté le service, vivait
de son travail. Modeste relieur, il possédait une petite
boutique où tout respirait l'aisance et le bonheur.
Une excellente et brave femme se tenait au comptoir
et, près d'elle, une jeune fille, ouvrière comme sa
mère, maniait lestement l'aiguille. Le fils, âgé de
dix-huit ans, était engagé dans le 35e de ligne.

Depuis le commencement du siège, les travaux
de Marchis et de Charles X..., à peu près suspendus, leur laissaient des loisirs, et ils se visitaient
presque chaque jour. Ces deux vieux amis demeu-
raient quelquefois des heures entières sans échanger
une parole. Charles X... était sombre et semblait
éprouver un profond chagrin.

Le 12 octobre 1870, les deux vétérans étaient
réunis chez le pompier qui, la tête basse, le regard
fixe, écoutait les bruits du dehors.

21

Charles N... se levait de temps en temps, allait au
hasard dans l'atelier, considérant tour à tour chaque
meuble comme pour se donner une contenance.
Enfin il s'arrêta devant son ami et, se baissant pour
lui parler à voix basse, lui dit :

— Courage, Marchis !

Celui-ci se redressa vivement, mais en silence,
interrogeant du regard seulement.

Charles N... reprit :

— Ton fils est l'espion des Prussiens. Chaque jour
il se rend dans une maison du côté de Bagneux, où
l'attendent des officiers allemands ; il leur apporte les
nouvelles de Paris et reçoit de l'argent et des
pommes de terre qui servent de prétexte à ses
sorties.

Les yeux égarés, le front inondé de sueur, la
bouche entr'ouverte, tremblant, deux larmes aux
paupières, Marchis sembla paralysé. Charles N... lui
tendit une carafe pleine d'eau froide et l'approcha de
ses lèvres.

Marchis se laissa faire. Dix minutes se passèrent
ainsi, où toutes les douleurs du monde envahirent
l'âme du vieux soldat.

Tout à coup, il se leva de sa chaise, ou plutôt il
s'élança dans l'atelier le front haut, menaçant,
terrible.

Charles N... ferma les fenêtres et, pour étouffer le
bruit, tira les rideaux. Puis il se jeta dans les bras
de son ami et l'on entendit des sanglots étouffés.

Les historiens nous ont fait assister au spectacle de

rois qui pleurent une couronne perdue ; mais nous trouvons plus de grandeur dans le désespoir de ces ouvriers, vieux soldats de la France qui, leur *honneur mis en jeu*, pleurent virilement.

Pour conquérir cet honneur, ils ont servi la patrie pendant la moitié de leur vie, ils ont bravé les blessures et la mort ; puis, rendus à la vie civile, ils ont travaillé de leurs mains mutilées pour conserver dans l'atelier *l'honneur rapporté du camp !*

Ils n'ont ni richesses, ni science, et ne possèdent que *l'honneur.* Cultivateurs d'un village lointain, ils sont venus au régiment pour obéir à la loi, complètement ignorants.

Peu à peu, lentement, nous leur avons enseigné la beauté du devoir, puis plus lentement encore, la sainteté du drapeau national, enfin nous leur avons confié les mystères sublimes de l'honneur. Ils ont compris ce qu'est la patrie.

Et voilà que leur *honneur est déchiré* et jeté en pâture aux Prussiens !

Les deux amis demeurèrent enfermés jusqu'au soir, échangeant ces pensées douloureuses. La nuit, Charles N... sortit et revint peu de temps après, apportant deux uniformes complets de gardes nationaux, deux fusils et des cartouches.

Après avoir revêtu l'un des uniformes, Charles N... sortit en emportant fusil et giberne. Le pompier se jeta tout habillé sur son lit et ne put goûter un seul instant de repos. Vers quatre heures du matin, il entendit, dans la pièce voisine, son fils se préparer au départ.

21..

La veille au soir, le jeune homme était rentré sans bruit, évitant soigneusement le regard paternel. Le pompier endossa l'uniforme de garde national et se rendit méconnaissable en cachant sa figure dans une large cravate de laine.

Le jeune homme sortit furtivement, évitant le moindre bruit. Le pompier, le fusil sur l'épaule, suivit son fils sans être vu. Charles X... attendait dans un enfoncement, du côté opposé de la rue.

Ils suivirent le jeune homme qui, après s'être procuré quelques provisions dans divers magasins, achetait chez plusieurs marchands tous les journaux du jour. Denrées et papier s'engloutissaient dans un sac de toile caché sous ses blouses, car il en portait deux, l'une bleue, l'autre blanche. Avant de franchir la barrière de Paris, le jeune homme changea de coiffure et remplaça son képi par une casquette.

Le jour commençait à paraître, lorsque la sentinelle des avant-postes vit passer un jeune ouvrier, presque un enfant.

— On va aux pommes de terre, dit-il, car nous mourons de faim.

Bientôt après, deux gardes nationaux, un peu âgés et marchant lentement, passèrent sans s'arrêter, avec ces simples mots : *Fort de Montrouge.*

Les trois hommes gagnèrent la campagne. Celui qui était en tête se retournait parfois sans s'inquiéter de ceux qu'il voyait derrière lui. Il ne semblait pas marcher vers un but déterminé, allant comme au hasard, mais gagnant toujours vers Bagneux. Les deux gardes nationaux qui s'étaient séparés ne se rejoignaient pas et décrivaient des courbes autour du jeune homme en se comprenant au moyen de signes convenus.

Ils arrivèrent enfin à la porte d'un jardin qui entourait une maison de campagne. Il était sept heures du matin. Les deux gardes nationaux se mirent à l'abri dans une masure encombrée de débris. Le jeune homme imita trois fois le cri d'un oiseau sauvage; bientôt la porte s'entr'ouvrit et il disparut dans le jardin.

L'attente des deux amis fut longue; assis dans un angle obscur de cette maison en ruines, ils voyaient sans être vus. Une porte du jardin glissa sur ses gonds, mais sur la face opposée. Deux officiers prussiens, casque en tête, enveloppés dans de larges capotes, franchirent cette porte, conduisant le fils du pompier; celui-ci, qui était entré en blouse bleue, ressortait en blouse blanche; sa casquette était couverte d'une étoffe de toile grise.

Tant de précautions pour n'être pas reconnu témoignaient de ses craintes. Il indiqua par des signes faciles à comprendre diverses directions qui, d'après les ordres donnés la veille, devaient être suivis par les colonnes françaises pour l'attaque projetée. L'un des Prussiens, une carte à la main, traçait sur cette carte des lignes au crayon.

Les deux officiers comptèrent ensuite quelques pièces d'argent au jeune homme et rentrèrent dans cette maison inhabitée qui servait seulement de rendez-vous pour l'espionnage.

Le fils du pompier promena de longs regards vers tous les horizons, compta son argent et souleva un sac de pommes de terre qu'un soldat prussien avait déposé devant la porte.

Après avoir placé le sac sur son épaule, il se dirigea directement vers la masure qui servait d'abri aux deux amis. C'était là, sans doute, que d'ordinaire il cachait son butin.

Le sol couvert de planches brisées, de pierres calcinées, de tuiles noircies par l'incendie, rendait la marche difficile.

Le jeune homme allait donc d'un pas inégal sans regarder devant lui. Tout à coup, dans l'ombre, une lourde main tomba sur sa poitrine, tandis qu'une voix étouffée prononçait ce cri : *A genoux, misérable!*

Le fils tomba, les mains jointes, le visage égaré, tremblant à la voix de son père.

— Jette dans la boue tout ce que tu emportes, argent et papiers.

Il fut obéi.

— Maintenant, relève-toi et marche devant nous.

Une troupe s'avançait vers Bagneux. C'étaient les mobiles de la Côte-d'Or et un bataillon de l'Aube. Les trois hommes rejoignirent en silence ce dernier bataillon. Ils en étaient à une petite distance, lorsque le pompier dit à son fils : « Mets ton képi, prends le fusil de Charles N..., ainsi que sa giberne et va te faire tuer. Je serai près de toi, ainsi que mon ami; tu nous connais, il n'y a donc pas à reculer! »

Le fils jeta sur son père un regard suppliant, plein

de larmes, et murmura le mot : *pardon ! pardon !*
Le pompier ne répondit même pas.

Quelques instants après, une compagnie de mobiles,
entourée de fumée, pénétrait dans la rue du village ;
les balles sifflaient et les hommes tombaient.

Le pompier faisait parfois sentir à son fils la crosse
de son fusil ; on le vit même user de la baïonnette.
Le jeune homme allait le visage bouleversé, les
genoux pliés, mais il ne pouvait s'arrêter.

Enfin, une terrible décharge porta l'épouvante
dans les rangs. La fumée devint tellement épaisse
qu'on n'apercevait plus son chef de file. Le père se
baissa et vit son fils le front inondé de sang, étendu
sur le chemin.

Froidement, tranquillement, le pompier se redressa
et dit à Charles N... : « C'est la justice de Dieu ! ». On
fit quelques pas en avant dans une atmosphère de
feu. Le pompier tendit un portefeuille à son ami :
« C'est pour toi, mon camarade, maintenant mon
tour est venu ; ce sera la justice des hommes ».

La nuit suivante, une voiture d'ambulance emportait à Paris le corps de l'admirable Français ; une
balle prussienne l'avait frappé au cœur.

Le camarade de Marchis hérita de ses économies et
de son mobilier et donna le tout aux pauvres.

Voilà comment, dit le général Ambert, deux
pauvres ouvriers ont compris l'amour de leur pays,
l'honneur !

DISCOURS AUX CONSCRITS DE LA VILLE DU MANS

Page 180

———

Qu'est-ce que la *guerre ?* Est-ce l'état permanent et nécessaire de l'humanité, ou n'est-ce qu'une crise périodique de la nature, de celles qui se manifestent dans les évolutions de tous les êtres organiques ? Y a-t-il des *guerres* justes et des *guerres* injustes ? Existe-t-il réellement un droit de la *guerre*, tel que l'ont reconnu, défini et réglementé, depuis Aristote et Cicéron, une foule de philosophes et de jurisconsultes ? Questions ardues, où le droit et le fait s'enchevêtrent au point qu'il est fort difficile de les démêler. D'aucuns prétendent que la guerre étant une des choses qui s'accordent le moins avec l'idée même de la civilisation et du progrès, devra disparaître tôt ou tard, si l'homme progresse indéfiniment. Cependant, lorsque les orateurs innocents des congrès de la paix invoquent, pour rendre la guerre impossible, un tribunal arbitral, suprême et universel, ils tournent dans un cercle vicieux. La sentence rendue (et nous la supposons éminemment juste), comment sera-t-elle exécutée contre le condamné qui ne s'y soumettra pas? Par la force. Et qu'est-ce que l'emploi de la force? La guerre; la guerre plus légitime, nous le voulons bien, mais enfin la guerre. Pour l'abolir, il ne suffit pas de dire, avec un publiciste qui apportait dans la polémique toute l'ardeur des champs de bataille, M. de Girardin:

« La guerre, c'est le meurtre; la guerre, c'est le vol.

« C'est le meurtre, c'est le vol, acclamés, blasonnés, dignifiés, couronnés.

« C'est le meurtre, c'est le vol, soustraits à l'échafaud par l'arc de triomphe.

« C'est le meurtre, c'est le vol, moins le châtiment et la honte, plus l'impunité et la gloire.

« C'est l'inconséquence légale, car c'est la Société ordonnant ce qu'elle défend, et défendant ce qu'elle ordonne; récompensant ce qu'elle punit, et punissant ce qu'elle récompense; glorifiant ce qu'elle flétrit, et flétrissant ce qu'elle glorifie; le fait étant le même, le nom seul étant différent. »

Oui, la guerre est tout cela et pis encore...

Et pourtant il y a des cas où la guerre est nécessaire, où la nation la plus pacifique peut se trouver entraînée à combattre, soit pour secourir un allié, soit pour prévenir un accroissement de puissance qui pourrait devenir dangereux pour sa propre sûreté, soit pour une foule d'autres causes.

C'est que la question n'est pas de celles qui se résolvent par des arguments tirés exclusivement de l'ordre politique et économique, ou de l'ordre moral.

Elle est très complexe : voyez plutôt les opinions divergentes et souvent radicalement contraires de Hobbes, de Grotius, de Wattel, de Puffendorf, de Wolf, de Kant, de Hégel, de Fichte, de Proudhon, de Joseph de Maistre, de M. de Girardin lui-même, etc., etc.

Kant, entre autres, prétend que la guerre est un état extra-légal, et que le véritable droit des gens est de mettre fin à ces luttes exécrables, en travaillant à créer et à consolider la paix perpétuelle. Bien dit, si faire se peut. Mais Proudhon proclame le droit de la force et veut que la force et le droit soient indissolublement unis. Essayez donc de concilier tout cela... —Après M. de Girardin, qui tonne si fort contre la guerre, voici Joseph de Maistre, l'écrivain de génie, qui la divinise en quelque sorte :

« Qu'on remonte jusqu'au berceau des nations, qu'on descende jusqu'à nos jours ; qu'on examine les peuples dans toutes les positions possibles, depuis l'état de barbarie jusqu'à celui de la civilisation la plus raffinée, toujours on trouvera la guerre. Par cette cause, qui est la principale, et par toutes celles qui s'y joignent, l'effusion du sang humain, dans l'univers, tantôt moins forte, tantôt plus étendue, est à peu près constante.

« Mais, de temps en temps, il arrive des événements extraordinaires qui l'augmentent prodigieusement, comme les guerres Puniques, les Triumvirats, les victoires de César, l'irruption des barbares, les Croisades, les guerres de Religion, la succession d'Espagne, la Révolution française, etc. Si l'on avait des tables de massacres comme on a des tables météorologiques, qui sait si l'on n'en découvrirait point la loi au bout de quelques siècles d'observation ? Buffon a fort bien prouvé qu'une grande partie des animaux est destinée à mourir de mort violente. Il aurait pu, suivant les apparences, étendre sa démonstration à l'homme; mais on peut s'en rapporter aux faits. Il y a lieu de douter, au reste, que cette destruction violente soit, en général, un aussi grand mal qu'on le croit : du moins, c'est un de ces maux qui entrent dans un ordre de choses où tout est violent et *contre nature*, et qui produisent des compensations. D'abord, lorsque l'âme humaine a perdu son ressort par la mollesse, l'incrédulité et les vices gangreneux qui suivent l'excès de la civilisation, elle ne peut être retrempée que dans le sang. Il n'est pas aisé, à beaucoup près, d'expliquer pourquoi la guerre produit des effets différents, suivant les différentes circonstances. Ce qu'on voit assez clairement, c'est que le genre humain peut être considéré comme un arbre qu'une main invisible taille sans relâche et qui gagne souvent à cette opération. A la vérité, si l'on touche le tronc, ou si l'on coupe *en tête de saule*, l'arbre peut périr; mais qui connaît les limites pour l'arbre humain ? Ce que nous savons, c'est que l'extrême carnage s'allie souvent avec l'extrême population, comme on l'a vu surtout dans les anciennes républiques grecques, et en Espagne, sous la domination des Arabes. Les lieux communs sur la guerre ne signifient rien : il ne faut pas être fort habile pour savoir que plus on tue d'hommes et moins il en reste dans le moment, comme il est vrai que plus on coupe de branches et moins il en reste sur l'arbre ; mais ce sont les suites de l'opération qu'il faut considérer. Or, en suivant toujours la même comparaison, on peut observer que le jardinier habile dirige moins la taille à la végétation absolue qu'à la fructification de l'arbre : ce sont des fruits, et non du bois et des feuilles, qu'il demande à la plante. Or, les véritables fruits de la nature humaine, les arts, les sciences, les grandes entreprises, les hautes conceptions, les vertus mâles, tiennent surtout à l'état de guerre. On sait que les nations ne parviennent jamais au plus haut point de grandeur dont elles sont susceptibles, qu'après de longues et sanglantes guerres. Ainsi, le point rayonnant pour les Grecs, fut l'époque terrible de la guerre de Péloponèse ; le siècle d'Auguste suivit immédiatement la guerre civile et les proscriptions ; le génie français fut dégrossi par la Ligue et poli par la Fronde ; tous les grands hommes du siècle de la reine Anne naquirent au milieu des commotions politiques. En un mot, on dirait que le sang est l'engrais de cette plante qu'on appelle *génie*.

« Je ne sais si l'on se comprend bien lorsqu'on dit que *les arts sont amis de la paix*. Il faudrait au moins s'expliquer et circonscrire la proposition ; car je ne vois rien de moins pacifique que les siècles d'Alexandre et de Périclès, d'Auguste, de Léon X et

de François Ier, de Louis XIV et de la reine Anne.
Serait-il possible que l'effusion du sang humain n'eût
pas une grande cause et de grands effets? Qu'on y
réfléchisse : l'histoire et la fable, les découvertes de
la physiologie moderne et les traditions antiques, se
réunissent pour fournir des matériaux à ces méditations. Il ne serait pas plus honteux de tâtonner sur ce
point, que sur mille autres plus étrangers à l'homme.

« Tonnons cependant contre la guerre et tâchons
d'en dégoûter les souverains ; mais ne donnons pas
dans les rêves de Condorcet, de ce philosophe si cher
à la Révolution, qui employa sa vie à préparer le
malheur de la génération présente, léguant bénigne-
ment la perfection à nos neveux. Il n'y a qu'un
moyen de comprimer le fléau de la guerre, c'est de
comprimer les désordres qui amènent cette terrible
purification.

« Dans la tragédie grecque d'Oreste, Hélène, l'un des
personnages de la pièce, est soustraite par les dieux
au juste ressentiment des Grecs, et placée dans le
ciel à côté de ses deux frères, pour être avec eux un
signe de salut aux navigateurs. Apollon paraît pour
justifier cette étrange apothéose. *La beauté d'Hélène,*
dit-il, *ne fut qu'un instrument dont les dieux se servi-
rent pour mettre aux prises les Grecs et les Troyens, et
faire couler leur sang, afin d'étancher sur la terre
l'iniquité des hommes devenus trop nombreux.*

« Apollon parlait fort bien. Ce sont les hommes qui
assemblent les nuages, et ils se plaignent ensuite des
tempêtes.

« C'est le courroux des rois qui fait armer la terre.

« C'est le courroux des cieux qui fait armer les rois.

« Je sens bien que, dans toutes ces considérations, nous sommes continuellement assaillis par le tableau si fatigant des innocents qui périssent avec les coupables. Mais sans nous enfoncer dans cette question qui tient à ce qu'il y a de plus profond, on peut la considérer seulement dans son rapport avec le dogme universel et aussi ancien que le monde, de *la réversibilité des douleurs de l'innocence au profit des coupables.*

« Ce fut de ce dogme, ce me semble, que les anciens dérivèrent l'usage des sacrifices qu'ils pratiquèrent dans tout l'univers, et qu'ils jugeaient utiles non seulement aux vivants, mais encore aux morts : usage typique que l'habitude nous fait envisager sans étonnement, mais dont il n'est pas moins difficile d'atteindre la racine. Les dévouements, si fameux dans l'antiquité, tenaient encore au même dogme. Décius avait la foi que le sacrifice de sa vie serait accepté par la divinité, et qu'il pouvait faire équilibre à tous les maux qui menaçaient sa patrie.

« Le christianisme est venu consacrer ce dogme, qui est infiniment naturel à l'homme, quoiqu'il paraisse difficile d'y arriver par le raisonnement.

« Ainsi, il peut y avoir eu dans le cœur de Louis XVI, dans celui de la céleste Elisabeth, tel mouvement, telle acceptation capable de sauver la France. On demande quelquefois à quoi servent ces austérités terribles, pratiquées par certains ordres religieux et qui sont aussi des dévouements ; autant vaudrait précisément demander à quoi sert le christianisme, puisqu'il repose tout entier sur ce même dogme agrandi, de l'innocence payant pour le crime.

« L'autorité qui approuve ces ordres, choisit quelques hommes et les *isole* du monde pour en faire des *conducteurs*. Il n'y a que violence dans l'univers ; mais nous sommes gâtés par la philosophie moderne, qui a dit que *tout est bien*, tandis que le mal a tout souillé et que, dans un sens très vrai, *tout est mal*, puisque rien n'est à sa place. La note tonique du système de notre création ayant baissé, toutes les autres ont baissé proportionnellement, suivant les règles de l'harmonie. Tous les êtres gémissent et tendent, avec effort et douleur, vers un autre ordre de choses.

« Les spectateurs des grandes calamités humaines sont conduits surtout à ces tristes méditations, mais gardons-nous de perdre courage : il n'y a point de châtiment qui ne purifie ; il n'y a point de désordre que l'*amour éternel* ne tourne contre le principe du mal. »

. . . .

« La guerre, dit M. Emile Zola dans *La Débâcle*, mais c'est la vie même ! Rien n'existe dans la nature, ne naît, ne grandit, ne se multiplie que par un combat. Il faut manger et être mangé pour que le monde vive. Seules, les nations guerrières ont prospéré. Une nation meurt dès qu'elle désarme. La guerre, c'est l'école de la discipline, du sacrifice, du courage ; ce sont les muscles exercés, les âmes raffermies, la fraternité devant le péril, la santé et la force...

« Il faut l'attendre gravement. »

DISCOURS AUX CONSCRITS DE LA VILLE DU MANS

Page 188

LE PORTEFEUILLE D'UN SOLDAT

MORT AU CHAMP D'HONNEUR

Leroy Jules-Alexandre, après avoir fait avec honneur la malheureuse campagne de 1870 et avoir été décoré sur le champ de bataille de la médaille militaire, malgré son jeune âge, — il n'avait alors que 21 ans — se trouvait en 1871, comme sergent-fourrier, dans le 5e régiment d'infanterie, commandé par le colonel Thiery.

Après les désastres sans nom d'une guerre qui avait été l'écrasement d'une armée par l'invasion de tout un peuple, il y avait à remplir le plus douloureux des devoirs : combattre des Français en révolte contre la patrie leur mère !... La Commune régnait en hideuse souveraine. Il fallait au plus tôt mettre un terme à ses saturnales qui nous rendaient l'opprobre et la risée de toutes les nations civilisées et nous menaçaient de mort.

Le 5e régiment provisoire était déjà dans Paris ; il

22

allait de rue en rue, de maison en maison, pénétrant dans la fournaise de l'insurrection. Le fourrier Leroy marchait en avant, quand deux balles, sorties de fusils français, vinrent lui trouer la poitrine qu'avait épargnée les projectiles prussiens. Il s'affaissa, le pauvre enfant, et on le transporta à l'ambulance de Penthièvre. Deux jours après, il mourait en vrai soldat, sans murmurer, en vrai chrétien, dans les bras d'un prêtre : car à Penthièvre, pendant même les plus mauvais jours de la Commune, l'abbé Sassère que le directeur de l'ambulance avait tiré des mains des communards et qu'il cachait au risque de sa tête, disait la sainte messe tous les dimanches dans le corps de garde, converti en chapelle, et administrait journellement les secours de la religion aux malades et aux blessés.

Avant de rendre le dernier soupir, le fourrier Leroy fit appeler le directeur de l'ambulance et lui dit : « Voici mon portefeuille ; soyez assez bon, si vous le pouvez, pour faire savoir aux miens que j'ai fait mon devoir. »

Ce portefeuille, qui n'a pas été retiré par la famille, contenait un document précieux, une relique. C'est une lettre qu'une de ses tantes lui adressait le 22 avril 1871, quelques jours avant sa mort. Elle renferme l'expression de hauts sentiments ; elle est animée d'un souffle patriotique et religieux ; elle a de tels accents que, venant d'en prendre connaissance, nous ne pouvons résister au désir d'en donner le passage le plus saillant.

Cette femme forte, au vrai sens de l'Évangile, écrivait donc à son brave neveu qui se préparait à marcher contre les révoltés :

« Mon cher Jules,

« Tu sais que je suis ta vieille tante *prêcheuse*, parce que je voudrais que tu deviennes ce qu'il y a de mieux après un bon prêtre, c'est-à-dire un soldat chrétien ; mon enfant, je t'en conjure, ne te laisse jamais entraîner au mal : respecte tes chefs ; obéis-leur.

« Dans un seul cas, mon enfant, la désobéissance te deviendrait un devoir, c'est si tes supérieurs s'oubliaient jusqu'à passer aux insurgés : car, au-dessus de tes chefs, est actuellement l'Assemblée nationale à laquelle Paris, comme toute la France, doit obéir.

« S'il arrivait donc — ce qu'à Dieu ne plaise — que ton régiment levât la crosse en l'air, comme l'ont fait malheureusement quelques-uns déjà, fusses-tu le seul, charge derrière tes officiers.

« La vie et la mort, vois-tu, la victoire et la défaite sont entre les mains de Dieu qui les donne à qui il lui plaît.

« Bien souvent l'exemple d'un seul homme courageux électrise les masses et les entraîne ; sois donc toujours en avant et, si dans cette campagne tu gagnais encore un grade ou si, malgré ton jeune âge, ta médaille se changeait en croix, rappelle-toi, par la vue de cette *croix*, qu'on ne vaut réellement quelque chose qu'en suivant ce que nous a enseigné Notre-Seigneur Jésus-Christ.

22..

« Tu le sais, mon rêve est de te voir, comme Bayard, un chevalier sans peur et sans reproche. »

Le rêve de cette héroïque femme devint, quelques jours après, une réalité; son *cher Jules*, comme Bayard, mourut sans *peur* et sans *reproche*. Quoi d'étonnant? — Quand les femmes sauront parler le langage du patriotisme et de la foi, les hommes sauront toujours se conduire et mourir en patriotes et en chrétiens.

⁂

Connaissez-vous le *Fais ce que dois* de François Coppée?

Dans cet « épisode dramatique », peu s'en faut qu'il y ait un divorce — un divorce que M. Naquet n'approuverait pas, j'en suis convaincu — le divorce d'une Française d'avec la France.

Marthe était mariée à un officier, et les hasards de la guerre l'ont faite veuve. Son mari est mort à Fræschwiller, emporté dans l'ouragan de fer et de feu. La mitraille allemande l'a brutalement séparée, en ce monde, de celui qu'elle aimait.

Mais il lui reste un fils, un enfant de quinze ans, pour qui elle redoute les guerres futures et le sort de son père.

Elle va partir en Amérique, emportant son trésor, et quitter le pays où, pour la première fois, ce fils lui a dit : « Ma mère! »

Survient le vieux Daniel, le maître d'école du village, qui a vu naître et grandir l'enfant — qui a appris à cet enfant les deux plus beaux mots de toute langue humaine : Dieu et Patrie.

Daniel dit à Marthe qu'il faut rester.

Je suis mère, répond Marthe.

Daniel insiste ; et Marthe veut toujours partir.

Le vieux maître d'école feint alors de l'encourager à ce qu'il vient d'appeler la désertion. Il lui conseille de fuir un pays qui glisse sur une pente fatale :

> Hélas ! ce que j'ai vu dans la dernière guerre
> M'a fait souvent penser que j'avais trop vécu.
> Mais, dussé-je irriter la rage de vaincu,
> Peuple qui dans l'orgueil et le mal persévères,
> Tes fils sauront de moi les vérités sévères.
> Oui, lorsque dans l'école ils viendront se ranger,
> Et sur nos grands malheurs d'hier m'interroger,
> Il faudra que leur maître accablé leur raconte
> Qu'il a pleuré du sang et sué de la honte.
> Il faudra qu'il distingue, en sa ferme équité,
> De ce qui fut fatal, ce qui fut mérité.
> Qu'il leur dise quel vent d'incroyable folie
> Souffla, pendant six mois, sur la France envahie;
> Ces chefs et ces soldats se jetant sans raison
> Les mots de lâcheté, les mots de trahison ;
> Les factieux, malgré les dangers de la ville,
> Réservant leurs fusils pour la guerre civile;
> Les aboiements des clubs, les efforts des partis
> Par les malheurs publics à peine ralentis;
> La foule se grisant de journaux et d'affiches;
> La chasse aux croix d'honneur; des gens devenus riches
> En volant sur le pain et l'habit du soldat !
> Et, dernier déshonneur et suprême attentat,
> A l'heure de profond désespoir et de larmes
> Où Paris épuisé dut déposer les armes,

A l'heure où sous ses murs ceux qui l'avaient vaincu,
Tristes que le géant eût encore survécu,
N'osaient trop s'approcher et se disaient : Il bouge !
L'émeute parricide et folle, au drapeau rouge,
L'émeute des instincts sans Patrie et sans Dieu,
Ensanglantant la ville et la livrant au feu,
Devant les joyeux toasts portés à nos ruines
Par cent mille Allemands debout sur nos collines.

Pendant que le vieil instituteur parle ainsi, Marthe serre son fils sur son cœur et l'enfant, écoute, palpitant.

Maître, dit-il, vous me faites rougir.

Et le maître reprend : il révèle à l'enfant que tout n'est pas perdu et que

« Parfois la guérison est prompte, après la crise. »

Il lui tient alors le discours qui console. Il lui apprend comment

... Dans les camps lointains, dispersés sur la neige,
On lutta de son mieux et l'on fit son devoir ;
Comment ceux-ci voyant toujours l'horizon noir,
Ceux-là croyant toujours, ô France, à ton étoile,
Mangèrent le pain dur, dormirent sous la toile
Et tombèrent, vaincus, mais frappés par devant.
Je leur raconterai ces histoires, enfant,
Je les enivrerai de haine et de souffrance
Et je préparerai des vengeurs à la France.

Daniel finit par avoir raison. L'enfant ému demande à rester sur la terre natale et Marthe s'y résigne.

Dieu protége mon fils, dit-elle.

Dieu protége la France ! répond le maître d'école.

DISCOURS AUX CONSCRITS DE LA VILLE DU MANS

Page 188

———

Bayard, à peine âgé de dix-huit ans, désireux de servir son pays, s'apprêtait à quitter la maison paternelle ; mais ne voulant pas s'en éloigner sans recevoir les dernières recommandations de sa mère, il vint s'agenouiller devant elle, comme il le faisait étant enfant, et lui demander de le bénir.

La mère se recueillit un instant, et, prenant dans ses mains tremblantes les mains de son fils, elle lui dit :

« Pierre, mon ami, vous allez vous éloigner de moi. Autant que mère peut commander à son fils, je vous recommande trois choses :

« La première, c'est qu'avant tout vous aimiez à servir Dieu sans l'offenser ; car c'est Lui qui vous fait vivre et qui vous sauvera. Sans Lui, nous ne pouvons rien faire de bon. Tous les soirs et tous les matins recommandez-vous à Lui et Il vous aidera.

« La deuxième, c'est que vous soyez doux et courtois à tous vos compagnons d'armes, sans orgueil pour ceux qui sont moins que vous, sans résistance à vos chefs,

« La troisième c'est que, des avantages qui vous
sont faits, vous en fassiez profiter ceux qui en sont
dépourvus; car donner pour Dieu n'appauvrit pas. »

Le jeune homme répondit un peu ému, mais ferme :

« Madame, ma mère, de votre bon enseignement,
tout humblement qu'il m'est possible, je vous
remercie; et j'espère que, grâce à Celui auquel vous
me recommandez, de moi aurez contentement. »

Se levant, il l'embrassa, puis il partit. Et mettant à
profit les pieuses leçons de sa mère, il ne tarda pas à
devenir l'un de nos plus illustres capitaines. A dix-neuf
ans, il défendit seul contre les Espagnols le pont de
Garigliano, en Italie, jusqu'à ce que les forces françaises vinssent leur barrer le chemin; à trente-trois
ans, il décidait la victoire de Marignan en combattant
aux côtés du roi François Ier, avec une intrépidité qui
électrisa l'armée tout entière.

Blessé près du pont de Romagnano, sur la
Sésia, Bayard se prit à crier : « Jésus! » et puis il
dit : « Hélas, mon Dieu, je suis mort! » Il prit son
épée par la poignée en forme de croix, disant tout
haut : *Miserere mei Deus, secundum magnam miseri-
cordiam tuam*; devint incontinent tout blême, comme
perdant l'esprit, et faillit tomber; mais il eut encore
le cœur de prendre l'arçon de sa selle et y resta
jusqu'à ce qu'un gentilhomme lui aidât à descendre
et le mit sous un arbre. Il demeura encore en vie
deux ou trois heures, et par les ennemis lui fut tendu
un beau pavillon, sous lequel il fut couché et lui fut
amené un prêtre, auquel dévotement se confessa et

dit ces propres mots : « Mon Dieu, tu as dis que celui qui, de bon cœur, retournera vers toi, quelque pécheur qu'il ait été, tu es toujours prêt à le recevoir à merci et à lui pardonner. Hélas! mon Dieu, créateur et rédempteur, je t'ai offensé durant ma vie grièvement, dont il me déplaît de tout mon cœur. Je connais bien que, quand je serais aux déserts mille ans, au pain et à l'eau, encore n'est-ce pas assez pour avoir entrée en ton royaume de paradis, si par ta grande et infinie bonté ne t'y plaisait me recevoir; car nulle créature ne peut mériter en ce monde si haut loyer. Mon Père et Sauveur, je te supplie n'avoir nul égard aux fautes par moi commises et que ta grande miséricorde me soit préférée à la rigueur de la justice! »

Sur la fin de ces paroles, le bon chevalier sans peur et sans reproche, fidèle jusqu'à la mort aux recommandations de sa sainte mère, rendit son âme à Dieu, » ce dont tous les ennemis eurent deuil non croyable. »

DISCOURS AUX CONSCRITS DE LA VILLE DU MANS

Page 190

BLANDAN et BOBILLOT

Le sergent Blandan est mort le 12 avril 1842, au combat de Mered. Il commandait, ce jour-là, un détachement de vingt hommes appartenant au 26e régiment de ligne ; deux cavaliers et un brigadier du 4e chasseurs d'Afrique accompagnaient cette petite troupe, chargée d'escorter la voiture de poste qui faisait le service de correspondance entre Boufarick et Mered. On part vers une heure de l'après-midi. La traversée de la plaine de la Mitidja n'inspirait pas une confiance absolue aux vieux routiers de la guerre africaine ; on y rencontrait fréquemment des maraudeurs, des pillards du Khalifat de l'Est, toutes sortes de gens qui s'entendaient à merveille à faire parler la poudre. Aussi le sergent Blandan, qui n'emmenait avec lui que des conscrits récemment arrivés de France, déploie-t-il, dès le départ, les qualités d'un chef prudent et consciencieux. L'aide-major Ducros, qui s'était joint au convoi pour rejoindre son poste à

Blidah, braque vers le lointain une lunette d'approche et constate que l'on n'aperçoit pas l'ombre d'un cavalier arabe. A l'horizon, des arbres, des collines grisâtres et, tout au bout, la vague silhouette du *blockhaus* de Mered.

En route ! Les hommes fument, chantent, échangent de gais propos. A deux kilomètres de Mered, les chasseurs d'Afrique, qui marchaient en avant, s'apprêtent à franchir le lit desséché de la Chabet-el-Mechdoufa, quand ils se heurtent à quelques centaines de cavaliers arabes qui, pour mieux se cacher, ont mis pied à terre et, couchés sur le sol, le doigt sur la détente de leurs longs fusils, attendent les Français avec le calme et l'obstination du chasseur qui guette le passage du gibier rabattu. Au galop de leurs petits chevaux, nos cavaliers s'en retournent vers le sergent Blandan. « Sergent, dit le brigadier Villars, nous pourrions aisément regagner Boufarick, nous autres qui sommes montés. Soyez tranquille, puisqu'il y a du danger, nous resterons avec vous. » Cela n'a l'air de rien, ce discours énergique et bref ; c'est quelque chose quand celui qui le tient sait, à n'en pas douter, qu'il fait le sacrifice de sa vie. Dans la plaine, pas un abri, pas un escarpement ; la poignée de Français, qu'assaillent cinq cents Arabes, se forme en carré et se prépare, selon l'énergique expression du sous-officier qui la conduit, « à vendre chèrement sa peau ».

Le lieutenant d'Abd-el-Kader, Ben-Douad, qui dirige l'attaque, expédie un parlementaire. « Rends-

toi, crie l'arabe au sergent, et tu auras la vie sauve! »
Blandan ajuste cet émissaire imprudent et le tue raide,
en répliquant : « C'est ainsi qu'on se rend chez nous! »
Vous entendez ce cri parti du cœur : chez nous!
Là-bas, sous le ciel brûlant, en plein désert, l'enfant
français qui va mourir, songe à son foyer. Dans une
vision rapide, il a revu la ville de Lyon, où jadis il
s'exerçait paisiblement au tissage des étoffes, les
rives du Rhône, le pays! Rêve magique! Ce pays, il
n'y retournera pas, mais il donne sa vie, sans se
plaindre, pour préserver le drapeau national d'une
humiliation. Ils ont obéi au même sentiment, ces
soldats qui, en 1870, penchés sur l'encolure de leurs
chevaux, descendaient au galop de charge les pentes
du Calvaire d'Illy et s'en allaient, devant eux, vers la
mort, parce que, derrière eux, le drapeau blanc
flottait au-dessus des murs démolis de la forteresse
de Sedan.

Après? On se bat; on échange des coups de fusil;
les escadrons arabes tourbillonnent, passent et
repassent, s'évanouissent et reparaissent comme des
légions de fantômes, décrivant autour des Français
un cercle dans lequel ils semblent vouloir les
enfermer...

Blandan, blessé deux fois (à chaque jambe),
continue à tirer debout, rapporte un des survivants
du combat (1), malgré le sang que nous voyions

(1) Le soldat Marchand, chevalier de la Légion d'honneur,
aujourd'hui retiré à Amiens.

couler sur ses guêtres. Il s'écrie même : « Courage, mes enfants, feu! feu! Que ces lâches n'aient pas l'honneur de nous couper la tête! »

Le brigadier Villars est blessé au mollet. (Les chasseurs étaient restés à cheval).

« Tiens, dit-il, je crois qu'une mouche m'a piqué. » Et il voulut mettre pied à terre, mais au même instant son cheval reçut une balle dans le sabot et tomba, entraînant son cavalier. Celui-ci essayait de se dégager, quand le cheval fit un saut de mouton, sauta sur trois pieds, regarda un instant son cavalier qui se relevait, puis s'enfuit rejoindre les chevaux des Arabes, emportant nos dépêches qui se trouvaient dans les fontes des pistolets. Une décharge abattit également le chasseur Ducasse. Celui-ci venait de France et montait pour la première fois de sa vie un cheval arabe. La balle le frappa au milieu du front, et sa cervelle rejaillit sur les fantassins qui l'entouraient. A cette décharge fut aussi tué le cheval du brigadier Lemercier, qui voulut quand même combattre avec nous.

A partir de ce moment, le feu continua pendant trois bons quarts d'heure, nos hommes tombant un à un. Nous étions groupés au milieu, n'ayant pu prendre une formation de combat puisqu'il avait fallu répondre à une fusillade qui venait de tous côtés. Comme Blandan se baissait pour ramasser une cartouche, une troisième balle l'atteignit dans les reins et le mit hors de combat. En tombant, il s'écria encore : « Courage, mes amis, courage! défendez-vous jusqu'à la mort! »

Enfin, au bout de trois quarts d'heure, nous ne restions plus que cinq hommes non blessés, dont le brigadier de chasseurs Lemercier. A ce moment, ma principale pensée était, tout en me défendant de mon mieux, que je ne reverrais jamais Amiens.

Tout à coup, nous vîmes les Arabes se rallier et se former sur deux rangs; ils avaient aperçu les chasseurs d'Afrique arrivant de Boufarick, ayant à leur tête le lieutenant-colonel Morris et les lieutenants de Corcy et de Breteuil. Le premier chasseur que j'aperçus était un cuisinier en tenue de cuisine, un Parisien, à ce que j'ai su plus tard. Les chasseurs allèrent droit sur les Arabes et ne vinrent pas vers nous. Un détachement du 26e, sous les ordres du capitaine Lacarde, accouru au pas gymnastique, arrivait en même temps avec des cacolets et des prolonges sur lesquels nous chargeâmes nos morts et nos blessés. Le lieutenant-colonel Morris nous demanda de suite où était le sergent, et on le lui montra. Blandan, qu'il voulut interroger, s'assit sur son séant et le colonel lui dit : « Vous serez officier de l'armée française et chevalier de la Légion d'honneur. »

. . . .

Voici maintenant, pour corroborer ce récit d'un témoin, l'ordre du gouverneur général, portant à la connaissance de l'Armée d'Afrique la belle conduite du sergent Blandan et de ses camarades :

« Soldats de l'Armée d'Afrique,

« J'ai à vous signaler un fait héroïque qui, à mes yeux, égale au moins celui de Mazagran. Vingt-deux hommes, porteurs de la correspondance entre Boufarick et Blidah, sont assaillis en plaine par deux ou trois cents cavaliers arabes.

« Le chef des soldats français était un sergent du 26e de ligne, nommé Blandan. L'un des Arabes croyant à l'inutilité de la résistance d'une aussi faible troupe, s'avance et somme Blandan de se rendre; celui-ci répond par un coup de fusil qui renverse le parlementaire ennemi. Alors s'engage un combat acharné. Blandan est frappé par trois coups de feu; en tombant il s'écrie : *Courage, mes amis, défendez-vous jusqu'à la mort!* Sa noble voix a été entendue de tous, et tous ont été fidèles à son ordre héroïque; mais bientôt le feu supérieur des Arabes a tué ou mis hors de combat 17 de nos braves. Plusieurs sont morts : les autres ne peuvent plus manier leurs armes. Cinq seulement restent debout, ce sont *Biré, Estal, Gérard, Marchand* et *Monot.* Ils défendent encore leurs camarades blessés ou morts, lorsque le lieutenant-colonel Morris, du 4e chasseurs d'Afrique, arrive de Boufarick avec un faible renfort. En même temps, le lieutenant du génie de Jouslard, qui exécute les travaux de Mered, accourt avec un détachement de 30 hommes.

« Des deux côtés l'on se précipite sur la horde de Bensalem; elle fuit et laisse sur la place une partie de ses morts. Des Arabes alliés lui ont vu emporter un grand nombre des siens; elle n'a pu couper une seule tête, elle n'a pu cueillir un seul trophée dans ce combat, où elle avait un si grand avantage numérique.

« Nous avons ramassé nos morts non mutilés et leur avons donné les honneurs de la sépulture. Nos blessés ont été portés à l'hôpital de Boufflarick, entourés des hommages d'admiration de leurs camarades.

« Lesquels ont le plus mérité de la patrie, de ceux qui ont succombé sous le plomb, ou des quatre braves qui sont restés debout et qui, jusqu'au dernier moment, ont couvert les corps de leurs camarades ? S'il fallait choisir entre eux, je m'écrierais : « Ceux qui n'ont pas été frappés ! » car ils ont vu toutes les phases du combat, dont le danger croissait à mesure que les combattants diminuaient, et leur âme n'a point été ébranlée. Mais je ne veux point établir la parallèle : tous ont mérité qu'on gardât d'eux un éternel souvenir.

« Je compte parmi eux le chirurgien sous-aide Ducros qui, revenant de congé, rejoignait son poste avec la correspondance. Il a saisi le fusil d'un blessé et a combattu jusqu'à ce que son bras ait été brisé.

« Je témoigne ma satisfaction au lieutenant-colonel Morris qui, en cette circonstance, a montré son courage habituel, tout en regrettant d'avoir mis en route un aussi faible détachement. Je la témoigne aussi au lieutenant du génie de Jouslard, qui n'a pas craint de venir avec 30 hommes partager les dangers de nos 22 braves.

« Voici les noms des vingt-deux porteurs des dépêches : l'armée doit les connaître tous ; la France verra que ses enfants n'ont pas dégénéré et que, s'ils sont capables de grandes choses par l'ordre, la discipline et la tactique qui gouvernent les masses, ils savent aussi, quand ils sont isolés, se battre comme des chevaliers des anciens temps.

26ᵉ DE LIGNE

« Blandan, sergent, mort ; Leclaire, fusilier, amputé de la cuisse droite ; Giraud, fusilier, mort ; Elie, fusilier, mort ; Béald, fusilier, deux blessures ; Lecomte, fusilier, mort ; Zanher, fusilier, blessé ; Kamacher, fusilier, amputé de la cuisse droite ; Peré, fusilier, blessé ; Laurent, fusilier, blessé ; Bourrier, fusilier, blessé ; Michel, fusilier, deux blessures ; Laricourt, fusilier, mort ; Biré, Estal, Girard, Marchand, Monot, fusiliers, non blessés.

1ᵉʳ CHASSEURS D'AFRIQUE

« Villars, brigadier, blessé ; Lemercier, brigadier, non blessé ; Ducasse, chasseur, mort ; Ducros, sous-aide major, blessé.

Supplément à l'ordre général du 11 avril 1842.

ARMÉE D'AFRIQUE

—

ÉTAT-MAJOR GÉNÉRAL

—

« Au Quartier général à Alger,
le 17 avril 1842.

« L'enthousiasme que m'a causé le fait d'armes qui est l'objet de l'ordre général du 11 avril, ne m'a pas

23

permis d'attendre un rapport circonstancié pour
signaler à l'armée tous ceux qui se sont distingués;
mais ces renseignements me sont parvenus et je dois
réparer les omissions involontaires que j'ai faites.

« MM. Corcy, lieutenant au 4ᵉ chasseurs d'Afrique;
de Breteuil, sous-lieutenant au 1ᵉʳ; Lacarde et
Diorum, capitaines au 26ᵉ, et Hippolyte, maréchal-
des-logis au 1ᵉʳ chasseurs, se sont précipités dans la
mêlée, un à un, à mesure qu'ils arrivaient. C'est en
grande partie à leur élan généreux que l'on doit
d'avoir sauvé les restes des braves qui, pendant une
demi-heure, avaient soutenu la lutte.

« Le Lieutenant général, gouverneur
général de l'Algérie,

« *Signé :* BUGEAUD. »

Afin de perpétuer la tradition de ce beau fait
d'armes, le colonel Forey décida que les deux ordres
ci-dessus seraient inscrits en tête des livres d'ordres
des compagnies du régiment.

Le 29 juin 1884, le conseil municipal de Boufarick
se réunissait pour entendre un discours du colonel
Trumelet. Un discours? Non; un simple récit. Le
colonel Trumelet racontait, sans phrases et sans déve-
loppements éloquents, ce que Blandan avait fait, et
le conseil municipal, profondément ému, prenait
immédiatement la résolution suivante :

« Il serait d'un magnifique et fortifiant exemple
pour l'armée de voir décerner les honneurs statuaires
et, par suite, l'immortalité qu'ils entraînent, à un

simple sergent, à un enfant du peuple ; de le montrer aux armées du présent et à celles de l'avenir, vêtu de sa capote de sous-officier, et dans l'acte de sa vie militaire par lequel il s'est illustré. »

L'Algérie s'empressa de souscrire ; tous les régiments de l'armée envoyèrent leur obole. La Société des Gens de Lettres publia un volume dont M. Jules Claretie écrivit l'émouvante et vibrante préface et qui fut vendue au profit de l'œuvre entreprise par le colonel Trumelet. Et l'image de Blandan revit aujourd'hui sur l'une des places de Boufffarick...

La ville de Lyon, cité d'origine du héros de Beni-Mered, grâce à l'intelligente et heureuse initiative des anciens soldats du 26°, habitant cette ville, a voulu, elle aussi, ériger un monument durable à l'un de ses fils les plus courageux, au modeste sous-officier qui, sac au dos et fusil en main, loin des entraînements du champ de bataille, envisagea froidement son devoir et le remplit jusqu'à la mort !

* *

> Il faut passer par la mort
> pour naître à la gloire.
> *Sergent* Bobillot.

L'inauguration solennelle de la statue du sergent Bobillot a eu lieu le 15 juillet 1888, à l'angle des boulevards Voltaire et Richard-Lenoir, à Paris. Le discours prononcé en cette circonstance, par M. le général Coste, est une vivante page d'histoire consacrée à ce héros. Aussi le reproduisons-nous textuellement :

23.

« Messieurs,

« Délégué pour représenter le Ministre de la guerre à l'inauguration du monument élevé à la mémoire du sergent Bobillot et de ses compagnons d'armes morts pour la Patrie dans l'Extrême-Orient, je viens, au nom du corps du génie et au nom de l'armée, vous rappeler les actes héroïques qui ont illustré le siège de Tuyen-Quan.

« Pendant que le corps expéditionnaire poursuivait sa marche sur Lang-Son, le commandant Dominé avait été laissé avec 600 hommes dans le poste de Tuyen-Quan pour barrer le passage à l'ennemi qui pouvait menacer le flanc de nos colonnes. Simple bicoque, dominée de toutes parts, ce poste ne pouvait avoir les honneurs d'un siège en règle que par l'héroïsme de ses défenseurs.

« Dès le 24 novembre 1884, la situation paraissait assez menaçante pour exiger la déclaration de l'état de siège et la constitution d'un conseil de défense. Dans ce conseil, venait s'asseoir à côté de son chef, un jeune sergent de 24 ans que les hasards de la guerre improvisaient commandant du génie de la place assiégée.

« C'était un parisien qui, après de brillantes études au lycée Charlemagne, cherchait sa voie dans la littérature, tout en étant fort apprécié dans la maison de commerce où il exerçait un emploi, lorsque la loi l'appela au 4e régiment du génie. L'apprentissage du métier des armes ne tarda pas à faire vibrer la fibre patriotique du jeune soldat qui

n'oubliait pas que son père, le sergent Bobillot, avait
été décoré sur le champ de bataille de Wagram.
Aussi, se voyant sergent, après dix-huit mois de
service, demandait-il à partir comme volontaire
pour le Tonkin, où il arrivait en mars 1883 pour
prendre part à la marche sur Hong-Hoa et à être
dirigé de là sur Tuyen-Quan.

« Le journal de siège du commandant Dominé
nous montre avec une éloquente simplicité la grandeur de l'œuvre accomplie par les défenseurs de
Tuyen-Quan. Ils ne sont que 600 et on leur annonce
l'arrivée de 12.000 assaillants ! Ils se multiplient,
redoublent d'audace, et de vigoureuses reconnais-
sances tiennent au loin l'ennemi en respect, jusqu'à
ce que la place ait complété ses approvisionne-
ments.

« Ils sont dominés de toutes parts ! Dès le 11
décembre, un blockhaus est construit à 300 mètres
de l'enceinte pour tenir la hauteur la plus rapprochée
de la place et empêcher l'adversaire de s'établir sur
les hauteurs voisines, et ce blockhaus, élevé en
quelques jours, résiste à toutes les attaques de vive
force, oblige l'assaillant à passer par toutes les len-
teurs d'un siège régulier, et retarde de plus de deux
mois l'attaque du corps de place.

« Ils n'ont que 71 outils ! Mais ces outils se passent
de main en main et travaillent nuit et jour : les
lignes de contre-approche, les communications
couvertes, les traverses, les gabionnades s'élèvent de
toutes parts et permettent aux défenseurs de tenir

dans la citadelle sous un feu de plus en plus meurtrier.

« Ils n'ont pas de poudre de mine ! Et, cependant, lorsque des bruits souterrains annoncent que l'ennemi est entré en galerie pour faire sauter le rempart, ils n'hésitent pas à se porter au devant du mineur assiégeant ; ils éventent ses premiers fourneaux, inondent ses galeries, engagent sous terre un combat corps à corps et quelques jours sont ainsi gagnés.

« Ils perdent un homme sur six ! Rien n'abat leur courage jusqu'au dernier jour. Ils démoralisent l'ennemi par l'audace de leurs sorties et, lorsque la guerre souterraine s'engage, c'est à la baïonnette qu'ils viennent le frapper dans ses entrées en galerie.

« Ce n'est que le 13 février que le mineur assiégeant parvient à faire brèche à l'enceinte et, à partir de ce moment, c'est une lutte acharnée, où chaque explosion nouvelle est suivie d'un assaut victorieusement repoussé, pendant que, sous un bombardement des plus violents, un retranchement intérieur s'élève pour remplacer le rempart effondré dans le fossé. C'est un combat à bout portant de nuit et de jour, dans lequel l'habileté et la prévoyance du chef sont à la hauteur de l'héroïsme des combattants.

« C'est pendant cette période meurtrière de la défense que le sergent Bobillot tombait, frappé d'une balle, pour ne plus se relever.

« Enfin, le 1er mars, pendant l'accalmie qui suit l'assaut désespéré du 28 février, quelques fusées sont aperçues dans la direction d'Yuoc. Le lendemain, la voix du canon se fait entendre; c'est la brigade Giovaninelli qui, rappelée en toute hâte de Lang-Son, arrive à marches forcées, brise tous les obstacles que les Chinois ont accumulés sur la route et, par une victoire sanglante, apporte le salut aux vaillants défenseurs de Tuyen-Quan.

« C'est au colonel Dominé que nous avons demandé quel avait été le rôle du sergent Bobillot dans ce siège mémorable :

« Mon sentiment sur le sergent Bobillot, nous
« a-t-il répondu, est celui de tous ses compagnons
« d'armes de Tuyen-Quan, qui n'ont pas seulement
« admiré le technicien habile, mais encore et surtout
« l'homme de dévouement, oublieux de lui-même,
« et prêt à se donner tout entier pour le salut de tous.

« Sous sa direction, grâce à l'art avec lequel il
« savait utiliser les moindres ressources, les travaux
« de toute espèce marchaient avec une rapidité
« surprenante; je citerai notamment ce blockhaus
« qui fut édifié en quelques jours sous les yeux des
« Chinois, avec une solidité telle que, plus tard,
« lorsque nous dûmes l'évacuer, il fut impossible de
« le détruire par le canon. Je vois encore Bobillot
« m'annonçant que, à n'en plus douter, les Chinois
« s'avançaient souterrainement et que nous devions
« nous attendre à une explosion. — Il faut, me dit-il,
« marcher aux Chinois et les faire sauter eux-mêmes.
« Malheureusement, nous n'avions pas de poudre.

« — Eh bien! reprit Bobillot, nous ferons les
« galeries quand même. Si elles ne servent pas à

« l'établissement de fourneaux, elles formeront,
« convenablement élargies, des évents qui atténue-
« ront beaucoup les conséquences de l'explosion
« ennemie.

« Peu après, en effet, grâce aux évents du sergent
« Bobillot, la première explosion chinoise ne produi-
« sait aucun résultat appréciable. Son idée ingénieuse
« retardait la marche de l'ennemi de deux à trois
« jours, et vous savez ce que vaut un gain de temps
« dans des opérations défensives, où jours et heures
« de résistance sont comptés.

« Je ne vous parlerai pas des actes de vaillance
« que Bobillot a accomplis. Chez les braves gens
« que j'avais l'honneur de commander, les actes de
« cette nature étaient si communs que nous n'y
« prêtions plus attention. Mais il est un rôle dans
« lequel je tiens à vous montrer le sergent Bobillot,
« c'est dans la mission qu'il eut à remplir comme
« chef de chantier; l'organisation du travail fut son
« œuvre. Grâce aux mesures qu'il sut prendre, pas
« un outil ne chôma un seul instant pendant les
« trente-six jours que dura le siège, et il était arrivé
« à donner aux braves légionnaires qui travaillaient
« sous sa direction un tel amour de leur outil de
« pionnier, que plusieurs pioches ayant été ensevelies
« dans une explosion, la terre fut grattée avec achar-
« nement jusqu'à ce que la dernière d'entre elles eût
« été retrouvée.

« Ce qui, pour moi, ajoute en terminant le colonel
« Dominé, caractérise particulièrement la personnalité

« de Bobillot, c'est ce fait d'un jeune homme,
« presque sans expérience, qui se trouve tout d'un
« coup placé à un poste qui n'eût pas été indigne d'un
« officier déjà élevé en grade et que le sentiment du
« devoir, de la patrie et de l'honneur militaire, trans-
« figure et élève à la hauteur qu'il a su atteindre
« dans l'accomplissement de sa mission. »

« Nous n'ajouterons rien à l'appréciation du chef
éminent qui a vu Bobillot à l'œuvre aux jours de
péril, et nous admirerons avec lui ce prodige de
vertu militaire, qui, d'un jeune sergent, fait un chef
éprouvé, qui le grandit en raison de la grandeur des
événements et qui, par une sorte de divination, lui
fait mettre en œuvre, avec autant d'habileté que de
bonheur, toutes les ressources de l'art de la défense
des places.

« Oui, par son ingéniosité, par son exemple, par
son inébranlable fermeté et par les travaux qu'il a
signés de son sang, Bobillot a puissamment contribué
au succès de la défense de Tuyen-Quan.

« Il s'est bien donné tout entier pour le salut de
tous, et son sacrifice n'a pas été inutile !

« Sergent Bobillot,

« Au nom du corps du génie que vous avez honoré
comme chef du service du génie dans une défense à
jamais mémorable ;

« Au nom de l'armée qui vous doit, pour une grande
part, une des pages les plus glorieuses de ses annales ;

« Au nom de la jeunesse française, dont vous êtes
l'incarnation et dont vous resterez l'exemple,

« Je vous salue et je vous rends hommage !

« L'artiste éminent qui a été chargé de transmettre à la postérité l'image de Bobillot, nous le représente dans une de ces situations critiques de la dernière période du siège de Tuyen-Quan. Une explosion vient d'ouvrir le rempart; l'assaut est repoussé. Son fusil à la main, Bobillot s'élance avec ses travailleurs. Du geste et de la voix, il les arrête sur le point où ils doivent couronner la brèche, pendant que, d'un œil vigilant, il surveille un retour offensif de l'ennemi.

« En contemplant ce noble visage transfiguré par l'auréole du sacrifice; en voyant cette foule accourue de toutes parts pour lui rendre hommage, je crois entendre sortir de ses lèvres entr'ouvertes une parole d'adieu pour chacun de vous.

« Il dit à ses camarades du génie :

« Tenez en honneur votre outil et vos rudes travaux
« du polygone. Quand vous peinez dans une sape
« profonde, quand vous sentez l'asphyxie dans un
« rameau de combat, quand, comme à Blanchefond,
« vos coffrages s'effondrent dans le sable mouvant,
« redoublez de vigueur et d'audace, en vous rappe-
« lant que c'est par ces obscurs travaux que j'ai
« conquis l'immortalité. »

« Il dit à l'armée et au pays :

« Tant que vous aurez des guerres à soutenir,
« vous aurez à défendre des places et à faire usage de
« fortifications. La fortification n'est pas une arme de
« luxe qu'on peut déposer à son gré; c'est une
« armure indispensable qu'il faut tenir constamment

« fourbie pour la guerre et toujours à hauteur des
« progrès de la balistique. L'invention de la poudre
« n'a pas supprimé la fortification : elle l'a trans-
« formée ; une transformation peut être plus radicale
« encore s'impose aujourd'hui. Vous souvenant du
« passé, vous serez prêts cette fois. »

« Il dit à la France :

« O Patrie bien-aimée, ô généreuse imprudente
« qui vois s'armer contre toi les peuples que tu as
« créés ! Ecoute la prière d'un fils qui t'a tellement
« aimée qu'il t'a donné sa vie. Au nom et pour le
« salut de la République, renonce aux luttes des
« partis ; enrôle tous les enfants sous l'étendard
« sacré du patriotisme, et tu retrouveras la grandeur
« et la victoire. »

M. Valabrègue, qui a connu le sergent Bobillot et
travaillé avec lui, terminait un article consacré à la
mémoire du héros par ces mots : « Le sergent du
génie Bobillot est devenu un sergent de génie. » Nous
ajouterons : Son héroïsme trouvera des émules. La
liste glorieuse des sous-officiers dont la conduite est
un exemple à suivre n'est pas encore close...

Les soldats d'aujourd'hui sont les dignes fils de
leurs aînés et nous pourrions les voir, si des heures
lugubres sonnaient encore pour les destinées de la
Patrie, sacrifier jusqu'à l'or de leurs galons sur ses
autels, et, semblables aux vétérans de l'An II, porter,
comme l'a dit Victor Hugo :

L'épaulette de laine et la dragonne en cuir !

DISCOURS AUX CONSCRITS DE LA VILLE DU MANS

Page 202

AU DRAPEAU

Le colonel du 111ᵉ régiment d'infanterie, en garnison à Toulon, vient de donner un bien bel exemple.

Un soldat, imbu de ces détestables principes que l'on cherche à répandre en ce moment, avait cru faire œuvre d'esprit fort en outrageant le drapeau.

Il y a ainsi de par le monde des détraqués qui croient stupéfier la galerie en commettant quelques atrocités sans nom. Plus le crime est extraordinaire, plus il est odieux, plus ils s'imaginent avoir commis une « grande action ». Ne pouvant pas se distinguer par le bien, ils cherchent à se produire dans le mal. On parle d'eux, c'est tout ce qu'ils veulent.

Erostrate, après avoir brûlé une des sept merveilles du monde, le temple d'Éphèse, avouait qu'il n'avait eu d'autre mobile que de transmettre son nom à la postérité.

La réclame est souvent le but des criminels.

Regardez les assassins les plus célèbres. Vous les verrez tous devant la foule poser pour le cynisme.

Or donc, notre anarchiste de Toulon avait voulu se rendre illustre à sa manière et il n'avait trouvé qu'un moyen : cracher sur le drapeau.

Pensez donc : ce symbole de la Patrie devant lequel tout le monde aujourd'hui s'incline respectueusement, auquel toutes les troupes en armes rendent les honneurs, ce symbole que tous les Français contemplent avec amour et tendresse, il allait essayer de le salir !

Sa tentative fut vaine : un geste, et ce fut tout, mais c'était trop.

Le colonel fit venir le coupable. Il pouvait le châtier sur-le-champ, employer les moyens de la dernière rigueur que les règlements lui donnent, faire un brutal exemple. Le colonel le fit venir : il commença par raisonner ce malheureux; il lui montra l'odieux de son acte, l'infamie de sa conduite ; il lui fit l'histoire de ce drapeau pour lequel nos pères ont versé tant de sang; il lui expliqua qu'il avait porté dans ses plis, à travers l'Europe, les grandes idées de la Révolution Française; il lui fit entendre qu'il est l'idéal, l'espérance de tout un peuple, le signe de ralliement de la civilisation contre la barbarie.

Peu à peu l'autre s'émeut; d'abord égaré par des principes qu'il ne saisissait pas, mais qu'il avait adoptés par fanfaronnade, il voyait maintenant ce qu'il n'avait pu encore entrevoir : dans les trois couleurs il reconnaissait la liberté, l'égalité, la fraternité, le symbole de la défense du foyer et de la protection du droit, et dans l'ensemble tout un passé de gloire, tout un avenir d'espérance.

Il eut alors conscience de l'indignité qu'il avait commise et il pleura...

C'était fini, la bête était vaincue, le sauvage était devenu homme.

Mais il fallait un exemple et le colonel voulait qu'il fût éclatant.

Le régiment, en grande tenue, s'assemble sous les armes. Le drapeau parut.

— Faites porter vos armes ! commanda le colonel.

Les tambours et clairons battirent et sonnèrent. Puis un silence solennel se fit.

— Amenez le coupable devant le drapeau, ordonna le brave officier.

Et quand le malheureux fut à six pas, le colonel ajouta :

— Vous, à genoux !... La musique, au drapeau !

Un frisson passa dans toutes les âmes des soldats pendant qu'un rayon de soleil se réflétait sur les pointes étincelantes des baïonnettes. Le spectacle était poignant, à la fois martial et religieux ; à ce moment, on peut l'affirmer, tous les cœurs, moins celui du coupable agenouillé, battaient à l'unisson.

Je ne connais rien à la fois de plus simple et de plus imposant que ces excuses publiques faites au drapeau. Ce que le colonel n'avait pu obtenir par la force, il l'a réalisé par la raison, tout en faisant un grand exemple.

Les faits comme celui de Toulon sont rares.

La France est surtout le pays où le drapeau national est le plus respecté.

En Suède, en Danemark, en Autriche, en Espagne, en Portugal, en Angleterre et même en Allemagne, on se découvre à peine devant l'emblème de la Patrie. Chez nous, au contraire, l'individu qui garde son chapeau sur la tête est une exception.

J'en conclus que l'éducation patriotique de la nation se fait ; j'en conclus que les Français se réuniront toujours autour des trois couleurs quand, à l'heure du péril, le clairon sonnera : *Au drapeau !*

N° 12

SOCIÉTÉ DES VÉTÉRANS DES ARMÉES DE TERRE ET DE MER

Page 235

« La Société des « Vétérans des armées de terre et de mer 1870–1871 », société nationale de retraites entre les anciens défenseurs de la Patrie, comprend *cinq* catégories de membres :

« 1° *Les Vétérans* ou anciens défenseurs de la Patrie, vétérans militaires ou marins ayant pris part, à un titre quelconque, aux campagnes de 1870-71 contre l'Allemagne ou à des campagnes antérieures ;

« 2° *Les Sociétaires* ou militaires et marins ayant accompli leur service actif effectif ;

« 3° *Les Pupilles*, fils et gendres des vétérans ;

« 4° *Les Membres honoraires ;*

« 5° *Les Membres d'honneur.*

« Tous ces membres paient une cotisation variant suivant leur titre et constituent l'effectif de la Société.

« En vertu de l'art. 12 des statuts, tous les *vétérans*, après dix années de présence effective, et tous les *sociétaires*, après vingt années de sociétariat, ont droit au partage de l'exercice précédent.

« La pension, dont le maximum ne pourra
dépasser 600 francs, sera basée sur la situation
numérique et l'inventaire établis au 31 décembre de
chaque année pour l'année suivante. »

RÉSULTATS PRODIGIEUX

L'année 1899, qui vient de finir, a été prodigieuse
pour la Société. Alors qu'en 1898 nous n'étions que
60,280 sociétaires, dans la seule dernière année nous
avons recruté 69,125 adhérents !

Nous sommes aujourd'hui plus de 130,000. Vous
lisez bien : *cent trente mille !*

C'est une armée formidable, concentrée en
quelques mois, et qui évolue aujourd'hui, sous la
bannière de la solidarité, avec une confiance
complète dans l'avenir.

Mais ce n'est pas une armée sur le papier, c'est
une armée effective, qui cotise et dont tous les
soldats versent leur obole en attendant qu'ils touchent
le prêt dû à leur vieillesse.

En 1898, nous avions 1,112,901 francs placés. Dans
cette seule année 1899, nous avons placé 1,590,413 fr.,
c'est-à-dire que, en un an, nous avons placé plus de
capitaux que nous n'en avions accumulé en quatre
ans.

De sorte que nous avons actuellement, en bonnes
et solides valeurs, exactement 2,703,314 francs.

Nous sommes près du *troisième million !*

Le nombre des sections formées ou en formation
est de 1,130.

21

Ces chiffres sont inespérés. Ils se passent de commentaires, et leur éloquence vaut mieux que tous les discours.

Ces chiffres ont aussi une signification particulière. Ils ne démontrent pas seulement la prospérité de notre grande association. Ils prouvent aussi la force du patriotisme en France, et cela au milieu même de l'année la plus douloureusement troublée. C'est peut-être à cause de ces événements si pénibles que les vétérans de nos armées ont senti le besoin de se compter et de venir en masse se ranger silencieusement sous les plis du drapeau, à côté de leurs vieux compagnons d'armes.

L'année 1899 a été pour tous les anciens soldats, pour tous ceux qui gardent au cœur la foi dans la patrie, cette année, dis-je, a été le signal d'une concentration rapide. Nous sommes aujourd'hui cent trente mille qui avons fait notre devoir hier, et qui, rentrant dans le rang, affirmons que nous sommes encore prêts à le faire demain.

C'est le moment de rendre hommage aux braves qui ont fondé cette association, qui ont eu l'idée géniale de nous réunir, de nous grouper autour des trois couleurs, et qui ont cru à la puissance de la fraternité des armes et de la générosité des cœurs.

Les vétérans ne les oublieront pas, et la France, un jour, saura leur prouver sa reconnaissance.

FIN DU TOME PREMIER

TABLE DES MATIÈRES

La Flèche, Impr. et Lith. Bessier-Jourdain.